KB149219

100세를 즐기는
장수 건강법

추천사

　김양식 교수는 나와 더불어 동서양 의학에 관한 모임을 10년째 진행하는 동료이자 친구이다. 우리는 처음에 기공을 공부하는 내과 전문의로서 한의학적인 기의 운행을 이론적으로 터득하고자 하는 욕심과 한의사로서 양방적인 병의 경과와 치료방법을 깊이 있게 알고자 하는 이해관계에서 모임을 결성하였다. 그리고 서로의 강좌를 들으면서 인체의 항성성유지기능을 양방은 효소나 호르몬 관계, 또는 분자생물학적인 관점으로 해석하고, 한방은 음양이라는 거대한 패러다임으로 보는 것만 다를 뿐, 결국 인체라는 하나의 틀에서 같은 현상을 다른 언어로 설명하는 것이라는 것을 이해할 수 있었다.

　서양의학이 앞으로 유전자공학으로 돌파구를 찾고는 있으나 인체를 물질로 분석하고, 인위적인 조작을 꾀하는 한한방의 정신을 중시하는 기(氣)의학의 도움을 절대적으로 필요로 할 것이다. 현재 대체의학 또는 보완의학이라는 이

름으로 일부 돌파구를 찾고는 있으나, 2,000년 이상의 역
사를 가진 한의학만한 대안은 없다는 생각이 든다. 이 책
은 그러한 한양방의 고민과 장단점을 보완할 수 있는 일
종의 방법론을 제시하였다고 본다.

의학박사, 내과전문의 조왕기내과 원장 조왕기

추천사

자연생태계는 스스로 자정능력을 가지고 있다. 인체 또한 스스로 몸을 회복하고자 하는 면역체계가 항상 작용하고 있다. 인간의 자연파괴가 심화되어 스스로 복원할 수 없는 상태가 된다면 자연은 그대로 소멸되지 않는다. 자연계의 변혁은 거기에 기대어 사는 인간에게 엄청난 재앙으로 보복할 것이다.

마찬가지로 사람의 질병도 자기 자신을 아무리 어쩔 수 없는 상황일지라도 학대할 때 심화되고, 악화된다. 균형이 깨진 인간의 몸을 인위적으로 억제하고, 끌어올리고, 뜯어고친다면 오히려 인간의 자정능력(항상성유지능력)을 상실하게 하여, 언젠가는 회복할 수 없는 지경에 빠지고 말 것이다.

따라서 자연상태에서 인간의 자정능력을 배양하는 방법을 궁구해야 한다. 그것이 안 된다면 인위적인 가공이 허용될 것이나, 결코 가장 좋은 방법은 아니며, 최후의 수단

일 뿐이다. 한의학은 인간 중심의 의학이며, 자연현상을 중시하는 의학이며, 자연 친화적인 의학이다.

자연에 순응하고, 인간 스스로 남을 존중하고, 나 자신을 위할 줄 아는 마음이 건강을 유지하는 첫 번째이니, 수신(修身)이 양생의 시발점인 것이다. 『동의수세보원』을 지으신 이제마 선생께서 사상의학을 창안한 이유도 의업으로 병을 고치고자 함이라기보다는 사람의 체질에 따라 품성이 다르므로 양성하는 방법도 달리하여야 성인에 도달할 수 있다는 것을 설파하면서 나온 부산물이라고 할 수 있다. 그러므로 3장의 양생법은 양생의 방법, 또는 행위 자체가 중요하다기보다는 그렇게 하는 과정에 생겨나는 자신에 대한 엄격함, 자연에 대한 경외감, 그러므로써 얻어지는 자연스런 기의 순행으로 이루어지는 것이다.

그렇다 하더라도 서양의학의 성과를 전혀 무시하자는 것은 아니다. 서양의학적인 진단 아래 한의학으로 분석할 수 없는 미세한 부분을 현대과학의 힘으로 평가하는 것도 가능하다. 따라서 한의사라 할지라도 서양의학에 대하여 공부하고 연구하는 자세를 항상 견지해야 한다. 양방병명을 바로 한방치료에 연결하는 것은 무리가 있지만, 양방병명 아래 한방진단으로 변증을 하고, 치료를 하여, 유효율을 검증하고, 치료를 정형화해 가는 노력이 있어야 할 것으로 생각한다.

경원대학교 한의과대학 학장 김 연 섭

인사말

한의사가 된 지 올해로 만 20년이다. 올챙이 의사시절엔 잘 모르기도 했으나, 조금 안다하는 지금도 환자의 고통을 풀어주기 미흡한 나 자신에, 넓고 넓은 의학세계와 나 자신의 왜소함에 분발하는 마음으로 그동안 공부하고, 체험한 내용들을 출간해 보기로 하였다.

실제로 임상을 하다 보면 대부분의 사람들이 알게 모르게 자신을 질병의 문턱으로 내몰고 있다는 것을 알 수 있다. 아는 경우는 본인이 감수하고 있다 하더라도, 모르는 경우는 일러주고, 인도하는 의무를 의사들은 가지고 있다고 본다. 그런데 환자를 대하다 보면 그렇게 하지 못하는 경우가 더 많다.

사실 환자는 의사에게 많은 것을 기대하고 있다. 병원에 오는 성의, 치료를 받고, 약을 먹는 수고만 하면 의사가 다 해 줄 것으로 믿는 것이다. 그러나 의사가 실제로 해줄 수 있는 역할이란 인도자의 역할뿐이다. 조금 더 나아가 보아야 물꼬를 트기 위해 도랑을 파 주는 정도라고 할 수 있다. 거의 대부분은 환자 자신에 달려있다 해도 과언이 아니다. 침을 놓는다는 것도 환자 안에 내재된 기운을 발동시켜 자체 내에서 평형을 유지하도록 옆에서 도와주는 것이지 밖에서 모자란 기를 불러 넣어 주거나 넘친 기를 빼는 행위는 아니다. 즉 자신의 힘으로 치료를 하는 것인데, 의사는 단지 그 이치를 잘 알기 때문에 유도해 주는 것일 따름이다.

환자는 약해지기 쉽다. 그래서 주위에서 조금만 무어라 해도 흔들린다. 이를 붙잡아 주는 것은 신임할 수 있는 의사와 보호자이다. 그래서 환자와 보호자, 의사의 삼위일체는 중요하다. 그중 제일 중요한 것은 결국 환자 본인이다. 어쨌든 환자 자신의 의지가 굳건한 경우 난치병도 낫는 사례는 얼마든지 볼 수 있으니, 인체의 내재된 기운이 얼마나 위대한가를 알 수 있다.

동양의 양생법은 이러한 인체에 내재되어 있는 기운을 함양하여 질병을 예방하고, 건강한 정신과 육체를 유지하는 데 목적이 있다. 즉 한방의 예방의학이라고 할 수 있겠다.

이것은 노년에 특히 효과가 드러나는데, 곧 노쇠를 예방하는 효과가 두드러지며, 따라서 단시간 내에 이루어지는 것은 아니라는 점을 명심하고 생활화하여야 한다.

임상을 하면서 이러한 것들을 일일이 설명해 주기 힘든 현실에서 어떤 하나의 병에 대해서도 충분히 설명하고, 이

끌어 주지 못하는 마음을 보상하기 위해서, 또 책을 소개해 주려해도 아주 전문서적이거나 아니면 가볍게 다룬 상식선의 것들이 많아, 아주 전문가용은 아니지만 그 병을 앓고 있거나, 관심 있는 사람을 대상으로 이 책을 서술하였다. 끝으로 이 책의 시장성에도 불구하고 출판을 결정한 하남출판사에 감사드린다.

차 례

2부 병증편

들어가는 말

아는 것이 병이요 모르는 것이 약이라는 말이 있다. 반대로 아는 것은 힘이라는 말도 있다. 이것은 건강에 관해서도 통하는 말이다. 머리가 아프면 뇌종양이 아닌가 의심하고, 팔이 저리면 중풍을 걱정하고, 허리가 아프면 디스크라고 하는 지나친 건강염려증은 병의 원인이 된다.

조그마한 증상을 침소봉대하여 자기가 알고 있는 병과 연결하다보면 진짜 비슷한 증상들이 마구 발현될 수 있는 것은 사람은 생각하는 동물이며, 몸은 생각의 지배를 받기 때문이다. 이때는 차라리 모르는 것이 약이 된다.

기침에는 은행을 먹는다든가, 당뇨에 누에가루, 또는 해당화 뿌리를 먹는다든가, 산후에 호박을 삶아 먹는 등의 민간요법 수준에서 디스크, 관절염에 무슨무슨 탕이나, 벌침이 좋다 등의 전문가적 수준까지 병은 한 가지인데 주위의 처방은 백 가지가 넘는 각종 건강에 관한 지식이 차고 넘친다. 그렇다고 그런 병이 수월하게 잘 낫는다는 말은 듣지 못하였다. 중요한 것은 자신이 앓고 있는 질환의 병태이다. 같은 병일지라도 진행 정도에 따라, 호소하는 사람의 환경이나 성격에 따라 증상은 실로 다양하다. 병이 같다고 증상이나 진행과정, 치료방법, 시간까지 모두 동일한 것은 아니다. 그럼에도 환자가 중풍이라면 중풍을 앓은 적이 있거나 앓고 있는 다른 사람과 비교하기 마련이다. 그리고 자신만이 더디 낫는 것처럼 느끼기도 한다. 이때의 답답함, 초조감, 좌절감을 풀고 희망을 갖고 치료를 하려면 자신의 병태를 잘 파악하여야 한다.

의사는 옆에서 현재 상태를 잘 설명해 주어야 하고, 환자 본인도 자신의 병에 대해서 공부를 하여야 한다. 모르면 답답하고, 자신만 안 낫는 것으로 생각하여, 의사를 불신하여 이 병원 저 병원 전전한다. 의사한테는 너무 신경 쓰지 말라거나, 무덤까지 갖고 가라는 소리까지 들으니, 환자 본인은 그 고통이 이만저만이 아니고, 자포자기 상태에 빠지기도 한다.

그렇다. 퇴행성질환의 병태는 기질적으로 나빠진 상태는 비가역성으로서 다시 좋아지지는 않는다. 다만 기능상의 회복을 꾀할 따름이며, 합병증을 예방하고, 더 나빠지지 않게 하는 것이 목적이다. 최선의 방법은 이러한 병에 대하여 미리 알고 예방하는 것이다. 그것이 어렵다면 조금이라도 젊을 때, 또는 병을 앓고 있는 초기부터 관리를 해 주어야 한다. 다른 세균성질환처럼 딱부러지게 낫는 병이 아니기 때문이다.

　노인성질환이나 당뇨병, 고혈압 등은 그 병을 앓기 훨씬 전부터 병의 씨앗이 잉태해 있기 마련이다. 어릴 때부터 건강관리를 습관시켜 주는 것이 부모세대의 책임이다. 요즈음처럼 청소년 흡연과 비만이 만연한 때에는 어른들의 책임이 더욱 무겁다. 지각없는 청소년 시기에 건강관리를 소홀히 하였다면 40대, 빠르면 30대에 성인병과 퇴행성질환이 시작되므로 이때는 본인의 책임 하에 이러한 병들의 병태를 숙지하여야 한다.

　따라서, 이 책은 이해력이 빠르고, 또 병이 생기기 전후인 20~50대를 목표로 만들었다. 그리고 퇴행성변화를 촉진하는 성인병과 노인질환을 예방할 수 있는 한방건강법에 대하여 일반인들이 보기에는 좀 어렵지만 비교적 깊고, 폭넓게 다루었다. 그리고 일반인들의 이해를 돕기 위해서, 한방에 대한 기본 상식이 필요하기에 총론편에 주제를 설정하여, 한방의 기본 이론을 삽입하였다. 다소 어렵긴 하지만 초보자라도 정독을 하면 한방적인 병증관을 이해할 수 있을 것이다.

　노인이 되면 앓을 수 있는 대표적인 병이 뼈와 혈관의 질환이다. 뼈와 혈관의 노화는 젊었을 때부터 잘못된 자세, 일, 외상 등으로 근육에 무리를 하였을 경우와 당뇨병, 고혈압, 고지혈증, 흡연, 비만 등의 원인으로 더욱 빨리 진행된다. 자기가 어떤 병을 앓고 있거나, 병에 대해 알고 싶다면 병증편을 보면 자세한 양방적인 설명과 함께 한방적인 관점, 치료법을 알 수 있을 것이다.

　양진한치란 말이 있다. 양방으로 진단하고, 한방으로 치료한다는 뜻이다. 그러나 한방은 병명 중심이 아닌 병증 중심의 의학이며, 인간 중심의 의학이다. 따라서 같은 병이라도 병증이 다르면 처방이 달라진다. 다른 병에도 병증이 같다면 같은 처방이 들어갈 수 있다. 따라서 양진한치란 있을 수 없으며, 있다면 한방적인 사고개념으로 진단하고, 치료한 후 양방적인 진단기구를 이용하여 검증한다는 말로서 풀이할 수 있다.

　마찬가지로 이 책의 병증론은 양방적인 병명으로 기술은 하였으나 한방의 특성상 일률적으로 병증과 약물을 적용할 수는 없다. 사상약물은 거기에다가 인간의 성정(性情)이라는 특성이 추가되므로 더욱 그렇다. 때문에 한방적 치료법에서는 일반론적인 것만을 기술하였다.

　자신의 건강관리에 도움을 받고 싶다면 마지막의 양생편 중 한두 가지를 상황에 맞게 정성을 다하여 수행하다면 커다란 성과가 있으리라고 자신 있게 말할 수 있다. 다만 평소에 습관화시켜야 한다는 것을 명심하여야 한다. 어깨, 허리, 무릎, 팔굽, 손가락, 발목 등의 관절에 좋은 자세와 통증을 치료할 수 있는 운동편을 4장에 준비하였으나 너무 전문적인데다 책의 두께를 고려하여 일단 접어두었다.

1부 총론편

한방은 음양과 오행의 상생상극, 그리고 육기(六氣)의 변화를 기본 이론으로 한다. 음양은 물질을 이루는 기본 요소이고, 오행은 내재된 기운이며, 육기는 외부의 환경인자이다. 오행은 목, 화, 토, 금, 수이고, 인체에서는 간, 심, 비, 폐, 신이며, 계절로 치면 춘, 하, 장하(長夏 : 장마철), 추, 동이다.

하루를 사는 하루살이 일지라도 나고, 소멸할 때는 계절에 따른 생(生 : 나고), 장(長 : 자라고), 화(化 : 변화시키고), 수(收 : 거두어 들이고), 장(藏 : 저장하여 다음 해 또는 날을 기약함)의 과정을 겪는다. 하물며 만물의 영장이며, 작은 우주라 일컫는 인간은 모든 자연현상이 그대로 반영될 수밖에 없다. 그리고 인간의 생리와 병리 과정이란 외기의 변화인 육기, 즉 풍(風), 한(寒), 서(暑), 습(濕), 조(操), 화(火)에 대하여 끊임없이 대처하고, 반응하면서 하나의 생명현상으로 표출되는 것이다.

기(氣)에 대한 한방상식

　사람들은 건강에 관해서나 신비스러운 초능력을 화제에 올릴 때 흔히 기(氣)에 대한 이야기를 많이 한다. 그러나 氣에 대한 구체적인 과학적 실체가 규명되어 있지 않기 때문에 막연히 오로라 현상이라든가 에너지 정도로 인식하고 있다. 사실 기에 대해서 정확한 인식을 하기란 서양식 사고에 익숙한 현대인에게 그리 쉬운 일은 아니다. 그러나 한방의학의 이론과 치료기전을 이해하려면 氣에 대한 이해 또한 필수적이다.

　한방의학에서 말하는 氣란 무엇일까? 氣란 우주를 일정한 질서 위에 움직이게 하는 무형의 힘을 말한다고 할 수 있는데, 인체도 소우주라 일컬어지듯이 예외는 아니다.

　즉, 인체는 氣와 형(形)으로 이루어졌는데, 여기서 形이란 신체(身體)를 말하며, 氣란 생명을 영위케 하는 무형의 힘이다. 氣가 생명의 유지나 활동을 하는 데 있어 불가결의 요소가 되는 구체적 사실은 인간이 대기를 호흡하고 있다는 점이다. 사람의 생명이 유지되는 한 호흡작용은 쉴 새 없이 계속된다.

그러나 인체는 호흡만 하여서는 氣가 생성되지 않는다. 氣란 글자를 풀어서 살펴보면 '기운 기(氣)＋쌀 미(米)'임을 알 수 있듯이 음식을 섭취하여 비위의 소화작용을 거쳐 그 정미(精微)로운 물질(영양소)이 폐에서 흡입한 천공(天空)의 기와 합쳐져야 비로소 온몸을 돌며, 마치 안개와 같이 고루 분포하여 피부를 덥게 하고, 윤택하게 하여 신체의 충실한 활동을 할 수 있게 하는 氣의 기능을 발휘하게 되는 것이다. 이러한 氣를 후천의 기(後天之氣)라 한다.

한편 이러한 생명활동을 가능하게 하는 힘은 부모로부터 내재되어 있던 힘을 정자와 난자가 수정시 물려받는 것으로 우주만물을 생성하고 움직이게 하는 힘과 같은 것이다. 이것을 선천의 기(先天之氣)라 하는데 신장(腎藏)에 저장되어 있으며, 인체의 氣 중에서 가장 기본이 되는 氣이므로 원기(元氣)라고도 칭한다. 따라서 원기가 충만하면 장부기능이 왕성해지고 신체도 건강해지며, 반대로 선천적으로 허약하게 태어나서(禀賊虛弱), 또는 오랜 병 때문에 원기가 손상되면 병에 대한 저항력이 약해져 질병이 쉽게 야기되고 잘 낫지 않는다.

이처럼 氣의 생성과 분포가 폐(肺), 비(脾), 신(腎) 기능과 유관함을 알 수 있고, 특히 氣의 운행에선 비, 폐가 중요한 작용을 함으로, 사람들이 흔히 원기가 떨어졌다고 하는 것은 비, 폐의 기능이 떨어졌을 경우가 많으며, 따라서 기

를 보(補)한다고 할 때 비·폐의 기를 보하는 대표적 약물
인 인삼, 황기를 쓰게 되는 것이다. 또한 선천적인 체질허
약(禀受不足)이나 노약자의 경우엔 신장(腎)의 원기가 부족
한 것이므로, 신장을 보하는 대표적 약물인 숙지황이나 녹
용을 다용하게 된다.

　이처럼 氣가 전신에 분포하여 생명활동을 유지하도록
하기 위해서는 氣가 유통되는 신경이나 혈관과는 다른 제
3의 통로가 있으니, 이것이 요즈음 과학적 규명을 시도하
고 있는 경락이다.

　경락(經絡)은 크게 두 가지로 나누니, 비교적 심층에 분
포하며, 상하로 행(縱行)하는 경맥(經脈)과 비교적 표층에
분포하며 경맥과 경맥을 횡사(橫斜)로 이어주는 락맥(絡脈)
이 그것이다. 즉 경맥은 본류(本流)요, 락맥은 지류(支流)라
할 수 있으며, 몸의 구석구석에 거미줄처럼 퍼져 있어 안
으로는 각종 장기와 연결되고 밖으로는 체표와 연계되어
표리관계를 긴밀히 하고 인체가 하나의 통일체(整體라고도
함)로 영위되도록 한다. 그러므로 각 장기의 병이 체표면
에 드러나 보이기도 하고, 바깥의 병이(예를 들면 감기 같
은) 깊어지면 장기까지도 병들게 하는 것이다.

　따라서 우리가 침을 놓는 혈자리는 경혈(經穴)이라고 하
는데, 경맥상에 있으면서 가장 표피 가까이 드러나 있는
피부반응점으로서 여기에 침을 놓는 목적은 안으로 연계
되어 있는 각 장기의 氣를 조절하는 데 있다.

　약간 빗나가는 이야기지만 흔히 기운과 힘을 구분하지

않고 쓰는데, 기운이란 인체에 흐르고 있는 氣가 경락의
유주를 따라 자연스럽게 밖으로 드러나는 힘을 말하고, 힘
이란 단지 근육의 수축에 의한 것이다. 기의 흐름은 하나
의 원과 같이 끝이 없는데, 태극권이나 택견 같은 곡선운
동은 이런 이치에 따라 氣를 최대한으로 이용하고 축적하
고자 하는 운동이다. 요즈음 중국에서는 기공(氣功)이라 하
여 이러한 운동을 이용한 치료법까지 적극 활용하고 있다.
육체적인 노동을 하는 경우에도 요령을 터득하면 능률적
으로 일을 할 수 있는데, 氣의 흐름을 자신도 모르게 이용
하기 때문이며, 근육의 파워를 요구하는 직선적인 운동은
자칫 잘못하면 근육과 인대를 손상하는 일이 많다.

　인체에 흐르는 氣는 그 연계가 되어 있는 장기에 따라
흐르는 부위와 성격이 다르다. 심, 폐, 비, 위, 대소장의 경
락은 호흡, 순환, 소화기능을 맡기 때문에 흉부와 복부 등
몸의 전면을 흐르고 있고, 그 성격은 온난(溫暖)하며, 방광
과 연계된 경락은 몸의 후면을 흐르는데 그 성격은 매우
찬 편이며, 간담의 경락은 몸의 측면을 흐르는데 그 성격
은 차기도 하고, 뜨겁기도 한두 가지 성격을 모두 가지고
있다.

　氣는 마음가짐의 변화(七精. 즉 喜, 怒, 憂, 思, 悲, 驚,
恐)에 따라 그 흐름이 달라지는데, 이를테면 놀라거나 공
포심을 느끼는 경우 등줄기가 쭈뼛하거나 식은땀이 흐르
는 것은 등뒤의 방광경락이 발동한 때문이며, 화가 나면
얼굴이 상기되고, 심하면 어지럽고 입이 쓰며, 목까지 아

픈데, 이것은 옆구리 쪽의 간담(肝膽)경락이 발동한 까닭이
다. 또한 불안, 초조할 때, 무안할 때, 또는 음악을 감상하
거나 사랑을 느낄 때 가슴이 두근거리거나, 가슴이 훈훈해
지는 것을 느끼는데, 이것은 심장경락에 기가 집중되는 현
상이며, 생각을 많이 하면, 氣가 응체되어 뱃속이 거북하
고 소화가 되지 않는데, 비위경락의 氣가 잘 소통되지 않
는 까닭이다.

이처럼 각 장기마다 성격이 다르고, 경락(經絡)에 흐르는
氣의 성격도 다르므로, 각 경락의 氣를 조절함으로써 병을
치료할 수 있는 것이며, 특히 요즈음과 같이 스트레스로
인한 질병이 많은 시기에는 한방치료가 매우 효과적이다.

서양의학은 옛부터 분석적이고 구조적인 유물적 사고를
가지고 병을 관찰함으로써 많은 난치병들을 정복하였으나
인체를 정신과 육체로 분리한 채 하나의 물체로 본 폐단
이 있어, 그 한계점을 노정(露程)시켰는데, 근래에는 정신
신체의학(Psychosomatc Medicine)이라 하여 정신과 육체를 별
개의 것으로 보지 않고 하나의 인간으로서 전인적(全人的)
으로 생각하는 의학이 각광받는 것은 한방의학적 견지에
서는 당연한 귀결이다. 한방적인 메커니즘은 감정의 변화
에 따른 氣의 변화이며, 氣의 변화에 따른 신체의 이상으
로 볼 수 있다. 그러나 감정의 변화라는 것은 그리 간단명
료하지 않으며, 따라서 기의 변화를 파악하기란 그리 쉽지
않다. 요컨대 체질적 소인을 포함하여 환자의 지금까지의
전 생활사, 환경, 연령, 성별, 기후나 기상조건, 직업, 의식

주 등의 일상생활조건과 민족특유의 소질에 따라서 달라지기 때문이다.

한방의학에서는 체력의 허실에 따른 호흡상태도 소기(少氣), 단기(短氣)라 하여 기병(氣病)의 범주에 넣고 있으나, 대개 기병(氣病)이라 하면 감정의 변화, 기후 등의 스트레스로 인한 생체의 반응을 말하는데, 대표적인 증상으로써 목에 가시가 걸린 것처럼 삼켜도 넘어가지 않고, 뱉어도 잘 뱉어지지 않는다던가, 복부에 덩어리 같은 것이 왔다갔다하면서 때로는 딴딴하게 만져지는 것이 고전에 기록되어 있는데, 현대에도 많이 볼 수 있는 것이다.

치료 방법은 침이나 약물로써 氣를 순조롭게 하는 방법을 쓴다. 스트레스를 풀 수 있는 운동이나 취미활동도 좋은 효과가 있다. 양생편의 각종 운동법도 신체 골격의 균형을 도모하고, 근육의 활성을 키우며, 스트레스를 해소시키고, 원기를 배양시켜, 매일 하면 건강장수에 도움이 된다.

일반적으로 체질별 음식을 우선하는 경향이 있으나 가장 중요한 것은 평소의 긍정적이고, 공경하는 마음가짐이다. 요컨대 병의 원인도 치료도 마음가짐에 따라 생길 수도 또 나을 수도 있음을 명심하고 항상 즐거운 마음과 氣의 순조로운 운행을 위한 운동이 건강의 첫 번째 길임을 명심해야겠다.

보신(補腎)과 한방

동양의학의 근간이 되는 사상은 천인합일설(天人合一說)과 음양오행설(陰陽五行說)이다. 음양오행설은 우주만물의 생성과 변화의 원리를 설명하고 있으며, 이러한 대자연의 영향을 받는 인간은 음양과 오행원리에 의해 상생(相生)과 상극(相克)의 과정을 거쳐 각 장기(臟器) 사이의 조화와 균형을 이루어 건강한 생활을 유지하게 된다. 따라서 한의학의 생리와 병리란 음양의 성쇠와 오행의 상생, 상극에 따라 변화하는 제현상(諸現象)을 전체적이고도 종합적으로 관찰하는 데 주력하고 있다.

그러면 인체의 오행이란 무엇인가? 크게는 간장, 심장(염통), 폐장(허파), 비장(지라와 이자), 신장(콩팥)은 각각 목(木), 화(火), 토(土), 금(金), 수(水)에 배속되어 있다. 오행에서 목(木)이란 곧 나무만을 의미하는 것이 아니듯 한방에서도 간이 곧 간장(肝臟) 그 자체만을 가리키는 것은 아니며, 목(木)의 성질을 갖는 모든 기능을 총체적으로 지칭하는 것이고, 간으로서 대표되는 기능이다.

따라서 간기능이라 하더라도 양방에서 말하는 소화, 해독작용이나 조혈작용과는 다른 것으로, 목(木)이 오행상 가진 특성을 발휘하는 인체 내 모든 기능은 모두 간의 기능으로 보며, 그것을 주관하는 장기가 간장이 되는 것이다. 그러므로 양방에서의 간기능은 한방에서의 간기능에 포함될 수 있기는 하지만 근본적으로 개념이 다른 것이다.

예를 들면 목(木)은 봄에 해당하고 자라나는 기운이 있으므로, 봄에 모든 만물이 소생하는 듯한 기운을 인체에서 찾아본다면 간에 해당한다. 어떠한 인체 내의 모든 승발(升發)하는 작용은 간에서 시발(始發)하는 것이니, 간에서 당분이 글리코겐으로 저장되었다가, 글루코스로 분해되어 혈중으로 보내져 에너지화 하는 작용과, 이러한 에너지에 의한 근육의 운동, 심장의 끊임없는 박동력, 손톱이나 머리카락을 자라게 하는 힘 등을 모두 간의 발산작용으로 보는 것이다. 따라서 심장이나 다른 장기에도 간의 이러한 작용이 내재되어 있어 오행의 균형을 이룬다. 그러므로 한의학에서 간이 나쁘다고 하면 이러한 간의 기능이 좋지 않다는 것이며, 간은 그 부속기관으로 눈, 손톱, 근육, 관절 등이 있으므로 눈, 손톱, 근육, 관절의 병은 간의 이상으로 보는 것이다.

근래에 경제적으로 윤택해지고, 건강에 대한 관심이 높아지고 있는데도 불구하고, 경제활동의 중추가 되는 40대 사망률이 높다고 하는 것은 사회적으로 큰 문제점이라 할 수 있다.

40대 이후의 건강을 위에서 말한 한방적 사고로 분석하여 보면, 한의학의 원전인 『황제내경』에 '신기(腎氣)가 쇠하여, 모발이 떨어지고 이빨이 마른다'고 하였는데, 이 시기가 되면 생명력의 원천이라 할 수 있는 신기(흔히 정력이라고 하는 것과도 상통됨)가 허약해져서 한방적으로 신과 관계되는 골(骨), 골수(骨髓), 뇌, 치(齒), 모발, 귀, 생식능력, 소변, 기타 내분비, 신진대사의 질환이 다발할 수 있는 나이가 된다.

사람이 나이가 들면 사지가 쑤시고, 아랫도리나 무릎이 차며, 귀가 멀어지고, 이와 모발이 빠지며, 호흡이 가빠지고, 생식기능이 쇠퇴하는 것은 신기가 쇠퇴하여 원기가 허약해진 까닭이다. 그러나 나이가 든다고 해서 모두 이러한 증상이 나타나는 것은 아니며, 사람에 따라 개인차가 매우 크다. 여기에는 선천적인 체질, 후천적인 환경, 성격, 섭생 등 여러 가지 인자가 관여하기 때문이다.

흔히 성인병이라 일컫는 고혈압, 당뇨병, 비만 등도 신기허약이 원인이 되기도 하고, 신기허약을 유발시키는 인자가 되기도 한다. 즉 한방적으로 보면, 고혈압의 원인 중 하나가 신의 수(水)가 심(心)이나 간에 있는 화(火)를 제압(水克火)하지 못한 것이며, 당뇨병도 당대사가 안 되는 것인데, 감미(甘味)는 토(土)에 속하며, 토극수(土克水)하므로, 당뇨는 비(脾)와 신(腎)장의 병이다. 요사이에는 인스턴트식품 등의 범람으로 감미를 상식하는 까닭에 소아의 경우에

도 신기가 쇠한 증상이 나타나는데, 골절을 자주 당한다든
가, 어린이 성인병이 증가하고 있는 것도 이와 관련된 사
항들이다.

그러면 시중에서 정력제, 자양강장제, 보양제, 보신제라
는 이름으로 팔리고 있는 약제 내지는 식품들은 이러한
신의 기능을 도와준다는 뜻이 되겠는데, 그것이 과연 올바
른 효능을 가지고 있겠는가? 이것을 설명하자면 상당히 긴
지면이 할애되는데, 간단히 말하면 신 자체도 음과 양으로
그 기능을 구분하고 있으며, 따라서 쓰이는 약제도 다르다
는 사실이다.

신음(腎陰)이란 음식물 중 정미한 물질만을 저장하여 각
장부에 공급하는 기능과 생식능력을 갖춘 물질을 저장하
는 기능을 갖고 있는데, 그 물질을 정(정＝米＋靑)이라고
표현한다. 정은 초생시에는 부모에게서 물려받아 형성되나
출생 후에는 음식물의 공급을 받아 형성된다. 이 정이 기
초가 되어 뇌수, 골격, 근육, 혈관, 모발 등이 생성되고 자
라게 된다. 정은 그 자체가 물질적 기초는 되지만 자라게
하거나 움직이게 하는 힘이 되기 위해선 에너지화하여야
하는데, 이것을 한방에선 기화작용(氣化作用)이라 하며, 이
러한 기능을 신양(腎陽)이라고 하는 것이다. 신음과 신양은
어느 한 작용도 넘치거나 부족함이 없이 평형을 이루어야
건강을 유지하며, 신기능이 실조되었다는 것은 신음과 신
양 사이의 균형이 상실된 것이다.

이를테면 신양이 허약하면 기화작용이 약하게 되므로

무릎이나 손발이 차고, 소변량이 작고 자주 마려우며 몸이 자주 붓게 되며, 기력이 약해지고, 남자는 양위증(발기부전)이나 조루가 여자는 냉이 많아지거나 임신을 못하게 된다. 신음이 허약하면 양을 제압 못하므로 어지럽고, 귀에서 소리가 나며, 가슴이 두근거리고, 입이 마르며, 잠을 잘 자지 못하고, 밤에 땀이 나거나 수족에 열이 나게 되며 남자는 몽정이, 여자는 생리 이상이 나타난다. 이처럼 한방에서는 신기능이 쇠퇴한다고 하더라도 음과 양을 구분해서 약을 쓴다. 이외에도 다른 장기에 이상이 생겨도 음식을 소화시켜 정을 생성시키지 못하므로 쉽게 피곤하다든가 하는 소위 원기가 부족한 현상이 생기기 때문에 보정(補精)을 위해서는 신장뿐 아니라 다른 장기의 이상을 체크하는 것이 먼저이다.

요즈음에는 개소주나 흑염소를 보신의 대표적 보약처럼 인식하고 있는 사람들이 많은데, 개나 염소 모두 열성식품으로 맛이 중탁하여 기(氣)보다는 형(形)을 돕는 작용이 있으므로, 몸이 건실하거나 열이 있는 사람에겐 적합치 않고, 고영양식품으로는 비교적 소화가 잘 되는 편이므로(개는 비위장을 따뜻하게 한다) 폐결핵 같은 소모성 질환에 보조요법으로 사용할 수 있다. 그러나 영양의 과다섭취로 인한 질환이 증가하고 있는 현대에는 정(精)으로 화할 수 있는 물질적 기초는 풍부한 반면, 이를 에너지화하는 기화작용은 부족한 경우가 많으므로, 영양이 불량했던 과거에는 몸보신(補身)에 효과가 있었는지 몰라도, 현대인의

보신((補身)에 유용하다고 생각되지 않는다. 가장 좋은 보
신법은 역시 과식과 편식을 피하고, 적당한 운동을 하는
것이며, 혹시 몸의 상태가 좋지 않아 약의 도움을 받으려
면 전문의와 상담하여 결정하는 것이 좋을 것이다.

정력과 정력제

"인간에게 해로운 바퀴벌레나 쥐가 정력제라는 소문이 나면 모두 다 박멸이 될 것이다."라는 우스개 소리가 있다. 실제로 60년대의 메추리알로부터 수 년 전의 까마귀고기에 이르기까지 많은 실례가 있으며, 해외에서도 동남아의 곰발바닥, 뱀사탕, 캐나다의 곰(웅담)사냥 등으로 한국인의 정력제 선호는 정평이 나 있는 듯하다.

그러면 정력을 말하기 전에 정(精)이란 무엇일까? 정은 쌀 미(米)와 푸를 청(靑)을 합한 글자로써 쌀에서도 가장 맑은 부분, 즉 에너지원이 되는 것을 뜻하여 만든 글자이다. 따라서 어떤 물질의 가장 핵심이 되는 것, 에센스(essence)를 말한다. 인체에서의 정이란 생명을 이루는 가장 기본적인 물질이다. 정은 다시 두 가지로 나누어 설명한다.

하나는 선천의 정(先天之精)으로서 생식의 정(生殖之精)이라고도 하며, 부모로부터 받는다. 『황제내경』에 '부모의

신이 부딪히고 합해져서 형체를 이루는데 항상 그 형체보다 먼저 있는 것이 정이다(兩神相傳 合而成形 常先身生 是謂精)'라고 하였다. 즉 부모의 정이 기초가 되어서 뇌수, 골격, 근육과 혈액, 모발 등의 형체와 조직이 점차적으로 분화하여 완비케 되므로 정은 생명의 기초가 된다고 한 것이다.

또 하나는 후천의 정(後天之精)이며 오장육부의 정(五臟六之精)이라고도 한다. 출생 후에는 음식이 위에 들어가서 소화흡수 및 기화작용을 거쳐, 그 중 가장 정미로운 물질로 정이 생성되어 일단 신장에 저장되었다가 다른 장기가 공급을 필요로 할 때에는 저장을 하고 있던 정기를 언제든지 다시 공급해줌으로써 생명활동이 계속 유지되도록 한다.

즉 후천의 정은 인체 각부의 조직과 기관을 자양하며, 생장과 발육을 촉진시키는 기본물질이라 할 수 있다. 선천의 정은 출생 후에는 후천의 정에 의해 부단히 공급을 받으며, 또 선천의 정은 후천의 정을 마련하는 물질적 기초가 된다. 그리고 신장은 선천의 근본으로서 다른 오장육부의 정기를 받아 일단 저장함으로 오장육부의 정기가 충만하면 정기의 생성 및 저장, 배설작용도 정상적으로 유지가 된다. 기실 오장육부의 정이나 신장의 정 또한 다른 것이 아니고, 하나의 정이며, 이 정(精)이 오장육부에서는 인체의 생리기능을 돕는 필수의 영양물질이 되며, 한편으로는 생식(生植)의 기본물질이 되기도 하는 것이다. 만약 무리하게 어떤 장기를 혹사하게 되면 그 장부의 정뿐만 아니라 나중에는 신장에 저장된 정까지도 소모하게 되므로 신의 기능인 생식, 성장, 발육, 노쇠에까지 영향을 미치게 된다.

이를테면 기침을 오래도록 방치하면 폐의 정이 손상받다가 결국은 신정(腎精)까지도 손상 받게 되니 오래된 기침에 한방에선 폐뿐만 아니라 신까지도 보(補)하는 이론적 근거가 된다. 바꾸어 말하면 오장 기능이 튼튼해야 성장 발육이 잘 되고, 쉽게 늙지 않는다는 뜻이다. 이러한 것을 자연현상과 비유하여 설명하면 봄에 곡식을 심어 싹을 틔워서 여름에 잘 자라도록 하고, 가을에 거두어서 겨울에 저장하여 먹고사는 것이 1년의 삶이다. 봄은 간, 여름은 심장, 가을은 폐, 겨울은 신장에 해당한다. 저장한 곡식으로 겨울을 나고, 다음 추수까지 살아가는데 봄, 여름, 가을에 재해라도 닥치면 겨울의 창고 걱정을 아니할 수 없다. 그래서 신장은 봉장(封藏)하는 기능이 있다고 표현한다.

신장이 저장하고 있는 정은 기(氣)로 화(化)할 수 있다. 신정을 바탕으로 생겨나는 기를 신기(腎氣)라고 한다. 다른 장기와 마찬가지로 신장은 신정과 신기가 어우러져야 제 기능을 발휘할 수 있다. 신기의 성쇠는 생식 및 성장, 발육의 능력과 관계가 있다. 정자와 난자가 수정이 되어 세포가 분열하여 인체 각 조직으로 분화해 나가는 힘, 그리고 출생 후에 점차 커져서 이빨이 나고 머리카락이 자라며, 남자는 16세에 정액을 생산할 수 있고, 여자는 14세에 월경을 개시하여 생식능력이 생기는 것은 신기가 성(盛)하는 현상이다.

노년기에 이르면 오장이 쇠퇴하기 시작하고 신정이 부
족해져 머리카락이 희어지고 이빨이 빠지며, 뼈가 약해진
다. 남자는 64세, 여자는 49세에 생식능력이 점차 쇠퇴하
는 것은 신기가 쇠하는 현상이다.

이것을 다시 음양의 속성으로 관찰하면 정은 음, 기는
양에 속하므로 신정은 신음(腎陰)이라 하고, 신기는 신양
(腎陽)이라고도 한다. 음과 양은 상호의존적이며, 길항적으
로 작용하여 생리적으로 평형을 유지하고 있다. 보통 한의
사가 "신장이 나쁘다"고 하는 것은 신음과 신양의 조화가
깨졌음을 말하는 것이다. 신양이 허약해지면 기화작용과
몸을 따뜻하게 하는 온조작용이 안 되어 기혈순환이 좋지
않게 되므로 사지가 차고 얼굴이 창백하며 식은땀이 나고
쉽게 피로하고 무기력해진다. 신은 정을 장(藏)하는데 긴밀
하게 저장하지 못하므로 남자는 정액이 저절로 나오는 유
정(遺精), 활정(滑精) 또는 조루(早漏), 양위(陽痿)증상이 생
기게 되고, 여자는 냉대하가 있거나 자궁이 차서 임신이
잘 안 된다.

신장은 수장(水藏)이어서 소변을 주관하는데 양기가 약
하면 수액의 기화작용(소변을 내보내거나 필요한 것을 재
활용하는 기능)이 안 되어 소변이 맑고 많이 나오거나 아
주 나오지 않고 부종이 생기기도 한다. 신음이 손상된 경
우에는 형체와 장부를 자양하지 못하여 정혈(精血)과 골수
가 나날이 부족해져서 자꾸 마르고, 신음의 제약을 받지

않게 된 신양이 항진함에 따라 얼굴이 벌겋게 달아오르고, 가슴이 두근거리고 답답하며, 입이 마르고, 손바닥 발바닥에 열이 나며, 잠잘 때 땀이 난다. 또 정이 적어지므로 남자불육, 여자경폐로 아이를 가질 수 없고, 허열이 안에서 뜨므로 내출혈이 잘 되고, 코피가 잘 나며, 월경도 과다해지고, 정액이 새는 현상이 생긴다. 그리고 신음허와 신양허의 공통된 증상으로 신의 부속기관인 골(骨), 수(髓), 뇌(腦), 귀(耳), 이(齒), 머리카락에도 영향을 미치어 정신이 맑지 못하고 어지러우며, 눈, 귀가 밝지 못하고, 귀가 울리며, 머리카락이 빨리 세고, 이가 빠지며, 뼈가 약해 골절이 잘 되고, 무릎, 허리 등의 관절이 시고 아프게 된다.

예를 들어 한 노인이 무릎이 아파 병원에 갔다고 하자. X-ray를 찍고 진찰한 의사가 "뼈가 많이 늙었군요"하는 것은 골관절의 퇴행성 변화가 많이 왔다는 것을 뜻하고, 한방에선 신허증을 의미한다. 특히 허리가 아픈 경우 허리는 신장이 주관하는 부분(腰者之府也)이니, 한의사가 "신장이 나빠서 그래요"하는 말을 하는 수가 있는데 그 말은 진짜 신장(콩팥)이 나쁘다는 뜻이 아니라 신의 기능이 허약해졌다는 뜻이다.

이제까지의 설명을 통하여 한방에서의 신허증을 요약한다면 일체의 성장, 발육부진과 조로(早老)현상을 일컫는 말임을 알 수 있다. 그러면 일반인들이 잘 알고 있으면서 또 그 쓰임새에 대하여 궁금해하는 약제들을 살펴보도록 하자.

보신음약으로 쓰는 대표적인 약물은 숙지황이 있고, 그 외에 구기자, 산수유, 하수오, 여정자 등이 있다. 보신양약의 대표적인 약물로는 녹용이 있고, 그 외에 부자, 육계, 음양곽, 토사자, 파극 등이 있다. 정력제의 대명사 해구신은 보양약에 속한다.

처방으로 육미지황탕은 보음약, 팔미지황탕은 보양약이다. 따라서 '정력제'하면 정(精), 즉 신음과 력(力), 즉 신양을 도와주는 약이기 때문에 반드시 고가의 약이 필요한 것은 아니다. 다만 신양이 부족한 증상이냐 신음이 부족한 증상이냐를 가려야 할 것이고, 또 아직 신기까지는 손상되지 않은 오장육부의 정이 손상된 증상이냐를 감별진단하여야 한다. 신기가 손상되지 않았다면 보신약을 쓸 필요가 없이 각각 오장육부의 음양허실을 가려서 써야 한다. 무조건 정력제라면 선호한다거나 남들이 효험을 보았다고 그대로 따라하는 것은 체질적, 환경적 편차를 무시한 위험한 발상이다.

대체로 선천의 정은 유전적 경향이 있고, 후천의 정은 환경에 의해 크게 영향을 받는다. 말하자면 태어날 때부터 자신의 체질, 체력, 수명 등이 정해져 있는 것이고, 이것을 어떻게 쓰느냐에 따라 잘 보존될 수도 있고 일찍 깎아먹을 수도 있다. 정신적 스트레스나 육체적 과로, 고량후미(기름진 음식), 술에 취한 채 색욕을 탐하는 것 등은 오장육부의 정을 손상하고 신정까지도 깎아먹는 것이므로 건강을 위해서는 금해야 할 일이다.

그러나 현대인이 사회 생활에 피치 못한 일로 정을 손상하였다면 특별한 정력제를 탐하기보다는 자신의 조건에 맞는 약제로 보충함이 현명하다. 그리고 무엇보다도 신정을 보존하는 가장 좋은 방법은 섭생과 양성을 잘 하는 것이니 절제 있는 생활과 인격의 수양이 보신의 정도임을 알아야 할 것이다.

끝으로 선인들의 양생법으로서 동의보감에 나와있는 태을진인칠금문(太乙眞人七禁文)과 양성의 도(養性之道)를 소개한다.

- **태을진인칠금문**(太乙眞人七禁文)
 · 말을 적게 하여 내기를 기를 것(少言語 養內氣)
 · 색욕을 경계하여 정기를 기를 것(戒色欲 養精氣)
 · 맛을 담백하게 하여 혈기를 기를 것(博滋味 養血氣)
 · 침을 자주 삼켜 장의 기운을 돋을 것(嚥精液 養藏氣)
 · 성내지 말아 간기를 기를 것(莫嗔怒 養肝氣)
 · 음식을 잘 먹어 위기를 기를 것(美欲食 養胃氣)
 · 생각을 적게 하여 심기를 기를 것(少思慮 養心氣)

- **양성의 도**(養性之道)
 항상 힘들게 일하여 몸을 피곤히 하지말고,
 안 되는 일을 강제로 하려 하지 말라.
 무릇 흐르는 물은 썩지 않고,
 문지방은 좀먹지 않으니,
 운동하기 때문이다.

양성의 도는 오래 일하고 오래 서고 오래 앉으며
오래 눕고 오래 보며 오래 듣지 않는 것이다.
이러한 것은 수명을 재촉할 뿐이다.
(養性之道 常欲少勞 但莫大疲及 强所不能堪耳 夫流水不腐
戶樞不蠹 以其運動故也 養性之道 莫久行久立久坐久人臥 久
視 久聽皆令損壽也)

노쇠(老衰)

　사람이 태어나 늙고 병들어 죽는다는 것은 자연의 이치다. 굵고 짧게 산다는 말이 있지만, 굵고 길게 살면 더욱 좋은 것은 말할 나위가 없다. 그래서 옛부터 장수(長壽)에 대한 욕심과 기대는 끝이 없었고, 현재도 노화예방과 장수에 관한 연구는 지속되고 있다. 그러나 진시황과 같은 절대권력자도 어쩌지 못한 것이 불로장수가 아닌가!

　동양적인 이상향으로 무릉도원이라든가 신선(神仙)사상 같은 것은 이러한 인간의 욕구를 잘 나타내고 있는 바, 종교차원으로까지 승화되었는데, 특히 중국의 송(宋)시대에는 신선사상이 만연되어, 신선이 되는 약이라 하여 금속류의 단약(丹藥)을 상복함으로써 많은 폐해가 속출하였으며, 또 한편으로는 이를 해독하기 위한 의학의 발달뿐 아니라, 금속을 다루는 제련, 화학기술의 발달도 가져왔던 역사적 사실도 있다.

　근래에는 건강에 대한 관심이 고조되면서 만병통치의

영약(!)들이 많이 출현하여 뭇사람을 유혹하는데, 자신의 확고한 건강관념을 위해 노쇠에 대한 한방적인 견해를 살펴보는 것도 의미 있는 일이라 생각된다.

인간의 수명은 일반적으로 노화(老化)의 속도와 관련이 있고, 여기에는 선천적 요인과 후천적 요인이 관여한다. 선천적 요인은 생명이 잉태되는 순간 부모로부터 물려받는 신기(腎氣)와 관계가 있다.

신기는 일생을 사는 동안 생명을 유지케 하는 원동력이 되는 원기(元氣, 原氣)를 내포하고 있다. 이것이 태어날 때부터 부족한 경우, 이를 한방에서는 선천부족(先天不足)이라고 하며, 어린이의 발육부진이나, 조로(早老)의 원인이 된다. 생명현상을 촛불에 비유하면 초 자체는 불이 되는 물질적 기초가 되므로 신정(腎精), 혹은 신음(腎陰)이라고 할 수 있고, 초가 타서 불이 되는 과정은 기화작용(氣化作用), 불이 돼서 환히 밝히는 것은 신양(腎陽)의 작용이라고 할 수 있다.

흔히 사람들이 정력부족(精力不足)과 양기부족(陽氣不足)을 동의어로 사용하고, 또 생식기능하고만 연관지어 생각하는데, 사실은 음과 양이라는 서로 대립되고도 의존적인 개념이며, 또한 인체의 전반적인 생명현상과 관련이 있는 말이다. 그러므로 선천이 부족하다고 하면 부모에게서 그만큼 조금 물려받았다는 뜻이며, 촛물의 양이 평균보다 적다는 뜻도 된다. 촛물이 다하면 불이 꺼지듯, 원기가 다하면 생명도 끝나는 것이다.

　그러면 하늘이 정해준 인간의 수명(千壽)은 얼마나 될까? 옛 한의서에는 120세를 천수로 보고 있는데, 현대의학에서도 110~120세로 보고 있는 것 같다. 말하자면 인간이 지니고 있는 촛불의 양은 외부환경의 나쁜 영향을 받지 않는 한 120년간은 살 수 있다는 뜻이다. 그러나 외부환경의 영향을 받지 않는 사람이 어디 있겠는가. 즉 후천적 요인은 주위의 생활환경에 대한 인체의 반응이다. 각종 스트레스로 인한 신체의 이상반응은 질병을 야기시킬 뿐 아니라 노화도 촉진하게 된다.

　스트레스라 하면 흔히 불안, 초조, 긴장 등의 정신적인 것으로만 이해하기 쉽지만 과음, 과식, 정신적·육체적 과로, 기후의 한열(寒熱), 각종 소음 및 공해, 외상(外傷) 등의 모든 외부환경은 스트레스로 작용하며, 이를 어떻게 인체가 받아들이느냐에 따라 건강이 좌우된다. 말하자면 '기거(起居)를 적절히 하고, 과음, 과식, 과로를 피하며, 심신을 바로 하여 정기(精氣)를 배양한다'는 상식적인 말이 장수하는 비결이랄 수 있는데, 결국은 스트레스가 없는 여유적적한 생활이 가장 훌륭한 장수법이 되겠지만, 현실적으로는 불가능하므로 각종 스트레스를 감내하고 소화시킬 수 있도록 몸과 마음의 수양을 닦으며, 쌓인 스트레스는 즉시 풀 수 있는 지혜가 필요하다.

　몸은 물질적인 음식의 섭취, 소화, 배설뿐 아니라 눈에 보이지 않는 정신적인 스트레스의 섭취, 소화, 배설에 의하여도 발육, 성장되는 것이다. 이를테면 사춘기의 연애감

정, 인생에서의 성취욕, 실패를 딛고 일어서는 인간 의지,
휴식과 오락 등등이 없다면 어떻게 한 사람의 인간으로
성숙할 수 있으며, 얼마나 그 인생은 무미건조하겠는가를
생각하면 능히 짐작할 수 있는 일이다. 곧 한방에서 말하
는 형(形)과 기(氣), 음과 양의 조화이며, 몸과 마음을 분리
할 수 없는 하나의 증좌이다.

　말하자면 스트레스를 잘 소화하면 오히려 발전의 계기
가 되지만, 균형이 깨지면 스트레스는 하나의 병인으로 작
용하여 각종 장기에 영향을 미치는데, 가장 관계가 깊은
장기는 비위(脾胃)장이다. 모든 오장육부와 사지백해(四肢
百骸)는 비위의 소화작용을 거친 영양물질을 공급받으며,
비위의 손상은 다른 장기에까지 영향을 미치기 때문이다.
보통 중병에 걸렸을지라도 위기(胃氣)가 있느냐 없느냐에
따라 병이 회복되기도 악화되기도 한다. 그러므로 한의학
에서 비위장을 가리켜 후천의 본(後天之本)이라고 하였다.

　선후천의 관계는 상보(相輔)의 관계에 있다. 선천부족이
면 어릴 때부터 증상이 나타나게 되고, 후천조리를 잘못하
면 결국 신기를 손상하여 조로현상이 나타나게 된다.

　그러면 언제부터 의학적인 노인이 되는 것일까?『설문해
자(說文解字)』에는 70을 일러 노(老)라고 하였으나, 한의학
원전인 내경(內經)에는 50 이상을 노(老)라고 지칭하고, 나
이에 따른 생리변화를 설명하되 여자는 六七(42세)에, 남자
는 六八(48세)에 얼굴이 검게 되고, 머리가 하얗게 되기 시
작하며, 여자는 七七(49세)에 생리가 끝나고 아이를 가질

수 없으며, 남자는 六八(48세)에 정(精)이 점차 줄고 신기가 쇠하여 형체가 피로해지며 八八(64세)에 치아와 머리카락이 빠지고 근골이 이완되어 몸이 무겁고 행동과 보행이 느리며 아이를 낳을 수 없다고 하였는데, 대개 40~50대에 '노(老)'의 증후가 나타나 소위 갱년기라고 일컫게 되는 것이다. 그러나 요즈음에는 60청춘이라거나 인생은 60부터라는 말이 있듯이 노인의 연령이 갈수록 뒤로 늦춰지고 있는데, 이것은 생활수준의 향상과 의학의 발달로 질병의 예방 및 퇴치에 힘입은 바 크다.

한방의학에서도 질병의 예방과 수명의 연장에 많은 관심을 가졌는데, 앞에 언급한 내경(內經)의 첫머리 내용이 그것을 잘 말해주고 있으니 참고로 옮겨본다.

上古之人 春秋皆度百歲而動作不衰 今時之人 年半百而動作皆衰者 時世異耶 人將失之耶? 上古之人 其知道者 法于陰陽 和于術數 飮食有節 起居有常 不妄作勞 故能形與神俱而盡終其天年 度百歲乃去 今時之人不然也 以酒爲漿 以妄爲常 醉以入房 以欲竭其精 以耗散其眞 不和持滿 不時御神 務快其心 逆于生樂 起居無節 故半百而衰也

옛날 사람들은 나이가 백세를 넘어도 동작이 쇠하지 않는데 요즈음 사람들은 50세에도 동작이 쇠한 것은 시세 탓인가, 사람이 잘못한 탓인가? 답하여 가로되 옛날 사람들은 도(道)를 깨우쳐 자연의 법칙인 음양에 어긋나지 않고, 양생(養生)하는 방법을 알아서 음식에 절도가 있고, 거처가 바르

며, 망령되게 몸을 피로하게 하지 않아, 육체와 정신을 모
두 갖춤으로 천수를 다할 수 있었지만, 요즈음 사람들은 술
을 음식으로 삼고, 몸을 함부로 하며, 취한 채 교접을 하여
정(精)을 고갈시키고, 진기를 모상(耗傷)하며, 삼갈 줄 모르
고, 정신을 바로 하지 못하여 쾌락만을 좇고, 거처를 함부
로 하기 때문이다.

가히 현대인에게도 금과옥조와 같은 말씀이라 아니할
수 없다.

노인의학

장래 복지국가의 최대 관건은 노인복지에 있다. 노인들은 살아 있는 역사이며, 또한 장래의 나의 모습이기도 하다. 노인을 공경하는 사회풍토가 우리가 지향해야 할 덕목이자 복지국가의 초석이 아닌가 한다. 경제성장 과정에서 소외되었던 노인복지는 21세기에는 인간 수명의 연장과 더불어 현재 경제활동의 주역인 30~50대가 대상이 될 것이다.

예전에는 노화현상의 하나로 자연스럽게 받아들였던 골밀도저하(골다공증)나 갱년기장애, 각종 퇴행성질환의 치료에 적극 매달리고, 노인전문용품점이 하나의 시장을 형성하는 추세이다.

현재 노인을 모시고 있거나 건강에 관심이 있는 사람이라면 노인만의 특이한 생리, 병리를 알아두는 것은 의미가 있을 것이다. 더구나 아무리 젊다고 하더라도 예비노인이라고 할 수 있으니 말이다.

인간의 연령별 생리적 특점은 1년의 4계절에 비유할 수
있다. 즉 봄은 소아기로서 0~15세까지이고, 여름은 성년
기로서 15~50세까지이며, 가을은 장년기로서 50~75세까
지이고, 겨울은 노년기로서 75세 이후로 구분할 수 있다.

노인의학은 소아의학과 마찬가지로 노인 나름의 생리,
병리가 있다. 이것은 선천적 체질을 중요시하는 한방의 사
상의학론보다도 우선적으로 고려해야 할 사항이다. 즉 연
령에 따른 병변을 먼저 살피고, 그 다음에 체질적인 것을
참고하는 것이 임상상 유리할 경우가 더욱 많다는 말이다.
인간이 나서 죽는다는 것은 숙명적인 것이긴 하지만 노화
의 속도는 개인차가 심하여 유전적 요인 및 환경, 개인습
관에 의하여 크게 좌우된다. 여기에는 몇 가지 중요한 원
칙이 지켜진다.

첫째, 개인마다 실제 나이와 나이 들어 보임은 일치하지
않는다(외관상이든 내장기상이든).

둘째, 갑자기 기능이 약해지거나 늙어버리는 것은 정상
노화현상이 아니라 질병에 의한다.

셋째, 정상적 노화현상은 위험인자, 즉 혈압이나 흡연,
또는 계속 앉아있는 생활습관 등을 조절함으로써 둔화시
킬 수 있다.

넷째, 건강한 노인이란 모순이 아니라 자신의 몸 관리에
의하여 실제로 가능하며, 질병 없이 활동에 지장을 받지
않고 사는 것을 말한다. 평균 예상 연령을 살펴보면 65세
는 17년, 75세는 11년, 85세는 6년, 90세는 4년, 100세는 2

년을 본다. 실제로 85세 이상의 노인에서 생활하는 데 활동장애를 받는 사람은 35%에 불과하다는 것이 밝혀졌다.

나이	남은 여생(평균)		장애 없이 살 수 있는 기간	
	남자	여자	남자	여자
65~69	13	20	9	11
70~74	12	16	8	8
75~79	10	13	7	7
80~84	7	10	5	5
85 이상	7	8	3	3

* 위의 표는 성별과 나이에 따른 여생(餘生)이다.

그러면, 노인들의 생리상 특징은 무엇일까? 생리적 관점에서 본다면 노쇠란 모든 기관의 항상(恒常)능력이 점차적으로 감소함을 말한다. 즉 인체의 생리가 음과 양이라는 양대 세력이 서로 대립하면서 변화하는 가운데 평형을 유지함으로써 생명을 유지시키는데, 이러한 음과 양의 기운 자체가 작아지면서 조절능력도 점차 감소하는 것이다.

비유를 한다면 인체를 음과 양이 담겨있는 그릇이라고 할 때, 노인이 되면 그릇 자체가 작아지게 되고 따라서 여기에 담겨있는 물질인 음과 양도 작아질 수밖에 없으며, 외부의 작은 충격에도 민감하게 반응하여 음과 양의 균형이 쉽게 깨지고 작은 병도 크게 확대되어 보이게 된다.

노쇠현상으로 나타날 수 있는 증상은 어떤 것이 있을까? 사람이 노년에 달하면 오장육부의 기능이 날로 쇠약해지고, 여기에 섭생을 잘못하면, 외관상으로도 얼굴이 검어지고, 치아와 머리카락이 빠지며, 허리가 굽고, 다리에 힘이 없으며, 귀와 눈이 멀게 되는 노태(老態)가 나타난다.

오장육부 중 신장(腎藏)은 선천의 기운이 저장되어 있는 곳으로 노쇠와 직접적인 관련이 있는 장기이다. 한방에서 노쇠질환에 녹용을 쓰는 것이나 양방에서 갱년기질환에 에스트로젠과 프로제스토젠(테스토스테론), 모든 성장호르몬 등 호르몬을 쓰는 이치는 신장기능을 돕자는 것이다.

노년에 이르면 신음(腎陰)과 신양(腎陽)이 생리상 모두 부족한 가운에 평형(低度平衡이라 표현)상태를 이루게 된다. 한방에서 신장(腎藏)이라 함은 콩팥과 방광뿐만 아니라 머리카락, 뼈, 치아, 뇌, 골수, 귀, 허리, 생식능력까지를 포괄하는 개념이다.

한방적으로 신장기능이 부족하면 머리카락이 빠지고, 치아가 부실해지며, 뼈의 밀도가 떨어져 쉽게 골절이 되면서 척추가 휘고, 손 다리를 떨며, 반사운동이 저하되어 균형감이 상실돼 걷는 것이 불안정해지고, 잘 넘어지며, 허리와 무릎이 시면서 아프고 생식능력이 퇴화하는 등의 증상이 나타난다.

여기에 신음(腎陰)이 더욱 허약하면 식은땀이 나면서 입이 마르고, 얼굴이 화끈거리며, 손발이 뜨겁고, 발뒤꿈치가 아프며, 변비가 생긴다. 신양(腎陽)이 더욱 허약하면 소변이 자주 나오면서 힘이 없고, 대변이 묽으며, 소화가 안되고, 무릎과 손발이 차가와 진다. 또 귀는 신(腎)의 기능이 발현되는 바깥의 구멍(外竅)이니 신기가 허약해지면 청력이 저하되고 귀울림증이 생기며, 심하면 귀가 멀게 된다. 귓바퀴가 마르면서 검어지면 신기가 패망한 증거이니 좋지 않다. 이러한 것들은 양방적으로도 골밀도 저하, 골위축, 뇌카테콜합성저하, 뇌도파민합성저하, 소변농축/희석능력저하, 사구체여과속도저하, 질/요도점막퇴화, 전립선비대 등으로 설명이 가능한 것이다.

눈은 간의 기능이 바깥으로 드러나는 구멍(外竅)이며, 오장육부의 정기가 모여 있는 곳인데, 노년이 되어 간의 혈(血)이 부족하게 되면, 눈이 뻑뻑해지고, 수정체가 혼탁하여 눈앞이 어른거리며, 빛 과민성이 높아져 심하면 실명하기도 한다.

이외에도, 비기(脾氣)가 약해지므로 소화가 잘 안 되며, 음식 맛을 느끼지 못하여 식욕이 없어지고, 배가 고파도 먹고 싶지 않으며, 조금만 먹어도 배가 부른다. 대장운동이 저하되므로 변비가 되고, 직장기능이 떨어져 대변실금이 올 수도 있다. 간장과 신장의 음정(陰精)이 부족하여 심장이 저장하고 있는 신기(神氣)—심은 신기를 저장한다(心藏神)—를 자양하지 못하므로 쉽게 화를 내고 성격이 괴팍스러워 지고 건망증이 생기며, 깊은 잠을 자지 못하고 일찍 깨게 된다.

심혈관계통을 보아도 동맥순응도가 떨어져 맥박이 증가하고, 수축기 혈압이 올라가 좌심실 비대가 올 수 있으며, 베타아드레날린 반응도(B-adrenergic responsiveness)가 떨어지므로 심박동이 저하되면서 심하면 심부전이 올 수도 있다. 폐의 탄력도가 떨어지고 흉벽의 경직도는 올라가므로 관류장애가 오고, 동맥의 산소농도가 떨어져서 호흡곤란이나 저산소혈증이 올 수도 있다. 이와 같이 다양한 증상들이 있으나 이러한 증상들이 모든 노인에게 다 오는 것은 물론 아니다. 따라서 다음과 같은 개념을 갖는 것은 매우 중요하다.

첫째, 노인에서 발생하는 질병은 환자의 장기를 침범하며, 이 장기들은 옛날보다 훨씬 약해져 있는 상태이다. 이러한 관계로 젊은 사람이 병에 걸렸을 때와 다른 반응을 보일 수 있다. 예를 들면 갑상선기능항진증의 경우 안구돌출, 갑상선종대, 손떨림이 주증상이지만 노인의 25% 이하에서는 심방세동, 혼미, 우울, 혼절, 쇠약감 등이 더 자주 나타난다.

특히 노인에서 '제일 약한 부위'는 뇌, 하부 비뇨기계, 심혈관, 근골격계이고, 지병이 무엇이든 간에 급성혼미, 우울, 뇨실금, 낙상, 혼절이 제한된 수의 환자에서는 현저하게 나타난다. 따라서 노인에서는 원인 질환이 무엇이든 간에 증상이 대체적으로 비슷하게 나타난다. 즉 젊은 사람에서는 어디가 나쁘면 어떤 증상이 나타난다 할 수 있으나 노인에서는 그렇지 못하다는 사실은 매우 중요하다.

둘째, 노인에서는 생리적 예비능(physiologic reserve)이 장애를 나타내므로 질병이 있을 때 초기에 증상이 나타나기도 한다. 예를 들면 약한 갑상선기능 항진증임에도 불구하고 심부전이 나타난다든지 약한 치매임에도 인식장애가 있고, 약한 전립선비대증인 데도 뇨저류, 약간의 당 장애에도 당뇨성 혼수에 빠지기도 한다. 즉 쉽게 음양의 균형을 잃기 때문에 증상발현이 빠른 반면에 약을 조금만 써주어도 금방 원래 상태로 회복이 된다. 따라서 노인이라고 내버려두어선 안 되고, 오히려 주의를 기울이면 원인 질환을 쉽게 찾아낼 수 있는 근거가 되어 상태가 심해지기 전에 초기에 치료를 할 수가 있다.

결론적으로 약 양을 작게 투여하여도 효과를 볼 수 있으며, 젊은 사람에 비하여 약의 부작용도 쉽게 일어난다. 예를 들면 항히스타민이 혼미를 유발하거나, 이뇨제가 뇨실금을 악화시키고, 디곡신(digoxin)이 우울증을 일으키기도 한다.

"불안정하고 눈앞이 환해지는 것을 느끼며 자꾸 딴소리를 한다"며 보호자와 병원을 찾은 74세 여자 환자의 경우 멀미약을 먹고 거기에 사용된 스코플라민 계열이 교감신경계를 자극해 발생한 섬망현상이었다고 한 신문기사(조선일보. 96.5.19. 23면)도 그 한 예이다. 따라서 노인에게는 약물대사능력과 음양조절능력(항상성유지능력)을 고려한 투약이 필요하다.

셋째, 증상이 여러 가지 나타나더라도, 보상기전은 동시다발적으로 일어날 수 있으므로 치료가 가능하다. 각각으로 보면 적은 호전이지만 전체적으로 보면 획기적으로 호전된다는 뜻이다.

예를 들면 치매에서 나타나는 인식장애는 청각이나 시각불량, 우울증, 심부전, 전해질평형장애 등에 의해 악화된다. 또한 뇨실금증은 변매복증(fecal impaction), 약물 투여, 과다한 소변 등에 의해 악화된다. 이러한 각각의 증상은 하나하나 치료하는 것이 아니라 원인인자만 치료해 주면 전체 증상이 좋아진다.

넷째, 젊은 사람에서는 비정상적 소견이지만 노인에게는 정상 소견인 경우가 있다. 즉 세균뇨증(bacteriuria), 심실조기박동, 골밀도저하(low bone mineral density), 방광수축장애, 당뇨가 아닌데 조금만 충격을 받아도 당뇨가 나오는 것(impaired glucose tolerance) 등이다. 그러나 빈혈, 발기부전, 우울증, 혼미는 늙어서 생기는 것으로 여기지 말고 원인파악을 하여 치료를 해 주어야 한다.

다섯째, 노인들은 질병에 의한 결과로 더 고통을 받을 수 있기 때문에 치료, 혹은 예방이 젊은 사람보다 더 효과적이다. 고혈압 치료나 독감 예방주사도 한 가지 예이다. 노인에서 골밀도를 높이는 일은 쓸데없는 일이기는 하나 노인성 골절은 예방 가능하다는 것이다.

전반적으로 노인성 질환의 예방은 음양의 균형을 맞추어 주고, 배꼽 아래(하초)의 힘을 키우며, 의학적 상태를 호전시켜 주고, 영양 상태를 맞추어 주며, 부작용 약제를 제거하고, 환경에서의 위험인자를 제거함으로써 가능하다. 즉, 술과 담배를 최소한으로 줄이고, 혈압을 조절하며, 시력과 청력을 교정한다. 일정 시간 햇볕을 쪼이며, 음식 섭취가 불량하면 종합비타민을 복용하는 것도 한 방법이다. 운동은 심혈관계(心血管系)에 좋고 당 조절에도 좋으며, 골밀도를 유지하는 데도 도움이 된다. 스트레스를 해소시켜 좋은 기분을 유지토록 한다. 이로써 사회 융화에도 도움이 되며, 불면증, 변비, 낙상을 예방할 수 있다.

2부 병증편

노쇠로 인한 병은 오장육부에 모두 있지만, 최종적으로는 신수(腎水)가 부족한 병증으로 귀착된다. 신장(腎臟)은 성장, 발육과 노화에 관여하는 대표 장기이기 때문이다. 이 중 대표적인 병증이 어깨, 무릎, 척추 관절의 노화로 인한 퇴행성 관절질환과 골다공증, 갱년기장애, 중풍과 같은 각종 심혈관질환, 치매 등이다.

골관절증(염)(퇴행성 관절염)

　나이가 50~60대가 넘어서 허리, 무릎 등이 몹시 아파서 병원에 가면 의사가 X-ray를 찍어보고 "뼈가 늙어서 그래요" 또는 "퇴행성 관절염입니다"하는 말을 한다. 그리고 심하게는 평생 가지고 가야 한다는 말이나 인공관절에 대한 이야기를 듣는 경우도 있다. 반대로 20~30대의 젊은 사람이 같은 이유로 병원에 가면 "뼈에는 이상이 없네요, 물리치료를 하면서 좀 쉬면 낫습니다"하는 말을 듣는다.

　물론 하나의 예를 든 것에 불과하지만 이러한 의사의 말은 사실일까? 결론은 '뼈'에 이상이 있고 없고만 가지고 따질 수는 없다는 것이다. 젊은 사람의 뼈는 골절이 없는 한, 그리고 뼈 자체의 선천적인 결함이 없는 한 이상을 나타내는 경우는 드물다. 뼈 자체의 선천적인 결함이라 하더라도 반드시 통증으로 연결되는 것은 아니다. 나이가 들어 X-ray상 뼈의 노화(퇴행성변화)가 확인되었다 하더라도 반드시 통증이 있는 것도 아니다. 결국 X-ray 등의 이학적 소견은 환자가 호소하는 증상과 일치하여야만 그 유의성을 갖는 것이다.

이를테면 흔히 보는 예로서 뼈가 기형적으로 천추가 요추화되어 허리뼈가 하나 더 많다든지, 제5요추가 천추화되어 허리뼈가 하나 더 적다든지, 뼈가 측만(옆으로 휨)되었거나, 너무 전만(앞으로 감)되었다든지, 또는 너무 똑바로 섰다든지 하면 구조적으로 허리를 잘 받쳐주지 못하기 때문에 '외력(外力)에 다른 사람에 비하여 비교적 약하다'고 말할 수는 있겠지만, '그것 때문에 허리가 아프다'고 말할 수는 없는 것이다. 그러나 일단 통증이 유발되면 이러한 구조적 결함이 통증을 더욱 악화시키는 악순환의 고리를 형성할 수는 있다.

그러면 젊은 사람의 통증과 나이든 사람의 통증은 어떻게 다른가를 설명하면서 골관절증에 대하여 알아보자.

젊은 사람의 통증은 근육의 과부하로 인한 통증이 많다. 근육은 인체 몸무게의 40%를 차지하는 기관으로서, 통증을 일으키는 근골격계 질환의 대부분은 근육에서 기인한다. 한 자세를 지속적으로 유지하던가 반복적으로 어떤 근육을 많이 쓰면 해당 근육이 과부하 되고, 근육이 딱딱하게 굳으면서 수축이 되어 이완이 되질 않는다. 이러한 상태를 근육경축(muscle spasm)이라 한다.

흔히 민간에서 "근육이 뭉쳤다" 또는 "피가 뭉쳤다" "담(痰)이다" "어혈(瘀血)이다"고 표현하는 것과 같다. 근육이 경축된 상태에서는 신축이 자유롭지 못하므로 평소에는 아무렇지 않은 것 같아도 그 근육을 조금만 쓰면 통증을 유발한다. 또 근육이 경축되어 짧아져 있기 때문에 구조적으로 뼈가 휘어 보이기도 하는데, 특히 경추와 요추에서 현저하다. 혹자는 뼈가 휘어 있기 때문에 통증이 있다고 하는 사람도 있는데, 위에서 언급하였지만 이 역시 평소에 구조적으로 뼈가 휘어 있다고 하더라도 반드시 통증이 있는 것은 아니며, 일단 통증이 생긴 다음 구조적(structural)인 뼈의 결함이 통증을 악화시키는 악순환을 형성할 수는 있다. 그러나 대부분은 근육의 경축으로 인하여 기능적(fuctional)으로 휘는 경우이다(물론 보조구를 착용하거나, 수술을 요할 정도로 심한 척추측만증이나, 상하지 길이의 비대칭은 제외한다).

이처럼 X-ray로 보아서 뼈 자체에 골절이나 탈구, 디스크 등 통증의 확실한 소견이 없으면서 붓거나 통증이 있으면 '염좌'라고 진단한다. 인대의 손상은 염상(捻傷), 근육의 손상은 좌상(挫傷)이라고 하는데, 대개 합쳐서 염좌라고 부른다. 우리말로는 '삐었다' 또는 '접질렀다'고 한다. 젊었을 때부터 간헐적으로 통증이 있어 왔거나 타박, 골절 등의 외상, 류마토이드관절염, 내반슬, 외반슬, 척추측만증 등 뼈의 구조적 이상으로 장력이 지속적으로 가해지면 그 부위의 뼈는 나이보다 훨씬 빨리 늙는다.

특히 체중부하와 퇴행성관절과는 밀접한 관련이 있다. 비만인 사람은 정상인보다 통계적으로 2배 정도 퇴행성관절증이 더 많다. 주로 퇴행성관절증이 침범하는 관절은 체

중부하관절인 고관절, 슬관절, 발목관절과 경추와 요추 등
이며, 이 외에 손가락의 제일 끝 관절에 잘 발병한다. 이
와 같이 어떤 특별한 인자가 선행되어 이차적으로 관절연
골이 퇴행성 변화를 나타내는 것을 이차성 골관절염이라
하고, 남자에게 많이 볼 수 있으며, 확실한 원인이 없이
관절연골에 퇴행성 변화가 나타나는 것을 일차성 골관절
염이라고 하고, 여자에게 흔히 볼 수 있다.

뼈는 20세부터 노화되기 시작하는데, 자연적인 노화에
있어서도 개인차가 있으며, 55~65세 연령층에 85% 정도
가 골관절염의 방사선상 소견을 나타내고, 여기에는 유전
적인 관계가 있을 것으로 추측하고 있다.

1. 골관절염이란?

골관절염은 퇴행성관절염이라고 하기도 하고, 염증성이
라기보다는 퇴행성이므로 퇴행성관절질환, 골관절증이라고
도 하는 것으로, 관절연골이 퇴행성변화를 보이고, 관절면
의 과잉 골형성을 특징으로 하는 질환으로서 중년 이후의
노인에 잘 나타나는 질환이다.

정상적인 젊은 사람의 관절연골(일명 물렁뼈)은 매끈하
며, 윤기가 있고, 탄력이 있는데 반해 퇴행성 변화가 생기
면 윤기가 없어지고, 미세한 금이 가며, 헐고, 얇아지면서

연골 가장자리에 작은 새뼈(骨棘 : 골가시라 한다)가 생겨
나고, 활막이 2차적으로 자극이 되어 염증 반응을 나타내
어, 전신적인 반응 없이 국소성 장애를 초래하는 질환이
다. 류마토이드관절염과 가장 큰 차이점은 퇴행성관절염은
연골을 1차적으로 침범하고, 2차적으로 활액막에 염증 반
응을 나타내는 국소 질환인데 반해, 류마토이드관절염은 1
차로 여러 관절의 활막에 침범하고, 2차로 연골의 변성까
지 초래하며, 미열과 빈혈, 피로감, 눈의 홍채염 등을 나타
내는 전신 질환이라는 것이다.

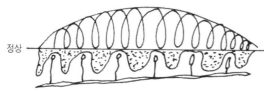

활액(SYNOVIAL FLUID)
연골(CARTILAGE)
연골하골(SUBCHONDRAL BONE)
혈관(BLOOD VESSELS)

정상

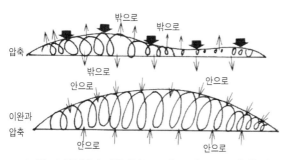

압축

이완과
압축

[그림 1] 정상적인 연골대사(normal cartilage metabolism)
상 : 연골하골(모식도) 위의 세포간질(matrix) 내에 교원섬유
　　소속(collagen fibrills)을 동반한 정상적인 연골.
중 : 압축에 의한 하이아루로니다제(hyaluronidase), 뮤신
　　(mucin), 콘드로이틴(chondroitin)의 유산염 등은 연골에서
　　활액강(synovial cavity)이나 뼈의 혈관에 침투한다.
하 : 연골의 압축 · 이완에 의하여 영양액이 흡수된다.

　관절연골의 병리해부적 변화는 다음과 같은 순서로 나타난다. 나이와 외상 등의 스트레스로 인하여 구조적인 변화 없이 증상이 있을 때는 연골의 종창과 연화가 나타나고, 나아가면서 재형성하는 과정을 반복한다(<그림 1>).

　그리하여 관절은 항상 정상 상태의 관절 모양을 유지하는데, 이러한 손상으로 인한 마모와 보수과정에서 파괴되는 세포가 보수되는 세포보다 더 많으면 파괴 과정이 진행되어 관절이 퇴화한다.

　활막염은 손상된 연골의 파편으로부터 관절 내에 형성된 다당류의 과도한 농축으로 기인하는 연골의 만성적인 화학적 염증을 나타낸다는 설이 있다. 이러한 설은 실험적으로도 재현할 수 있는데, 연골 파편을 관절 내로 주사하면 활막염을 일으켜서 관절낭이 비후되고, 단백다당류가 소실되기 때문에 연골의 탄성이 줄어들며 균열이 생겨 점차적으로 연골하골까지 연골이 벗겨지게 되며, 결국 세섬

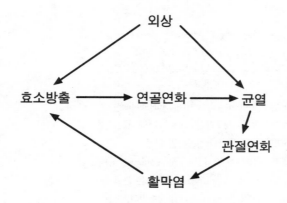

[그림 2] 퇴행성관절염의 진행

유화(fibrillation)된다. 세섬유화는 연골하골 쪽으로 관통하는 수직선상의 균열에서 일어난다.

점액다당류의 소실은 균열보다 먼저 일어날 수도 있고, 후에 일어날 수도 있다. 연골하골은 충혈되고, 섬유조직을 함유한 혈관은 연골하판(subchondral plate)을 관통하여 벗겨진 연골 안으로 들어간다. 염기성점액다당류의 소실은 연골의 중간 이행부에서 가장 크다고 생각하는데, 이것은 마모와 단열의 원인으로서 표면마찰보다도 효소의 관통이 더 영향을 미친다는 것을 의미한다(<그림 2>).

연골 부위의 세섬유화와 균열은 섬유속(fasciculation)으로 변형되고, 결국 연골은 박탈되고, 연골하골은 노출되며, 연골 가장자리에는 새 뼈가 자라나서 퇴행성 관절질환을 나타내게 되는 것이다(<그림 3>).

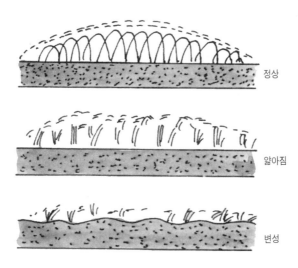

[그림 3] 퇴행성관절염(degenerative arthritis)의 각 단계

이러한 변화는 매우 점진적으로 일어나며, 노인에게도 퇴행성 질환의 후기까지도 반드시 증상을 일으키는 것은 아니다. 또한 젊은 사람에게 외상 등으로 이러한 변화가 생겼다하더라도 이것이 통증의 원인이라고 생각하지는 않는다. 그러나 나이가 들면 퇴행성 관절증으로 연골하골이 노출되어 직접 관절이 접촉됨으로써 통증을 야기한다고 할 수 있다.

2. 퇴행성 관절증의 증상

주요 증상은 통증이다. 초기에는 장거리 보행을 하면 아프고 부으며, 휴식하고 안정하면 부은 것이 가라앉으면서 통증이 없어진다. 관절에 강직감이 생겨서 아침에 일어났을 때, 또는 쉬었다가 걸을 때 관절이 뻣뻣해 어느 정도 지나야 풀려서 잘 움직일 수 있게 되는데, 기계가 기름이 말라 녹슨 것에 비유하기도 한다.

노인들이 50~100m정도 걷다가 아파서 자주 쉬게 된다든가 뒤뚱뒤뚱 걷는 것은 대부분 퇴행성 골관절염이다. 따뜻하게 습부해 주면 좀 나아지고, 날씨가 춥거나 습기가 차면 악화된다. 관절 주위는 약간 부어 있거나 압통이 있다.

점차 진행이 되면 통증 때문에 몹시 괴롭다. 조금만 움직여도 통증이 있고, 쉬어도 잘 없어지지 않으며, 밤에 자다가도 아파서 자주 깨게 된다. 이러한 동통은 망가진 관절면과 관절 주위의 인대, 건초, 관절막 등에 분포되어 있는 신경을 압박해서 생기는 것이다.

더욱 진행이 되면 가장 마찰을 많이 받는 관절의 중심부에서 연골이 전부 마모되어 연골하골이 노출되어 관절면으로 작용하게 된다. 이때 X-ray상으로 골관절 사이가 좁아지고, 관절의 가장자리에서는 연골이 이상적으로 비대되어 연골극(chondrophyte)을 형성한 것이 점차로 연골성 화골(enchondral ossification)을 일으켜 골가시(骨棘 : osteophyte)를 형성하게 되며, 연골하골은 딱딱하게 경화되고, 관절면은 불규칙하게 된다. 때로는 관절 주위의 골증식체가 떨어져 나와 유리체(遊離體)로서 활액 내를 떠다니다가 활액막에 부착하여, 활액막이 이상 비대를 보이기도 하며, 관절 사이에 끼어 다리를 꼼짝 못하게 하는 경우도 생긴다. 또한 관절연골이 소실되고, 불규칙하게 변성이 되어 관절이 변형을 일으키므로 움직일 때마다 "똑똑"하는 탄발음이 생긴다.

변형이 더욱 진행되면 관절운동이 심한 장애를 일으킨다. 관절 주위 근육은 동통으로 인하여 경련을 일으키고, 심하면 구축(contracture : 근육이 말라비틀어지는 것)까지도 온다. 관절운동이 제한되므로 연골의 어느 한 부위에 집중적으로 스트레스가 가해져 퇴행성 변화가 더욱 심해지는 악순환을 형성하여, 병리현상은 가속화된다.

3. 퇴행성 관절증의 각각의 증상

① 수지관절염 : 손가락 끝마디가 툭 불거지는 피하결절
은 특징적으로 50세 이후 폐경기 여성에 잘 생기며 손가
락등 쪽에 연골과 골조직이 증식되면서 생기는 것으로, 이
러한 피하결절을 허버덴씨결절(Herberden's node)이라고 한
다.

② 퇴행성 고관절염 : 고관절의 골관절염은 남자에게 주
로 나타나며, 동통이 고관절에 국한될 수도 있지만 사타구
니, 대퇴전면, 둔부, 슬관절 쪽으로 확장되며, 국소 압통은
적은 편이나 고관절을 구부리거나 내전, 내회전 등의 동작
으로 고관절을 자극하면 동통이 유발된다. 따라서 다리를
절게 되고, 관절의 강직이 생기면 다리 길이가 달라 보이
며, 걷는 것을 무서워하며, 발을 질질 끌거나 오리걸음을
걷게 된다. 양반다리로 잘 앉지도 못하고, 앉고 일어나는
것이 힘들다. 한 쪽으로 왔다가 점차 두 다리로 진행된다.

③ 퇴행성 슬관절염 : 슬관절의 골관절염은 매우 흔한
질환이다. 슬개골 주위가 아픈데, 특히 앞쪽이 심하다. 뼈
걱거리는 소리(cracking)가 생기는데, 대퇴 전면에 있는 대
퇴사두근이 강하게 수축하는 데서 기인한다. 무릎을 굽히
거나 펼 때도 통증이 있으며, 계단을 오르내리기도 힘들
다. 활액막이 비후되고, 관절액이 증가하여 근육이 경축되

면 결국 근위축이 온다.

더욱 병이 진행되면 슬관절이 변형되어 내반슬(O자형), 외반슬(X자형), 뻣정다리가 되어 보행이 불편하거나 불가능하다. 무릎의 굴신이 자유롭지 못해 운동제한이 온다. 무릎 위아래의 혈행이 지장을 받는 데다, 운동까지 할 수가 없으므로 무릎은 굵어지고, 종아리와 허벅지의 살이 말라서, 마치 학의 다리와 흡사하다고 하여 한방에서는 학슬풍(鶴膝風)이란 병명을 붙인다.

④ 경추과 요추의 척추증 : 요추와 경추의 골관절염은 염증의 소견보다는 주로 퇴행성으로 오기 때문에 근래에는 척추증(spondylosis)이라는 병명을 많이 사용한다. 요추는 체중부하가 운동성보다 크고, 경추는 운동성이 체중부하보다는 크다는 차이가 있기는 하지만, 이러한 체중부하와 운동에 의한 스트레스가 관절면에 가해지고, 추체 사이에 있는 추간판(디스크)의 퇴화를 가져와서, 관절 간격이 좁아지면서 척추관이 협착되고, 추체 가장자리에 골증식체가 생겨서 주위 관절낭과 인대를 붓게 하여 통증을 야기하며, 심하면 신경을 압박하여 경추에서는 목, 어깨, 상지로 가는 방사통이 생기고, 머리로 올라가는 혈관에 장애를 가져와 어지러움, 두통을 일으키며, 요추에서는 둔부와 다리 쪽의 방사통이 생기며, 파행(跛行 : 절름거림)을 나타내기도 한다. 척추를 뒤로 구부리면 추간공이 작아지므로 통증을 야기하며, 심하면 마미신경을 압박하여 괄약근 장애를 가

져와 대소변에 지장이 생긴다.

 이러한 척추의 골관절질환은 대개 양측성이고, 한꺼번에 2~3개의 신경근을 압박하며, 척추를 펴면 아프므로 약간 허리를 굽힌 상태에서 걷고, 쉬면 통증이 감소하고 활동하면 아프다. 장시간 동안 움직이지 않으면 근육경직이 와서 더욱 불편할 수 있으므로 일정한 시간동안 걷는다던가 움직여 주어야 한다.

4. 치료

 초기의 퇴행성 변화로 인한 활막염으로 붓고, 경직되며, 관절낭이 비후되고 관절변연에 골가시가 형성될 때까지 아무런 증상도 일어나지 않을 수도 있다. 통증은 골가시의 확장에 의하여 골막이 늘어나고, 인대부착부에서의 골성변화가 생기며, 통증이 있는 관절을 움직이지 않기 때문에 일어나는 보호적인 근육경축으로 유발된다고 생각된다. X-ray상으로 퇴행성관절이 확인된다 하더라도 전체의 30%만이 증상을 호소한다.

 즉 나이가 들고, 뼈가 노화되었다고 반드시 통증이 있는 것은 아니며, 거꾸로 퇴행성관절로 인한 통증이 있다고 하더라도 인대의 비후, 보호적인 근육경축을 해소시켜 주고, 관절에 대한 추가적인 압력을 제거하여 줌으로써 치료가 가능하다.

따라서 환자는 관절구조 자체는 가역적으로 젊은 사람의 뼈처럼 될 수는 없지만 병태 자체가 양성으로 진행되는 것을 막고, 적절한 치료에 의해 관절의 경직과 인대의 비후를 해소시켜 통증이 없어질 수 있다는 것을 이해하여야 한다.

① 휴식 : 가장 중요한 치료는 휴식이다. 특히 오후 동안의 휴식이 중요하며, 이렇게 함으로써 관절 내의 자극을 줄이고, 염증성 변화를 소실시킬 수 있다. 필요하다면 환자의 일상생활을 점검하고 교정해 주어야 한다. 우리나라는 온돌문화이기 때문에 관절의 활동 반경이 크고, 관절의 부하가 커질 수밖에 없다.

이것을 방지하기 위하여 의자생활을 습관화시켜야 한다. 곳곳에 의자 또는 소파가 있으면 좋겠지만 없다면 휴대용 의자라도 좋다. 고관절과 무릎은 항상 90도 이상 둔각을 이루어야 하므로 될 수 있으면 자신의 키를 고려하여 조건에 적합한 의자를 골라야 한다. 낮은 의자는 무릎과 고관절이 예각을 이루어 근육이 긴장하므로 좋지 않고, 높은 의자는 허벅지 아래의 무릎굴근(hamstring muscle)이 눌려서 좋지 않다. 방바닥에 앉았을 때는 등을 기대고, 무릎은 적당히 펴주며, 일어날 때는 다른 물체를 짚거나 심하면 부축을 받아야 한다.

잠을 잘 때에도 같은 이치로 너무 구부리거나 쭉 편 채로 자지 말고, 약간 구부린 자세가 좋다. 똑바로 누웠을 때는 무릎 밑에 담요를 말아서 적당히 괴어서 무릎이 구부려지도록 하고, 머리 밑의 베개도 적당한 높이와 너비로 경추 부위까지 잘 받쳐지도록 한다. 베개가 너무 푹신해서 반탄력이 있으면 경추 주위의 근육을 긴장시키므로 좋지 않다.

일상생활에 있어서도 무릎을 꿇거나 양반다리는 절대 안 되며, 등을 기대지 않고 버티고 앉아 있는 것도 삼가야 한다. 김장을 담거나 빨래를 할 때 이런 자세를 취하기 쉬운데 자주 일어나 기지개를 펴던가 해서 근육을 이완시켜야 하며, "끝까지 마무리하고 쉬어야지"하는 고집이나 자기와의 약속은 버려야 한다. 같은 자세를 오랫동안 취하는 것도 피하여야 하고, 다리를 꼬고 앉거나 팔을 기대는 등으로 어느 특정한 근육이 장시간 눌리는 것도 피하여야 한다.

증상이 심하면 목발이나 보조기를 단기간 사용하는 것도 한 방법이다. 보조기를 하였다고 일을 하여도 된다는 것은 아니며, 무거운 것을 들거나 오랜 시간 차를 타거나 걷는 등의 활동은 제한하여야 한다. 온열요법이 효과가 있으므로 따뜻한 온습포를 해주고, 적외선이나 초음파치료를 하여도 도움이 된다. 이와 함께 하중을 감소시키기 위해 체중을 조절해 준다. 아침에 일어나면 관절이 경직되어 있으므로 바로 걷는다던가하는 활동은 하지 말고, 가벼운 체조를 하여 관절이 부드러워진 다음 움직이도록 한다.

② 운동 : 통증이 어느 정도 감소하면 가능한 빠른 기간 안에 하루에 한두 차례 체중부하를 하지 않는 관절운동을 하면 관절의 운동성을 증가시키고, 관절낭의 구축을 방지할 수 있다.

이를테면 누워서 무릎을 편 채 다리를 들어올리거나, 윗몸일으키기, 윗몸눕히기, 발끝으로 서기, 수영 등이 있다. 특히 따뜻한 물 속에서 하는 스트레칭과 수영장에서 부력으로 체중을 받치고, 발끝 또는 발바닥을 대고 빨리 걷는 것은 매우 훌륭한 근력운동이다.

③ 한방치료 : 한방적으로 골관절증은 뼈와 근(筋)의 병이다. 근은 간(肝)에 속하고, 뼈는 신(腎)에 속하므로, 간신을 보하고(補肝腎)하고 근골(筋骨)을 강하게 하는 약물을 써준다. 또 연령적으로 기혈(氣血)이 허약하므로 기혈을 돕는 약(補氣血)을 쓰기도 한다.

여기에 통증이 심하면 통증을 유발시키는 원인, 즉 초기에 붓고 열이 나면 풍열(風熱), 또는 습열(濕熱), 만성적으로 부어 있고 저리면 풍습(風濕), 무릎이 차면서 아프면 풍한(風寒), 발적(發赤)이 있으면 어혈(瘀血)로 보아 치료하는 약을 첨가하기도 한다. 간신장을 돕는 육미지황탕과 대영전, 기혈을 돕는 쌍화탕, 십전대보탕을 기본방으로 하여 가감하여 사용한다.

기성처방으로는 수백 수천 가지 처방이 있지만, 대표적

으로 허리에는 삼비탕, 독활기생탕, 강활속단탕, 보신탕(補腎湯), 오적산 등이, 무릎에는 대방풍탕, 삼기음, 지절통에는 영선제통음, 소풍활혈탕이 있다.

그러나 처방에 구애받지 않고, 통증의 양상과, 소화상태, 한열 등을 구분하여 사용하는 것이 좋다. 두충, 금모구척, 골쇄보, 오가피, 속단 등 신장을 돕는 약을 군약(君藥 : 주된 약)으로 사용하는데 용량은 12~15gm이다.

이 외에 음양곽, 파고지, 익지인, 파극 등을 쓸 수 있다. 여기에 초기의 염증시에는 풍열독이 성한 증상이므로 금은화, 포공영, 어성초를 가하고, 붓고, 열이 있으면 습열이므로 비해, 상지, 송절, 해동피, 의이인(각각 12~15gm 정도 쓴다), 모과, 방기, 진피(秦皮), 위령선, 독활, 강활(각각 4~8gm 정도 쓴다), 붓지 않고, 열이 없으면 풍한이므로 소회향, 건강, 계피, 계지, 부자를 선용(選用)한다. 대개 어혈을 겸하므로 계혈등 15gm, 택란 8~12gm, 도인, 홍화, 소목 각 4gm을 가하고, 통증이 심하면 유향, 몰약을 4gm 가한다. 경제적 여유가 있으면, 녹용을 가하면 더욱 좋고, 대용으로 녹각이나 구판을 가하여도 좋다.

퇴행성으로 오는 관절통에 쓸 수 있는 처방으로서 기존 처방인 쌍화탕에 위의 방법과 같이 가미를 한 가미쌍화탕을 쓰는 예를 약물양생법(P. 276 참조)에 들었는데 정형화한 처방은 아니지만, 체질에 관계없이 무난하게 쓸 수 있다. 다만 소화에 장애가 없으면 보신(補腎)하는 약물인 구척, 골쇄보, 두충을 12~15gm 넣고, 녹용 혹은 녹각, 구판을 가하면 효과를 극대화할 수 있다.

황기는 보기(補氣)를 하면서 배농내탁(排膿內托 : 농을 내보내고, 새로운 살이 돋게 함)하는데, 뿌리가 깊고 기운이 강성하여 몸의 상하와 안팎으로 이르지 않는 곳이 없으므로 소화만 된다면 20~40gm까지 써주면 더욱 효과적이다. 예로서 『변증기문(辨證奇聞)』이란 청대의 책에 요통이나 편신골통(遍身骨痛 : 전신의 뼈골이 쑤시는 병)에는 병거단(並祛丹)이, 무릎이 붓고 아픈 데는 증슬탕(蒸膝湯)이 소개되어 있는데 매우 유용한 처방이다.

골관절염이 생길 수 있는 연령인 50세 이후에는 통증이 없다고 하더라도 위와 같은 일반적인 지침을 지켜주는 것이 예방에 도움이 된다. 물론 젊었을 때부터 올바른 자세의 중요함은 아무리 강조해도 지나치지 않을 것이다.

골관절염에 칼슘을 먹는 사람도 있는데, 칼슘은 골다공증에는 도움이 되겠지만 골관절염에는 전혀 도움이 되지 않는다. 젊었을 때 아무런 관절의 통증이 없었다 하더라도 나이를 먹으면 갑자기 골관절염이 발병할 수 있다. (이러한 경우에도 사실 본인은 못 느꼈다 하더라도 오랜 시간에 걸쳐 진행한 것이다.) 또 젊었을 때부터 관절이 자주 아팠던 사람은 골관절염이 될 수 있는 확률이 높으므로 통증이 있으면 즉시 전문의의 자문을 받아 치료를 받아야 한다. 과거의 경험상 "하루 이틀 지나면 저절로 낫더라"하고 방치하면 병변이 생긴 부위가 섬유화하고, 관절이 손상되면 2차적으로 골관절염으로 이행할 수 있기 때문이다.

▣ 처방전

독활기생탕(獨活寄生湯)
독활(獨活), 당귀(當歸), 백작약(白芍藥), 상기생(桑寄生) 각 2.8gm
숙지황(熟地黃), 천궁(川芎), 인삼(人蔘), 백복령(白茯苓), 우슬(牛膝),
두충(杜沖), 진교(秦艽), 세신(細辛), 방풍(防風), 육계(肉桂) 각 2gm
감초(甘草) 1.2gm
생강(生薑) 3쪽

강활속단탕(羌活續斷湯)
독활기생탕에서 독활, 상기생을 빼고, 강활(羌活), 속단(續斷)을 가한 것

삼비탕(三痺湯)
속단(續斷), 두충(杜沖), 방풍(防風), 계심(桂心), 세신(細辛), 인삼(人蔘),
백복령(白茯苓), 당귀(當歸), 백작약(白芍藥), 황기(黃芪), 우슬(牛膝), 감
초(甘草) 각 2gm
진교(秦艽), 생지황(生地黃), 천궁(川芎), 독활(獨活) 각 1.2gm
생강(生薑) 3쪽

보신탕(補腎湯)
파고지(破古紙), 소회향(小茴香), 현호색(玄胡索), 우슬(牛膝), 당귀(當歸),
두충(杜沖), 황백(黃栢), 지모(知母) 각 4gm
생강(生薑) 3쪽
* 참고 : 상방(보신탕)에 관계(官桂), 모과(木瓜), 오령지(五靈脂), 위
　령선(威靈仙)을 각 4gm씩 넣어 보신건요탕(補腎健腰湯)이라 한다.

오적산(五積散)

창출(蒼朮), 마황(麻黃), 진피(陳皮) 각 4gm

후박(厚朴), 길경(桔梗), 지각(枳殼), 당귀(當歸), 건강(乾薑),

백작약(白芍藥), 백복령(白茯苓) 각 3.2gm

천궁(川芎), 백지(白芷), 반하(半夏), 계피(桂皮) 각 2.8gm

감초(甘草) 2.4gm

생강(生薑) 3쪽, 총백(蔥白 : 파뿌리) 3개

* 통상 마황을 빼고, 두충, 속단, 우슬, 현호색, 도인, 홍화 등을 가
  미하여 사용한다

대방풍탕(大防風湯)

숙지황(熟地黃) 6gm

백출(白朮), 방풍(防風), 당귀(當歸), 백작약(白芍藥), 두충(杜沖), 황기(黃
芪) 각 4gm

천궁(川芎), 우슬(牛膝), 강활(羌活), 인삼(人蔘), 부자(附子), 감초(甘草)
각 2gm

생강(生薑) 5쪽, 대추(大棗) 2개

* 부자는 독이 있으므로 꼭 필요하지 않으면 건강, 오수유 등 온
  리약(溫裏藥)으로 대체

삼기음(三氣飮)

숙지황(熟地黃) 12gm

두충(杜沖), 우슬(牛膝), 당귀(當歸), 구기자(枸杞子), 백복령(白茯苓), 백
작약(白芍藥), 육계(肉桂), 세신(細辛), 백지(白芷), 부자(附子), 자감초(炙
甘草) 각 4gm

영선제통음(靈仙除痛飮)

마황(麻黃), 적작약(赤芍藥) 각 4gm

방풍(防風), 형개(荊芥), 강활(羌活), 독활(獨活), 위령선(威靈仙), 백지(白芷), 창출(蒼朮), 황금(黃芩), 지실(枳實), 길경(桔梗), 갈근(葛根), 천궁(川芎) 각 2gm

당귀(當歸), 승마(升麻), 감초(甘草) 각 1.2gm

소풍활혈탕(疎風活血湯)

당귀(當歸), 천궁(川芎), 위령선(威靈仙), 백지(白芷), 방기(防己), 황백(黃栢), 남성(南星), 창출(蒼朮), 강활(羌活), 계피(桂皮) 각 4gm

홍화(紅花) 1.5gm

병거단(並祛丹)

황기(黃芪), 현삼(玄蔘) 각 40gm

백출(白朮), 백복령(白茯苓) 각 20gm

감국(甘菊) 12gm

자감초(炙甘草) 4gm

강활(羌活), 방풍(防風) 각 2gm

* 변증록에는 현삼이 없다. 현삼은 보신하는 효과는 뛰어나지만 소화가 잘 안 되고, 변을 무르게 하므로 화(火)가 없는 사람은 쓰지 말고, 대신 구척, 골쇄보, 모과, 두충, 오가피를 응용한다.

증슬탕(蒸膝湯)

황기(黃芪), 석곡(石斛), 의이인(薏苡仁) 각 80gm

육계(肉桂) 12gm

관절염 초기에 관절이 붓고 열날 때의 경험방

황기(黃芪) 40gm

의이인(薏苡仁) 20gm

오가피(五加皮) 10gm

백출(白朮), 백복령(白茯苓) 각 6gm

우슬(牛膝), 방기(防己), 모과(木瓜), 계지(桂枝) 각 4gm

감초(甘草) 2gm

생강(生薑) 3쪽, 대추(大棗) 2개

* 발열이 심하면 금은화, 포공영, 어성초를 15gm 정도씩 넣어 3~4
  일 정도 복용한다.
* 통증이 심하면 유향, 몰약을 2~4gm 가한다.

오십견(五十肩)

　아침에 일어나서, 또는 일하는 도중에 문득 어깨가 뻣뻣하면서 아프고, 팔이 잘 안 올라가 옷을 입기에도 불편함을 느끼는 경우가 있다. 어깨를 무리하거나 다친 일이 있는가 생각해 보면, 전혀 그런 일도 없다. 중년에 흔히 나타나는 일로서, 속칭 '오십견'이라고 하는 병이다.

　나이 50에 잘 생긴다는 것으로, 아마도 일본인들이 그들 특유의 기지를 살려 붙인 병명인 듯 한데, 우리나라에서도 그대로 통용되고 있다. 사실 '오십견'이라 해도 40~60세 사이에 잘 생기니 '사십견' 또는 '육십견'이라 해도 틀리지 않는다. 서양의학에서 정식 병명은 아니지만 'Frozen should (凍結肩)'라고 하는 증상으로 붙인 병명보다 재치가 있어 보이는 명명법이다. 40~50대는 사회적으로도 한참 활동하는 시기이니 만치 고통도 고통이지만, 이대로 굳어버리는 게 아닌가 하는 우려와 함께 "내가 벌써 이렇게 늙었나?" 하는 자탄에 빠지는 등 정신적 스트레스 그리고 치료에 따른 시간과 경비 등 사회적 손실도 무시할 수 없다.

관절질환은 크게 골성질환과 관절 주위의 연조직질환으로 나눌 수 있다. 골성질환이란 퇴행성 관절염이나 류마티스와 통풍 같은 염증성 관절염, 외상으로 인한 골절, 탈구질환을 말하며, 연조직질환은 관절을 지지하고 운동하게끔 해주는 인대, 근육, 건(힘줄), 활액낭, 활막질환을 말한다.

어깨는 몸무게를 지탱해야 하는 허리와 무릎과는 달리 운동을 주로 하는 관절이므로, 특히 연조직의 기능이 매우 중요하며 통상 '오십견'도 대개는 견관절 주위의 연조직 손상을 지칭한다. 어깨 주위의 근육으로는 극상근, 극하근, 소원근, 대원근, 견갑하근, 이두박근, 삼두박근, 능형근, 삼각근, 승모근 등이 있는데, 팔을 올리지 못하게 하는 데는 회전 근개라 불리는 극상, 극하, 소원근과 견갑하근이 중요하고 어깨 관절을 완충시키는 활막(관절 내에 있는 물주머니)과 활액낭(근육 사이에 있는 물주머니)의 손상과도 밀접하게 관련이 된다. 이러한 조직의 손상은 젊은 사람들에게도 올 수 있으나 젊은 사람의 경우 최근에 직접적인 외상이나 간접적인 손상의 명백한 병력이 있기 마련이다.

중년 이후에는 신진대사가 점차 쇠약해져서 신체 퇴화 현상이 나타나는데, 관절 운동 기능도 감약되어 외상 없이도 어깨의 과다한 사용이나 잘못된 습관, 한냉에의 노출 등이 이러한 조직의 퇴행성 변화에 첨가되어 나타나게 된다. 퇴행성 변화는 보편적인 것이며, 자연적인 나이를 먹으면서 나타나는 현상이다. 40~60세에 어깨나 상지의 운동이 부족하면 국소적으로 혈액이 잘 공급되지 못하게 되고 그러면 근과 건의 힘과 탄력성이 약해져서 특별히 무리하거나 힘을 쓴 것 같지도 않은데 쉽게 마모되거나 찢어지게 되는 것이다.

증상은 어느 부위가 이완되었느냐에 따라 다르나 대개 한쪽으로 침범하고, 환측으로 누우면 아프며, 초기엔 통증이 몹시 심하지만(심하지 않은 경우도 있다) 시간이 지나면 점차 통증보다는 운동 제한을 호소하고, 강제로 운동 범위 이상을 움직이면 자지러지는 듯한 통증이 오게 된다. 팔이 잘 안 올라가는 까닭은 초기엔 통증 때문이기도 하지만 주로 근육이 통증으로 인하여 경축(딴딴하게 굳으면서 근육이 수축하여 짧아진 상태)하기 때문이다.

진단은 골성질환과는 달리 X-ray에는 대개 정상이기 때문에 의사의 자세한 문진과 근육 검사 등의 이학적 소견에 의해 행해진다.

치료는 초기에 통증이 몹시 심한 경우에는 팔을 늘어뜨리는 것조차 힘들기 때문에 팔걸이가 필요한 경우도 있고, 주로 진통시키는 데 목적을 둔다. 처음 3일간은 부종을 가라앉히기 위해 냉찜질이 필요하고, 그 후에는 온찜질을 하며 충분한 휴식을 취하도록 한다. 그러나 대개는 만성적인 경과를 거치면서 통증은 감소되는 반면에 수 주에서 몇 개월에 걸쳐 어깨가 점차 고정되어 소위 Frozen should(凍結肩)이라 부르는 유착성 활막염이 되기도 한다. 그러므로 가능한 한 빠른 시일 안에 어깨의 운동 치료를 실시하여

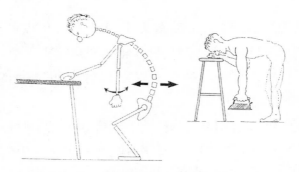

[그림 1] 흔들기 운동(Pendulum exercise)

야 한다.

너무 빠른 운동 치료는 조직을 더욱 손상시키므로 절충이 필요하다. 의사의 자문을 구하는 것이 좋을 것이다. 운동을 하는 것은 장기간의 불운동성을 방지하고 다음에 올 수 있는 만성적인 관절기능장애를 예방할 수 있다.

운동 치료는 수동적 운동치료와 능동적 운동치료로 나눈다. 수동적 운동치료란 초기에 통증이 있을 때 하는 것인데, 어깨의 힘을 빼고 몸을 흔듦으로써 팔이 흔들려 결과적으로 어깨의 운동이 되도록 하는 것이다. 처음에는 [그림 1]의 왼쪽에서처럼 맨손으로 하다가 나중에는 가벼운 무게를 들고 손과 팔이 자유롭게 매달릴 수 있도록 자세를 잡고, 몸통과 다리를 움직이므로써 팔이 앞뒤, 양옆, 그리고 둥글게 움직이도록 한다.(<그림 1>)

수동적 운동 치료는 통증→근육 경축→연속적인 어깨의 불운동성→연조직 구축→동결견이 되는 악순환의 고리를

[그림 2] 막대기를 이용한 어깨의 운동

끊을 수 있다.

능동적 운동 치료란 어깨의 근육을 능동적으로 사용하여 운동 범위를 넓히는 것이다. 수동적 운동이 잘 수행이 되면 바로 시작하여야 한다. 막대기나 수건을 이용하는 것이 가장 간단한 운동이다.(<그림 2>)

①막대기를 무릎 높이에서 양손으로 잡는다. ②팔꿈을 쭉 편 채 막대기를 올리고, ③팔꿈을 구부려 머리 뒤에 놓는다. ④그리고 다시 머리 위로 올린 자세에서 측면의 한쪽에서 다른 한쪽으로 움직인다. ⑤한쪽의 막대기를 놓고 등 뒤의 아래쪽으로 잡는다. 위의 팔과 아래 팔이 운동이 되도록 동시에 올렸다 내렸다 한다.

능동적 운동은 빈번하게 불편하거나 제한을 받지만 가능한 범위 내에서 꾸준히 하여야 한다. 장애 정도가 심하면 ⑤번 운동밖에 할 수가 없으므로 벽을 손가락으로 기어오르기, 도르래를 이용하여 성한 손으로 아픈 팔을 잡아당겨 올리기, 철봉에 매달리기(완전히 매달릴 수 없으므로 키가 닿는 철봉을 잡고 몸을 낮춘다), 양손을 뒤로 하여 책상을 잡고 몸을 낮추기 등으로 운동을 할 수 있다. 동결이 심하면 물리치료사의 도움을 받아 운동하는 것이 좋다.

한방 치료는 초기에 통증이 몹시 심한 경우에는 어혈(瘀血)로 보아 어혈을 소산시키는 파어제(破瘀濟)를 위주로 처방한다. 예를 들면 신통축어탕(身痛逐瘀湯)이다. 만성으로 넘어가면 기혈응체(氣血凝滯)와 담(痰)으로 보고 몸을 따뜻하게 해주고 담을 없애며 기혈을 순조롭게 하는 온경활락지제(溫經活落之劑)를 처방한다. 예를 들면 서경탕(舒經湯)이다.

침이나 뜸, 부항요법은 급만성을 막론하고 효과적이다. 찜질법도 고대로 울법(熨法)이다 하여 쓰던 방법이며, 여기에 약을 배합하여 약울법을 주로 썼는데, 요즈음의 파스(PAS)의 한 형태라 할 수 있다. 우황이나 사향을 술에 타 복용한다던가, 소목, 홍화 같은 어혈 푸는 약을 달여 먹는 것은 전혀 의미가 없다. 파스만 붙이고 막연히 기다린다던가 억지로 운동하는 것 또한 좋지 않은 방법이다. 치료만 적절히 하면 1~2개월에 완벽하게 치료가 되지만 치료 시기를 놓쳐 동결견이 되어 활막이 유착되면 치료 기간도 수개월에서 수년이 걸리기도 하고 소수에겐 영원히 장애가 남는 수도 있으며, 후유증으로 근위축이 남는 경우도 있다. 조기 치료가 다른 질환과 마찬가지로 중요한 이유이다. 심근경색, 뇌졸중 같은 원인으로 장기간 어깨를 움직이지 못했을 때도 동결견은 올 수 있다. 내장성으로 폐, 심장, 횡경막, 췌장, 담낭, 결장 등의 질환은 어깨의 통증을 야기할 수 있으니 주의가 요망된다.

오십견은 나이가 들어서 생기는 것은 사실이다. 관절계통에서 생기는 퇴행성 변화가 기초가 되기 때문이다. 그러나 나이가 든다고 모두에게 다 오는 것은 아니다. 평소에 관절의 순환이 잘 되도록 맨손체조 같은 가벼운 운동을 하는 것이 예방에 최선이다. 그래도 만약 어깨가 아프면 섣부른 자가처방보다는 가까운 병원을 찾는 것이 현명하다. 그리고 이제까지 설명한 발병기전의 이해도 많은 도움이 된다.

"옛날엔 안 그랬는데……."하는 사람이 많은데 산천은 의구하나 사람은 옛사람이 아니기 때문이다.

▣ 처방전

신통축어탕(身痛逐瘀湯)

도인(桃仁), 홍화(紅花), 우슬(牛膝), 당귀(當歸) 각 9mg

천궁(川芎), 오령지(五靈脂), 지룡(地龍), 몰약(沒藥), 감초(甘草) 각 6mg

진교(秦艽), 강활(羌活), 향부자(香附子), 각 3mg

* 발열을 수반하면 창출(蒼朮), 황백(黃柏)을 각 4mg 가한다.
* 허약시에는 황기(黃芪)를 20~60mg 가한다.

서경탕(舒経湯)

강황(薑黃), 당귀(當歸), 해동피(海桐皮), 백출(白朮),

적작약(赤芍藥) 각 4gm

강활(羌活), 감초(甘草) 각 2mg

생강(生薑) 3쪽

* 만성적으로 진행되어 근육이 견결되고, 응체가 심하면 한담(寒痰)으로 보고 계지(桂枝) 12mg, 남성(南星), 반하(半夏), 오약(烏藥), 백개자(白芥子) 각 4mg을 가한다.

골다공증

옛 여인의 인고의 세월을 증명하는 '꼬부랑할머니'라는 말이 있다. 그래서 할머니가 되면 으레 허리가 구부러지고 잠을 잘 때도 꼬부린 채 자는 것으로 생각하였다. 그리고 그 이유는 옛날 재래식 부엌에서 구부린 채 일을 많이 해서 그대로 허리가 굳어버린 것으로 알았고, 지금 꼬부랑할머니가 많이 줄어든 것은 부엌이 현대식으로 고쳐진 때문이라고 여겼던 것이다. 그러나 '꼬부랑할머니'는 대부분 골다공증이 원인이다.

임상적으로 골다공증은 그 자체로는 그리 큰 문제가 되지 않는 경우가 많으나 골절 및 골절과 관련된 합병증이 중요한 문제가 된다. 특히 대퇴골 근위부 골절(대퇴골이 골반에 물리는 목 부분이나 머리 부분이 부러지는 골절)은 골다공증에 의한 골절 중 가장 위험한 골절로서 15~20%는 1년 이내에 사망하고, 살아남아도 약 50%는 골절 직전의 상태와 같아서 정상적인 활동을 하지 못하고 고통을 호소한다.

척추골절의 경우엔 척추가 앞, 뒤, 옆으로 휘는 척추 변형이 오고, 이 때문에 심지어는 키가 5～10Cm 정도 작아질 수도 있으며, 통증은 고사하고 일상생활 자체가 불편한 경우가 다반사이다.

골다공증이 있으면 골절이 자신도 모르는 사이에 일어날 수 있다. 예를 들면 살짝 부딪쳤던가, 노면이 고르지 못한 도로에서 차가 출렁거린 후처럼 전혀 상상도 못한 상황에서도 골절이 되어 통증을 호소하는데, 그 원인을 못 찾고 담이 결린다며 파스를 붙이고 차일피일 미루거나, 나쁜 피가 뭉쳤다며 피를 뽑으며 견디다가 더욱 악화되는 경우도 흔하다.

이처럼 노인들이 척추의 변형이 일어나고, 꼬부랑할머니가 되며, 허리가 아픈 것은 자연현상이 아니라 골다공증이 원인이고, 충분히 예방이 가능한 질병이라는 사실을 알아야 한다.

그러면 골다공증이란 무엇인가? 뼈는 몸 안에서 그대로 가만히 있는 것이 아니라 골형성과 골흡수를 거듭하는 대사가 일어나 부단히 새로운 세포로 교체된다. 골다공증이란 골형성의 감소 및 골흡수의 증가로 골용적당 골량이 감소되는 병을 말하며, 대사성 골질환 중 가장 흔한 질환이다. 조직학적으로 보면 골피질의 두께가 감소되고, 뼈를 이루는 망상조직의 수와 크기가 감소함을 말한다.

연골 내 성장판이 닫히고 성장이 끝나면 30대까지는 골량이 계속 증가하여 30~35세에 최고치에 달한다. 이후 골형성과 골손실의 비율이 일정하게 되는 안정기를 거친 후 40세 이후에는 연령에 따른 골손실이 시작된다. 대개 남녀 모두 40대 골손실이 처음에는 1년에 피질골이 0.2~0.5%의 속도로 시작하여 연령 증가에 따라 서서히 증가하며, 말년이 되면 감소하거나 멈추게 된다.

여성에게는 폐경 직후 매년 2~3%의 골손실이 시작되어 기하급수적으로 감소하여 첫 5년 내에 많은 골손실을 보이고 8~10년 후에 지연기에 접어든다. 폐경에 의한 추가 골밀도 손실은 사지에서는 10~15% 정도이고 척추에서는 15~20% 정도로 생각된다. 그리하여 여성은 평생동안 피질골의 35%, 망상골(소주골)의 50%를 손실하고, 남성은 여성 손실량의 2/3를 손실한다. 여자가 남자보다 4배 정도 골다공증이 많은 이유이다.

피질골은 장골간부에 분포하고, 망상골은 척추, 골반 및 편평골, 장골말단부에 분포한다. 망상골은 표면적이 넓기 때문에 피질골보다 대사적으로 활발하고, 무기질항상성의 변화에 민감하게 반응한다. 일반적으로 망상골은 피질골보다 약 4~8배 정도 빠른 골흡수와 골생성을 보인다. 따라서 뼈의 교체 속도가 빠르므로 척추에서 가장 먼저 뼈의 손실을 관찰할 수 있다.

이처럼 골다공증은 뼈마다 균등하게 오는 것이 아니므로 이를 검사에 이용한다. 예를 들면 손의 중수골, 척추의 추골체, 대퇴골의 경부, 발뒷굽의 종골이 대퇴골의 체부,

경골, 두개골보다 잘 온다.

골생성과 재흡수 속도는 개인에 따라 차이가 있다. 골다공증은 대개 몸무게가 덜 나가거나 근육이 덜 발달한 사람에게 많다. 운동은 골량을 유지하는 데 유익하다. 체중을 지탱하고, 근육을 수축하면서 골격에 가해지는 스트레스는 조골세포의 기능을 촉진한다.

근육 총량과 골 총량은 직접적으로 관계가 있다. 계속 누워서 지내는 사람은 한달에 1%의 골량이 감소한다. 그렇다고 하여도 여자 운동선수처럼 운동을 너무 많이 하면 성선기능이 저하되어 골밀도가 저하되거나 폐경이 빨리 올 수도 있다. 수술로 폐경이 일찍 온 사람도 여성호르몬인 에스트로젠의 골손실 방지효과를 잃게 되므로 골다공증이 잘 올 수 있다.

담배 피는 여자는 골다공증이 잘 온다. 담배는 뼈의 생성 및 재흡수에 직접 영향을 주며, 이차적으로 난소기능에 영향을 준다. 과다한 알코올 섭취는 뼈 생성에 영향을 주어 골다공증의 위험인자에 속한다. 에탄올은 조골세포에 직접적인 영향을 줄뿐만 아니라 장 내에서의 칼슘 흡수를 방해하기도 한다.

산성음식 특히 고단백 형태는 골흡수를 촉진시킨다. 산혈증(acidosis)인 경우 직접적으로 파골세포의 기능을 촉진시킨다. 장기간 아스피린 같은 항응고제를 사용해도 골흡수가 유발된다. 정상인에서 장기간의 고정(기브스)은 골흡수를 유발시키며, 이때 골생성은 정상이거나 저하된다.

1. 원인

골다공증은 원인에 따라 크게 원발성과 속발성으로 나눈다. 원발성 골다공증은 특발성 골다공증, 폐경 후 골다공증, 노인성 골다공증으로 분류한다.

특발성 골다공증은 젊은 남자와 폐경기 이전의 여성에 나타나며 원인이 될만한 질병이 없을 때 의심한다. 여자의 경우 임신과 관계가 있으며 분만 후 젖을 통한 칼슘 손실이 있으므로 젖을 먹여서는 안 된다. 드물지만 청소년기 골다공증도 있는데 8~14세에 골통증과 골절이 잘 일어나고 4~5년 내에 저절로 낫는다.

폐경 후 골다공증은 에스트로젠 결핍에 의하고 망상골의 감소로 척추뼈의 압박골절을 특징으로 한다.

노인성 골다공증은 70세 이상의 남녀에서 볼 수 있으며, 나이 든 사람이 삭신이 아프다고 하는 경우에 해당하고, 대퇴골경부골절과 전자부골절이 잘 생긴다.

속발성 골다공증은, 남성의 성선기능저하증, 갑상선 또는 부갑상선기능항진증, 당뇨병, 쿠싱증후군 같은 내분비 질환, 류마토이드 관절염이나 골형성부전증 같은 교원 성 질환, 조기 난소절제술, 부분 위 절제술 같은 수술 후, 스테로이드나 항경련제 같은 약물의 사용, 위장관질환으로 인한 칼슘의 흡수장애, 기타 흡연, 음주, 운동 부족 등이 원인이 되어 생기는 골다공증을 말한다.

2. 증상

골다공증의 증상은 요통과 가벼운 외상에도 쉽게 골절이 된다는 것이다. 주로 척추의 압박골절, 태퇴골 경부 골절, 요골 원위부 골절 및 상완골 골절이 호발한다.

척추 압박골절에 의한 통증은 주로 등 쪽이나 요추 부위에 느껴진다. 증상은 갑자기 나타나며 옆구리로 방사하면서 배 쪽으로 아프다. 갑자기 허리를 굽히거나 뗄 때도 증상이 나타나지만 이러한 병력이 없이도 나타날 수 있다. 침대에서 몸만 살짝 돌려도, 혹은 숨을 들이마신 후 참고 있어도 증상이 나타나는 경우가 있다. 안정은 일시적인 효과만 있으며, 다리 쪽으로 통증이 내려가는 경우는 드물다. 척수신경이 압박되는 경우도 거의 없다. 때로는 골절 부위에 약간의 불쾌한, 혹은 묵직하고 기분이 안 좋은 정도만 느끼는 경우도 있으며, 침대에서 바로 일어나기가 힘들다.

척추 극돌기나 갈비뼈 쪽에 대개 압통이 있다. 골관절염이 있는 사람에서는 만성통증과 겹쳐서 나타난다. 골량이란 나이를 먹음에 따라 당연히 감소되는 것이다. 따라서 사진상 골밀도는 감소했으나 증상이 없는 사람도 있다. 그러나 골밀도 측정은 앞으로 생길 수 있는 골절을 예방할 수 있는 좋은 자료가 된다. 골절이나 변형 없이 나타나는 뼈의 통증은 골다공증의 진단에 매우 중요한 참고가 된다.

3. 예방

　골밀도란 성장기에 생성된 골량과 그 후의 골손실에 의해 결정된다. 비록 골다공증의 병태생리상 골손실의 속도에 관심이 많지만, 성인기에 축적된 골량이 충분치 못하면 연령에 따른 골손실이 진행되면서 노년에 골절이 잘 발생한다.

　뼈의 주성분은 칼슘이다. 앞에서 언급한 바 있지만 생애 중 첫 30년간은 음식으로 섭취하는 칼슘이 골량을 최대로 올리는 데 커다란 영향을 준다. 따라서 골다공증의 예방은 일차적으로 30세까지 충분히 칼슘을 섭취하여 골량을 늘려주는 것으로 시작하며, 치료에 있어서도 칼슘의 충분한 섭취는 필수적이다.

　칼슘은 매일 대소변, 피부 등으로 하루 약 250～300mg이 배출되고, 이러한 칼슘의 손실을 보충하기 위하여 체내 흡수율을 고려하여 하루 약 500～600mg의 칼슘이 최소한 필요하다. 1일 칼슘권장량은 800mg이다. 칼슘 섭취가 충분치 못하면 뼈에서 칼슘이 빠져나간다. 임신기와 수유기에는 태아와 유아의 뼈 성장을 도와야 하므로 특히 많은 칼슘 섭취가 필요하다. 성장기와 임신 중에는 1,200mg의 칼슘을 섭취하여야 한다. 폐경 전 여성은 하루 1,000mg, 폐경 후나 골다공증의 위험이 높은 사람은 1,500mg 정도의 충분한 칼슘 섭취가 필요하다. 또 노년기에는 장의 점막층이 연령 증가에 따른 위축으로 칼슘흡수를 더욱 악화시키므로 더욱 많은 양의 칼슘 공급이 필요하다.

칼슘은 우유, 치즈, 요쿠르트 등의 유제품, 녹황색 채소, 두부, 검은콩, 굴, 조개, 미역, 멸치, 동태, 장어 등 해산물에 풍부하게 들어있고, 육류, 과일, 흰색 채소, 쌀밥, 밀가루 식품 등에는 적게 들어 있다.(식품 내 칼슘함유량. <표 1>, <표 2> 참조)

식이 내 칼슘이 체내에서 얼마나 중요하게 쓰이는냐는 칼슘의 생체 이용율을 생각해야 한다. 칼슘 흡수율은 우유 및 유제품이 약 25~40%이지만, 채식 위주의 식이에서는 약 10~30%로 높지 않으며, 시금치는 5%에 지나지 않는다.

식이내 구성 성분 중 칼슘 흡수를 도와주는 물질은 비타민 D가 있고, 방해물질은 섬유소, 수산, 피틴산, 인 등이 있다. 시금치, 땅콩에는 상당량의 수산이 함유되어 있고, 피틴산은 곡류, 콩류, 종실류 및 견과류 등에 1~5% 함유되어 있다. 비타민 D는 부갑상선의 도움으로 신장에서 활성비타민 D로 변하여 칼슘의 배설을 감소시키거나 음식으로부터 장내에서 칼슘 흡수를 항진시키는 역할을 한다.

비타민 D는 햇빛에 의해 체내에서 합성되거나 음식을 통하여 얻어진다. 비타민 D가 부족하면 장내의 칼슘 흡수와 신장에서의 칼슘 재흡수가 감소됨으로써 혈청 내 칼슘 부족이 초래되고, 이를 일정하게 유지하고자 하는 보상기전으로 부갑상선호르몬의 분비가 초래된다. 증가된 부갑상선호르몬은 주로 뼈에서 칼슘유리를 증가시킴으로써 부족한 칼슘을 보충하지만, 뼈는 칼슘을 잃게 되어 골손실이 초래된다.

부갑상선호르몬은 골흡수를 증가시켜 뼈를 약하게 하지만 소량(400IU)를 매일 주사하면 오히려 골생성을 증가시킨다고 하여 연구 대상이 되어 있기도 하다.

4. 치료

골다공증의 치료는 먼저 일차적인 요인이나 질환을 찾아 치료한다. 원인이 분명치 않은 골다공증은 일반적인 지침과 함께 약제를 투여하여야 한다. 골다공증의 일반적인 치료는 충분한 양의 칼슘 공급과 비타민 D의 투여, 폐경기 후에 야기되는 골다공증은 에스트로젠 투여를 고려하고 칼시토닌을 흡입하는 것이다.

칼시토닌은 혈중 칼슘이 증가할 때 갑상선에서 유리되는 호르몬으로 파골세포의 활성을 억제하여 골흡수를 방지한다. 현재 나와 있는 골다공증을 치료하는 약제는 골흡수를 억제하는 약제로서 여성호르몬, 칼시토닌(calcitonin), 비스포스포네이트(bisphosphonate) 및 이프리후라본(iproflavon =식물에 흔히 있는 후라보노이드 중 여성호르몬의 성질을 갖고 있는 isoflavon의 유도체로서 골다공증환자 중 여성호르몬 금기증 환자에 사용) 등이 있고, 골형성을 촉진하는 약제로서는 비타민 D, 부갑상선호르몬, 불소 등이 있다.

그러면 이미 진행된 골다공증은 치료가 가능한가에 대하여는 효과적인 골형성촉진제가 개발되어야 하는데 위의 약제로는 미흡하다는 결론이다. 골형성촉진제 중 불소는 조골세포의 증식을 증가시켜 골형성을 촉진시키며, 특히 척추골 같은 망상골의 골량을 현저히 증가시킴에도 불구하고 골절의 빈도가 감소되지는 않으며, 또 환자의 30~40%에서는 불소치료에 반응하지 않는다고 한다. 또한 골다공증 환자가 칼슘을 충분히 복용하여도 골흡수의 감소는 주로 피질골에서 현저하며 망상골에서는 별 효과를 보지 못한다. 따라서 골다공증은 다른 병도 마찬가지지만 예방이 무엇보다도 강조된다.

이를 위하여 성장기에 충분한 칼슘 섭취와 운동을 병행함으로써 최고의 골량을 갖도록 하여야 한다. 그런 면에서 근래에는 영양 섭취가 충분해졌음에도 다이어트 습성이나 인스턴트 식품의 과다 섭취로 인해 과거보다 골다공증 환자는 조금도 줄지 않을 것으로 보여 매우 염려스럽다.

5. 일반적 지침

이상에서 언급한 것을 참고하여 골다공증에 유익한 일

반적인 지침을 요약하면 다음과 같다

① 매일 칼슘이 풍부한 식품을 2번 이상 섭취한다. 특히 어린아이와 십대와 같이 성장기에 있는 사람과 임산부나 수유부는 매일 3번 이상 섭취하도록 한다.

② 규칙적인 운동을 한다. 일주일에 적어도 3번 이상, 한 번에 20~30분을 하는데, 약간 땀이 날 정도면 더욱 좋다. 걷는 것도 좋은 운동이다. 성장기에 충분한 칼슘 섭취와 운동을 함으로써 최고의 골량을 갖도록 하여야 한다.

③ 과다한 흡연과 음주, 기타 골다공증을 일으킬 수 있는 약물의 사용을 피하여 골소실을 감소시킨다.

④ 싱겁게 먹는다. 짜게 먹는 식습관은 칼슘의 소변 배설량을 증가시켜 뼈를 약하게 만든다.

⑤ 생선 등에 포함되어 있는 비타민 D를 충분히 흡수한다.

⑥ 저체중인 경우에는 표준체중을 달성하기 위해 충분한 열량을 섭취한다.

⑦ 균형식을 섭취하여 골격 건강에 필수적인 칼슘 뿐 아니라 미량원소도 충분히 섭취한다.

6. 한방치료

그러면 한방에서는 골다증을 어떻게 보는가?

골다공증은 한방 고전에 골동(骨疼), 골통(骨痛), 골비(骨痺), 골극(骨極), 골위(骨痿), 골고(骨枯)라는 병명으로 나와 있고, 뼈는 신장에 속하는 기관(骨屬腎)이므로 골다공증은 곧 신(腎)의 병이다. 한방에서 생장과 발육, 노화와 관련된 것은 모두 신장의 기능과 관련된다. 신장은 다시 신(腎)의 양기(陽氣)가 부족한 증상(腎陽不足)과, 신의 음기(陰氣)가 부족한 증상(腎陰不足), 신의 정기(精氣)가 부족한 증상(腎精不足) 등으로 크게 나눌 수 있다.

골다공증을 초래하는 갑상선기능항진증이나 갱년기장애는 신장의 음기(陰氣)가 부족하여 심장의 화기(心火)가 항진된 질환이라는 것과 골다공증에 쓰이는 에스트로젠이나 프로제스토젠, 현재 연구가 진행 중인 성장호르몬 등은 신장(腎藏)과 관련된 한약재를 적절히 투여함으로써 그 분비가 촉진되는 호르몬이라는 사실에서 그 관련성을 확인할 수 있을 것이다. 따라서 신장과 관련된 한약을 투여하면 골다공증의 예방 및 치료에 도움을 줄 수 있다.

현재까지 실험적으로 밝혀진 한약의 골다공증 예방과 치료의 기전은 양방의 골흡수억제제제나 골형성촉진제와는 다르다. 종합적인 조절을 통하여 시상하부, 뇌하수체, 내분비선계와 자율신경계의 기능실조, 면역기능의 저하를 개선한다고 생각된다. 즉, 한방에서는 음양의 균형을 조절해

주어, 뼈와 칼슘 조절계에 대하여 작용을 하고, 호르몬의
밸런스와 칼슘대사 평형의 음성화가 개선됨으로써 골흡수
의 억제 및 골형성의 촉진이라는 결과로 나타나는 것이다.

　부분적으로 확인된 효능을 보면 ①성호르몬양(樣)의 작
용, ②체내의 1.25(OH)2D3의 수준을 높이는 작용, ③골아
세포의 증식과 분화를 촉진하는 작용, ④파골세포의 활동
을 억제하는 작용, ⑤장관에서의 Ca^{++}의 흡수 및 이용을
높이는 작용, ⑥생체 내의 미량원소를 조절하여 골형성을
촉진하는 작용 등이 있다.

　신장과 관련된 약재는 다음과 같다.

　신의 양기(腎陽)을 돕는 약재로서 녹용, 녹각, 음양곽, 구
자(부추씨), 선모, 호도, 익지인, 파고지, 파극, 두충, 속단,
쇄양, 육종용, 토사자, 골쇄보, 금모구척, 사상자, 호로파,
합개, 동충하초, 자하거(태반), 부자, 육계가 있고, 신의 음
기(陰氣)를 돕는 약재로서 숙지황, 하수오, 여정자, 현삼,
구기자, 산수유, 한련초, 구판, 별갑, 위수(둥글레, 옥죽), 황
정, 석곡, 복분자, 오미자, 상기생, 흑호마(검은깨), 흑두(검
은콩), 사삼, 천문동 등이 있으며, 신의 정기(腎精)를 돕는
약재로는 산수유, 오미자, 오매, 연자육(연씨), 검실, 금앵
자, 쌍표초 등이 있다. 육종용, 쇄양, 속단, 두충, 동충하초
는 보양과 동시에 보음 효과도 우수하다.

　이상의 약은 대개가 소화에 지장을 주는 경우가 많다.
따라서 다른 장기와의 상관관계와 체질을 보아 적절하게

배합하여 처방하여야 효과적이다.

기본처방은 십전대보탕과 육미지황탕이다. 오가피, 구척, 골쇄보, 두충을 12～15gm을 넣는다. 여기에 녹용, 또는 녹각, 구판을 가하면 더 효과적이다. 환약으로 하려면 호도육이 들어가는 청아환을 기본방으로 하여 골쇄보, 구척, 녹용, 혹은 녹각교를 넣어 가루로 만든 다음 중탕해서 약을 익혀서 환약을 만들어 상복한다(약물양생법 참조, 제법은 포위환과 동일). 이 약은 소아 성장장애에도 쓸 수 있다.

여기서 명심해야 할 것은 골다공증은 1회성으로 사골을 고아서 먹는다던가 녹용이나 녹각을 먹는 것으로 끝나는 병이 아니라, 10대부터 30대까지는 예방을 위하여 충분한 영양 섭취와 적당한 운동이 필요한 병이고, 골다공증이 확인된 다음에는 꾸준히 죽을 때까지 관리를 철저히 하여야 한다는 것이다. 필요하다면 자신에 맞는 투약을 하기 위해 전문의의 도움도 받아야 한다. 골다공증은 고령화사회, 선진복지국가를 지향하는 21세기 문턱에서 반드시 해결해야 할 문제 가운데 하나이다.

7. 운동법

다음에 소개하는 운동법은 제2회 골다공증심포지움과

폐경기학회 등에서 발표한 골다공증에 유익한 운동법이다. 이러한 운동법은 요통체조와 유사하고, 각종 근육의 스트레칭과 동양의 팔단금을 포함한 도인술(導引術)과도 같은 맥락이다. 따라서 어떤 정해진 형식과 운동법이 있는 것은 아니고, 온몸의 근육을 신장시키고, 근력을 강화할 수 있는 운동이면 가하다. 3장의 양생편에 나오는 기공법과 팔단금체조도 좋은 운동법의 하나이며, 골다공증뿐 아니라 골관절증, 심장질환, 치매 등 노인성질환에 유익하다. 운동 요령을 숙지하고, 매일 하여야 한다는 것이 더욱 중요하다.

근력운동 전에는 반드시 근육신장을 하여야 하고, 걷기, 줄넘기 같은 심폐운동을 포괄하는 것이 좋다. 비만으로 관절에 무리가 오면 수영장에서 부력을 이용하여 체중을 지탱한 상태에서 걷는다던가, 뛰는 등의 물놀이를 함으로써 충분한 운동 효과를 기대할 수 있다.

일반적으로 수영이 좋다고 하니까, 꼭 자유형 같은 힘든 수영만을 생각하는데, 특히 초보자의 경우 심적 부담도 크고 근육이 경직되므로 그냥 즐겁게 놀 수 있는 물놀이 정도를 생각하는 것이 좋다. 그리고 목표를 세우되, 절대 그 목표를 채우기 위해 무리를 하여서는 안 된다. 이를테면 줄넘기를 200번을 하겠다, 또는 수영장을 왕복으로 몇 번 하겠다고 작정하였다 하더라도 힘들면 거기에서 그만두어야 한다. 운동 후 기분이 좋고, 약간 땀이 나는 정도이면 충분하며, 어지럽거나, 호흡이 힘들고, 가슴이 조이며, 밑으로 가라앉는 기분이 드는 것은 무리를 한 것이므로 운동량을 줄인다.

■ 훌륭한 운동을 위한 10가지 비결

1) 공식적 운동프로그램 전에 의사에게 보여라

2) 신장운동(스트레칭)과 활기찬 보행부터 시작하라

3) 적어도 30분 이상 주 4~5회를 운동하라

4) 이상적인 기후 여건이 아니라면 실내에서 운동하도록 하라

5) 즐기면서 할 수 있는 프로그램을 선택하라. 운동단체에 참여하라. 음악을 사용하는 것도 좋다.

6) 편안하고 가벼운 운동으로 시작하라

7) 운동 후 미지근한 물로 샤워를 하라

8) 운동이 어떤 질병이나 손상으로 중단이 됐다면 낮은 수준의 운동프로그램으로 재개하라

9) 서서히 운동을 증가시켜라. 금새 회복되기 힘들 정도로 무리가 가지 않게 억지로 운동을 하지 않도록 하라

10) 운동 기록을 남겨라. 운동의 날짜, 종류, 시간, 획득 심박수 등을 포함하라

■ 골다공증의 운동법

운동요령을 간단히 설명하면 천천히 숨을 들이마시면서 시작하며, 마지막 자세에서 숨을 멈추고, 3~15초 정도 정지하였다가, 천천히 숨을 내쉬면서 원래의 자세로 돌아와 힘을 풀고, 전신의 근육을 이완하여야 한다. 횟수는 운동 강도에 따라 다르겠으나 신장운동은 5~6회 정도면 되고, 근력운동은 자신의 체력 범위 내에서 약간 땀이 날 정도로 한다.

이것은 골다공증 심포지엄에서 발표된 것으로 신장운동을 위주로 한 것이고, 요통체조와 임신 중 기체조로 쓸 수 있다. 근력운동은 땅 위에서, 또는 물 속에서 빨리 걷기가 좋은 운동이다.

1) 선 자세

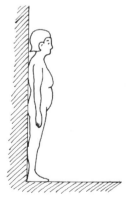

① 기립 자세 : 발뒤꿈치와 엉덩이, 어깨, 머리가 동시에 벽에 닿도록 하고, 똑바로 선다.

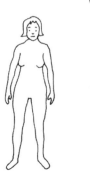

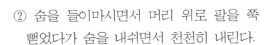

② 숨을 들이마시면서 머리 위로 팔을 쭉 뻗었다가 숨을 내쉬면서 천천히 내린다.

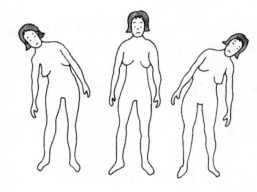

③ 옆구리 운동으로, 교대로 무릎을 구부리지 않고 손을 반대쪽 무릎에 가까이 가도록 한다

④ 될 수 있는 대로 높이 무릎을 위로 올리면서 30번 정도 행진한다. 허리의 안정성을 위해 벽에 허리를 기대고 하여도 좋다.

2) 앉은 자세

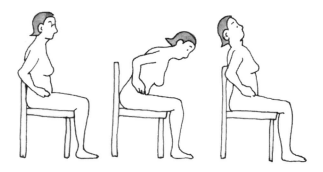

① 손을 허리에 얹고 앞으로 머리와 함께 어깨를
웅크렸다가 천천히 머리와 어깨를 뒤로 젖혀 하
늘을 본다.

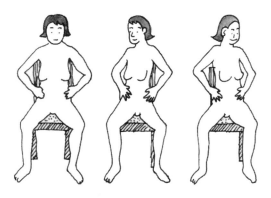

② 손을 허리에 얹고
허리를 비틀어 왼쪽
을 보았다가 중립
위에서 쉰 다음 오
른쪽을 본다.

③ 손으로 흉곽을 잡고, 코로 숨을 힘
껏 들이마셔서 흉곽이 팽창하는 감을
느낀 다음, 천천히 입으로 숨을 내쉰
다. 이때 손으로 흉곽을 부드럽게 눌
러서 숨이 나가는 것을 돕는다.

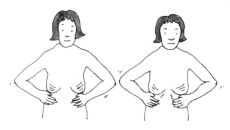

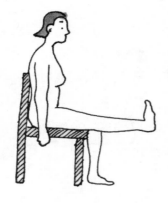

④ 한 발을 무릎을 펴고 쭉 뻗고 발목을 힘껏 위로 당긴다. 천천히 힘을 풀면서 무릎을 구부려 바닥에 내려놓는다. 교대로 반복한다.

⑤ 무릎 위에 손을 놓고 앉아서 머리를 천천히 뒤로 젖혔다가, 다음에 천천히 구부려서 턱이 가슴에 닿도록 한다.

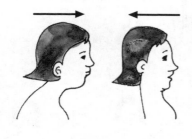

⑥ 머리를 구부리거나 젖히지 말고, 평행으로 턱을 앞으로 밀었다가 다음에는 뒷쪽으로 이중턱이 되도록 당긴다. 이때 경추 후부의 근육이 신장하는 것을 느끼도록 한다.

3) 누운 자세

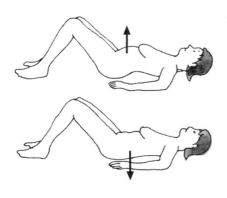

① 무릎을 구부리고 발바닥을 바닥에 붙이면 대부분 바닥에서 허리가 약간 떨어진 상태가 된다. 다음에 허리를 바닥으로 힘껏 내리누르고 동시에 꼬리뼈는 약간 든다. 복근을 수축하여 이를 돕는다.

② 무릎을 구부리고 누워서 엉덩이는 될 수 있는 한 높이, 그리고 천천히 들어올린다. 숨을 내쉬며 천천히 내려놓는다.

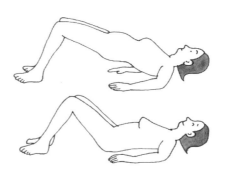

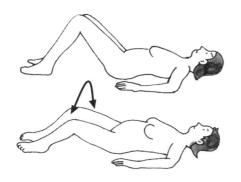

③ 무릎을 구부리고 누워서 두 다리를 붙인 채 무릎을 좌우로 최대한 회전시킨다. 이때 어깨는 바닥에서 떨어져선 안 된다.

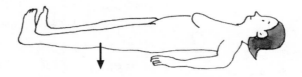

④ 무릎을 펴고 누워서 발가락을 위쪽으로 힘껏 당겼다가 서서
히 이완시킨다.

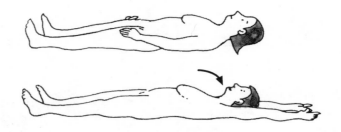

⑤ 무릎을 펴고 똑바로 누워서 천천히 숨을 들이마시면서 팔을
머리 위로 들어올리고 손가락 발가락이 최대한 몸에서 멀어
지게 쭉 뻗는다. 다음에 천천히 숨을 내쉬면서 원래 위치로
돌아온다.

⑥ 어깨는 바닥에 붙이고 두 무
릎을 가슴까지 끌어당긴다.

⑦ 무릎을 오른쪽 왼쪽 번갈
아 가며 들어올린다.

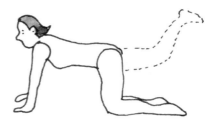

⑧ 의자에서 웅크리기 : 머리를
무릎 사이에 놓고 팔을 발목
까지 늘어뜨린다.

〈표 1〉 식품 내 칼슘 함량

식품	량	칼슘(mg)	식품	량	칼슘(mg)
• 우유 및 유제품			• 해산물		
우유	1컵	224	뱅어포	1장	158
요플레	1개	156	동태	1토막	117
아이스크림(콘)	1개	130	물미역	(생것)⅔컵	107
치즈	1장	123		(익힌 것)⅓컵	
야쿠르트	1개	78	잔멸치	2큰술	90
• 채소류			장어	1토막	79
달래	생것	118	생굴	⅓컵	67
쑥갓	⅔컵	55	게	중 ½마리	59
근대		53	조갯살	⅓컵	47
무우	또는	90	정어리	1토막	47
시금치	익힌 것	29	청어	1토막	44
콩나물	⅓컵	22	새우	(중새우) 4마리	39
고추잎	샛것	182		(깐새우) ¼컵	
무우청	½컵	115	꽁치	1토막	27
깻잎		108	칼치	1토막	23
케일	또는	90	조기	1토막	18
냉이		58	이면수	1토막	18
아욱	익힌 것	34	• 콩류		
도라지	¼컵	23	순두부	1컵	240
배추김치	9쪽	32	두부	1/5모	145
• 육류			두유	1컵	42
계란	1개	20	• 과일류		
닭고기	닭다리1개	5	귤	1개	89
쇠고기	탁구공크기	4	수박	큰 것 1쪽	35
돼지고기	탁구공크기	1	참외	중간 것 1개	34
• 곡류			사과	중간 것 1개	26
고구마	중간 것 1개	30	딸기	중간 것 12알	26
삶은국수	1공기	22	오렌지쥬스	1컵	22
밥	1공기	21	• 종실류		
인절미	6쪽	10	아몬드	20개	60
감자	큰 것 1개	5	땅콩	20개	50
식빵	1쪽	5	깨소금	½큰술	49
			호두	큰 것 3개	30

〈표 2〉 칼슘 권장량 섭취를 위한 지침표

권장량 : 1일 1000mg

하루에 2종류 또는 1종류를 2번 이상 섭취해야 할 식품		하루에 1종류 이상 섭취해야 할 식품		그외 칼슘 보충을 위해 하루에 1종류 정도 섭취해야 할 식품	
우유	1컵	잔멸치	2큰술	중새우	4마리
야쿠르트	2개	뱅어포	1장	꽃게	½마리
요플레	1개	순두부	1컵	굴	⅓컵
치즈	1장	동태	1토막	조갯살	⅓컵
두부	1/5모	고등어조림	1토막	청어	1토막
		꽁치통조림	1토막	장어	1토막
		달래(익힌 것)	⅓컵	정어리	1토막
		고추잎(익힌 것)	¼컵	근대(익힌 것)	⅓컵
		무청(생것)	½컵	무(익힌 것)	⅓컵
		(익힌 것)	¼컵	쑥갓(생것)	⅔컵
		깻잎(생것)	½컵	(익힌 것)	⅓컵
		(익힌 것)	¼컵	냉이(생것)	⅔컵
		갓(익힌 것)	⅓컵	(익힌 것)	⅓컵
		비름(익힌 것)	⅓컵	더덕(익힌 것)	⅓컵
		물미역(생것)	⅔컵	고구마순(익힌 것)	⅓컵
		(익힌 것)	⅓컵	아욱(익힌 것)	¼컵
		케일(생것)	½컵	우엉(익힌 것)	¼컵
		귤	1개	두유	1컵
		아이스크림	½컵	호두	대 3개
				아몬드	15알

갱년기 장애

사춘기가 소년에서 청년으로 넘어가는 시기라면, 갱년기는 청장년에서 노년으로 넘어가는 시기이다. 전자가 성에 대하여 눈을 뜨고 인간적으로 성숙해 가는 시기라면, 후자는 성에 대한 임무를 마감하는 시기이며, 사회적으로도 어느 정도 책임을 벗어나는 시기에 해당한다. 양자가 같은 점이 있다면 인생에서 맞는 커다란 신체적 정신적 전환점이라는 것이고, 다른 점은 모두 다 아무런 증상 없이 지내는 경우도 있지만, 갱년기에는 특히 갱년기장애(또는 폐경기증상)라 하여 병으로 취급되는 여러 가지 증상이 잘 나타난다는 점이다.

갱년기는 언제부터 시작되는가? 갱년기는 노화가 신체적으로 나타나는 시기이므로 사람에 따라 기후, 환경, 정서 등의 요인에 따라 다르지만, 여자는 빠르면 30대 후반에서 시작하는 경우도 있으나 대개는 40대 후반에서 시작하여 50대에 가장 많다. 남자는 40세부터 남성호르몬인 테스토스테론이 해마다 1.2% 감소하여 50대면 영향이 나타나기 시작하여 60대 초반이 주로 된다. 그 지표로서 생식기능의 쇠퇴로 보아 여자에서는 폐경을, 남자에서는 음위(발기장애를 포괄하는 성기능장애)를 꼽는다. 그런데 갱년기장애를 여성의 병으로 지칭하는 이유는 남자의 경우 성적 쇠퇴현상이 신체에 민감하게 전해지지 않기 때문이며, 여자는 매우 복잡한 양상을 띠고 있기 때문이다. 그러면 여기서는 여성 갱년기장애를 대상으로 살펴보기로 한다.

여성의 갱년기는 난소 기능이 쇠퇴하여 소실되는 단계이다. 난소호르몬(즉 에스트로젠)은 뇌하수체호르몬의 통제를 받으며, 뇌하수체는 간뇌의 시상하부의 통제를 받는다. 결국 난소와 간뇌의 기능이 여성 갱년기에 주로 영향을 미치는데, 만약 난소 기능이 쇠퇴하여 난소호르몬이 감소하면 이 정보는 시상하부로 전달되고, 시상하부는 즉각 뇌하수체에 명령을 내려 뇌하수체호르몬을 많이 내보내게 되어 상호평형 및 길항작용이 깨지게 된다. 또한 갑상선과 부신피질에도 영향을 미치어, 뇌하수체와 시상하부, 신경과 내분비 사이의 평형상태가 흔들리게 되는 것이다. 따라서 자율신경실조로 말미암은 일련의 증상들이 나타나게 된다.

1. 증상

혈중 에스트로젠의 농도에 따른 폐경기 증상을 살펴본다. 폐경 여성의 82% 이상은 1년 이상 에스트로젠 결핍으로 인한 급성 증상을 경험하고, 25%는 5년 이상 증상이 지속된다고 한다. 그리고 70%는 적어도 2년간 혈관운동 증상을 경험하고, 심한 증상을 보이는 사람 중 상당수는 하루종일 홍조를 겪는다.

따라서 증세의 빈도와 정도는 개인마다 매우 다양하다고 할지라도 갱년기 증상은 일반적인 생각과 달리 일시적이거나 간헐적이 아니며, 증상이 있는 여성의 51%는 심하게, 33%는 보통으로, 16%는 약하게 경험한다고 한다.

가장 흔하게 겪는 증상은 혈관운동 증상으로서 안면홍조와 식은땀, 수면장애이다. 그 외에 가슴이 두근거림, 어지러움, 기억력 감퇴 또는 건망증, 짜증이 나고 화를 잘냄, 기운이 없음을 호소한다. 이러한 증상은 에스트로젠이 결핍되는 초기에 느낄 수 있는 증상이며, 오랜 기간 동안 에스트로젠이 결핍하면 조직의 변화가 일어나 서서히 후기의 증상을 나타낸다.

즉 피부와 인대의 교원질이 소실되고, 혈류량이 감소하며, 신경자극의 전달이 감소하여 관련된 신체 부위에 증상을 나타낸다. 이를테면 관절이 뻣뻣해지고, 저리는 증상이 나타나는데, 사람들은 골다공증이나 관절염 때문이라고 생각하는 경우를 많이 본다.

조직변화로 말미암은 가장 두드러진 증상은 생식기와 방광에서 일어나 성기능 변화와 비뇨기 증상이다. 성적 흥분과 질의 분비액 감소, 감각 소실로 인하여 성적 만족도가 떨어지며, 방광과 괄약근이 이완되어 빈뇨, 야뇨, 요실금, 뇨의급박을 호소한다. 근육질이 감소하고 근력이 저하되며, 중추신경계에 단기기억력감퇴(건망증)를 보인다. 정신적으로 과민하고, 불안하며, 우울증, 자신감 결여를 나타내기도 한다.(<표 1> 참조)

이러한 폐경 증상은 개별적으로 인식하여서는 안 되고, 정신질환이나 노화현상으로 치부하여서도 안 된다. 적극적인 치료로써 개선할 수 있다는 점을 명심하여야 하고, 또 인생의 1/3에 해당하는 갱년기 이후의 노년기를 대비하여서도 결코 소홀히 할 수 없는 병이다.

〈표 1〉 갱년기 증상

혈관운동 증상	비뇨생식 증상	정신적 변화
안면홍조	질의 분비액감소	단기기억장애(건망증)
식은땀	성적만족도 떨어짐	정신집중곤란
가슴이 뜀(동괴)	소변빈삭, 뇨의급박	불안
관절의 통증과 저림	야간에 소변이 잦아짐	안절부절, 우유부단
의주감(蟻走感 : 벌레기어가는 느낌)	소변불리(잘 안나옴)	화를 잘냄
피부의 윤기가 떨어지고 얇아짐		불면증
머리카락이 윤기 없어지고 갈라짐		우울
		의지가 약해짐
		쉽게 피로하고, 눕고 싶음

2. 한방적인 원인

한방에서는 어떻게 보는가? 『황제내경소문』의 상고천진론(上古天眞論)이 잘 인용이 된다. '여자가 14살이 되면 임맥(任脈)이 통하고 태충맥(太衝脈)이 성하여 월경이 나오고 아이를 가질 수 있다 …… 나이가 49세에 이르면 임맥이 허하고, 태충맥이 쇠하여서 천계(天癸)가 갈하므로 지도(地道)가 불통하여 형체가 망가지고 아이를 가질 수 없게 된다.'

한방에서 여자의 임신, 출산은 기경팔맥(奇經八脈) 중의 임맥(任脈)과 충맥(衝脈)의 작용에 기인하며, 임맥과 충맥은 오장 중 신장(腎臟)과 밀접한 관련을 갖고 있다. 즉 나이가 듦에 따라 이러한 기능이 쇠퇴하여 갱년기 증상을 야기하는데 임맥, 충맥, 또는 신장은 현대의학적으로 비뇨생식 기능을 포괄하는 개념이며, 성장호르몬, 성호르몬, 부신피질호르몬 등의 내분비 기능과도 상관관계가 있는 것으로 파악되고 있다. 이것은 물론 노화의 비밀과도 연결되는 문(門)이기도 하다.

인체는 상경(常經)과 기경(奇經)이 있다. 상경은 12경맥이며, 12정경(正經)이라 하기도 한다. 기경은 기경팔맥을 말한다. 12경맥과 기경팔맥은 임맥과 독맥을 축으로 공유하면서 서로 다른 통로를 가지고 있어 『난경(難經)』 27, 28난에 '기경팔맥은 12정경에 구애받지 않는다'고 하였다. 기경팔맥의 기능은 큰 호수에 비유하여 12경맥의 기운이 모자

라면 보태주고, 넘치면 저장해주는 구실을 한다고 하였는
데, 이러한 기능은 주로 임맥과 독맥이 하는 일이므로 사
실 기경팔맥은 완전히 별도의 경락체계로 보아야 할 것이
다. 그래서 금원시대 이후에는 12경맥에 임독맥을 추가하
여 일반적으로 14경맥이라고 하였다. 태극이 음양으로 갈
라지면 임독맥이 되고, 이것이 다시 분화하여 삼양삼음이
되며, 다시 수족으로 나뉘어 12경맥이 되는 것이다.

　그러면 기경팔맥은 왜 필요했을까? 가장 두드러진 것은
생식 방면의 보충이다. 12정경은 생육(生育) 방면의 역할에
대한 설명이 신음(腎陰), 신양(腎陽)만 가지고 불충분한데
비하여 기경팔맥의 임맥, 독맥, 충맥, 대맥은 이런 방면을
보충하여 설명하는 데 편리하다. 충맥과 임맥 대맥은 한
곳에서 일어나 3방향으로 나누어지니(一源而三歧), 한곳(一
源)이란 생명이 생겨나게 하고 생명이 다할 때까지 꺼지지
않는 원초적인 기운이 소재하는 곳이니, 이를 도가(道家)에
선 단전이라 하고, 한방에서는 명문(命門)이라 하는데, 혈
(穴)로서는 회음, 관원, 기해혈에 해당하며, 아랫배 한가운
데 자리잡고 있다. 따라서 모든 생장, 발육, 노화를 관장하
고 있으니, 현대적으로 보면 자궁, 신장, 난소, 정소 등 모
든 생식기관을 망라하는 개념이다.

　임맥은 임(姙)의 뜻을 가졌고, 복부 한가운데를 가로지르
고 있어 모든 음경(陰經)을 총괄하는 어머니와 같은 경맥
이며, 충맥은 위경(胃經)과 신경(腎經)의 기운을 받아 선후
천의 기를 함양하는 기능이 있다. 대맥은 허리띠처럼 요부

에 횡으로 흐르면서 모든 경락을 묶어주는 구실을 하며, 여성의 생리와 밀접한 관련을 맺고 있으니, 대하(흔히 냉이라 지칭하는 비생리적 분비물)란 바로 대맥의 기능이 원활치 못한 소치이며, 임신 중 유산하는 것도 대맥이 견고하지 못한 때문으로 해석한다.

갱년기가 되면 이러한 충맥과 임맥의 기능이 원활치 못하여 신장(腎臟)기능까지 손상을 입혀 갱년기 장애가 나타나는 것이다. 즉 충임맥이 허약하여 자궁 등의 음기능이 약해지면 간장과 심장에 있는 화(火)를 누르지 못하게 되어 허화(虛火)가 망동(妄動)하니, 간화(肝火)가 뜨면 머리가 아프고, 어지러우며, 가슴이 답답하고, 귀울림증 등이 생기고, 심화(心火)가 뜨면 얼굴이 화끈거리고, 가슴, 손, 발바닥이 뜨거우며, 꿈을 많이 꾸거나 잠을 못 자고, 땀이 나면서, 불안, 초조, 우울해지고, 간화가 비위장(脾胃腸)을 치면 목극토(木克土)의 현상으로 식욕부진, 명치의 불편감, 트림 등의 소화기 장애가 나타나게 된다.

또 신장 자체의 기능이 허약해지므로 소변이 자주 마렵고, 분비물이 적게 나와 성생활이 만족스럽지 못하거나 성욕이 저하되어 잠자리를 기피하게 되고, 사지가 쑤시고, 자궁의 출혈이 생기는 등의 증상이 생기는 것이다.

갱년기에는 이와 같이 생리 변화에 따른 신체적 증상이 많이 나타나지만 가장 중요한 것은 정신·심리적인 면이다. 사춘기에는 무엇을 하든 재미가 있고, 희망이 있는데 반해, 갱년기에는 자신의 처지와 인생의 황혼을 생각하게 되고, 어쩐지 우울하기만 하다. 청장년시대의 꿈은 사라지고 자녀들은 자라서 독립해 간다. 섭섭한 것이 한두 가지가 아니다. 게다가 배우자나 친지의 죽음, 사업의 실패, 퇴직, 가정불화 등이 겹치면 마음은 더욱 위축되고, 신체적 증상이 야기되며, 나아가서 갱년기 우울병 같은 정신질환이 된다.

한의학에서는 갱년기에 잘 걸리는 정신질환으로서 장조증(藏躁證)이라는 병이 있다. 이것은 자궁의 기능이 쇠퇴하여 폐경기가 되면 자궁의 피가 마르게 되므로 몸 안의 열(內熱)을 제어하지 못해서 생긴다고 붙인 병명으로서, 이유 없이 비관에 빠지고 우울해 하며, 발작적으로 울고 웃는 병으로 히스테리성 발작과 유사한데 서양의학의 초로기망상병(初老期妄想病)이나 갱년기 울병에 해당한다. 이러한 심리 상태는 또한 노화를 촉진시키는 요인이 된다.

요즘에는 흔히 제왕절개 수술에 의한 출산이나 복강경 수술, 자궁절제 수술 등을 많이 받는데, 한방적으로는 여성에 가장 중요한 임맥을 손상시키는 것이므로 그 부작용이 매우 우려되는 바 꼭 필요한 경우가 아니면 피하는 것이 좋을 것으로 생각된다.

3. 치료법

양방에서는 호르몬요법(ERT : estrogen replacement therapy)을 적극 권장하고 있으며, 한방치료 또한 뛰어나다. 양방에서는 골다공증과 심장혈관질환의 경향성이나, 증상의 개선 방향에 따라 호르몬요법을 중단기로 할 것이냐, 장기적으로 할 것인가를 주로 살핀다.

호르몬요법의 경우 장기복용(5~10년)으로 골다공증을 예방하고 허혈성 심장질환과 뇌졸중을 50% 이상 감소시키는 효과가 있다는 점이 장점이며, 소퇴성출혈이 있고, 유방암에 악영향을 미친다는 것이 단점이다. 단순한 증상의 개선에도 2~3년은 복용하는 것이 필요하다고 한다.

한방치료는 장기복용에는 복용의 불편함이나 경제적인 면에서 불리한 점이 많다. 그러나 부작용이 없고, 안면홍조나 비뇨기증상 같은 단순한 증상의 개선에는 매우 뛰어난 임상효과를 거두고 있다. 따라서 필요하다면 호르몬요법과 병행 치료하여도 무방하다. 경계하여야 할 것은 녹용이 골다공증에 좋다더라 홍화씨가 더 낫다더라하면서 주먹구구식으로 자가처방하여 먹는 것이다. 왜냐하면 그러한 약이 일부 효과가 있다고 하더라도 골다공증 자체가 장기적인 관리가 필요한 질환이며, 폐경기 증상과 심혈관질환 같은 다른 질병과의 상관성을 보아야 하기 때문이다.

한방의 개념은 전체적인 음양을 보는 것이 일차적이므로 일부 실험실에서 개별 약재가 아무리 특정 질환에 효과적이라 할지라도 임상에 적용할 때는 개인에 따른 음양과 허실을 따져보아야 한다. 즉 갱년기에 나타날 수 있는 이러한 증상들이 그 사람의 장부허실에 따라 나타날 수도 있고 안 나타날 수도 있으니, 그 사람의 체질과 증상을 참작하여 약제를 복용하여야 한다.

여기에 식이요법과 운동요법을 병행하면 갱년기장애를 훨씬 쉽게 극복할 수가 있다. 이를테면 신음(腎陰)이 부족한 증상은 육미지황탕을, 신양(腎陽)이 부족한 증상에는 육미지황탕에 신양을 돕는 음양곽, 복분자, 선모, 두충, 파고지 등을 가하여 쓸 수 있고, 간화(肝火)가 울결되면 소요산에 목단피, 치자를 가하는 단치소요산을, 심장과 신장의 물과 불이 교류가 안 되는 수화불교(水火不交) 증상에는 마음이 안정이 안 되므로 천왕보심단, 귀비탕을 응용하고, 이로 인하여 자궁출혈이 있다면 측백엽, 한련초, 종려탄(종려 태운 것)을 가하여 쓰며, 우울증상이 있으면 감맥대조탕을 응용하는 등으로 대처를 할 수가 있다.

일반적으로 응용할 수 있는 처방을 예로 들면 신경과민으로 심장과 비장을 손상하여 음혈이 모손한 데다 허화(虛火)가 뜨는 증상이 많으므로 귀비탕에 시호, 치자, 목단피를 넣어서 쓸 수 있고, 신경과민으로 울화가 쌓였는데 이를 풀지 못하여 오면 소요산에 치자, 목단피(단치소요산)를 넣어서 쓸 수도 있으며, 심담허겁(心膽虛怯) 증상으로 죄지은 듯 가슴이 뛰고 잘 놀라는 증상에 가미온담탕에 황련, 치자, 당귀, 패모를 넣은 삼호온담탕을 쓸 수 있다. 심

담허겁에 심혈부족(心血不足)을 겸할 때는 귀비탕에 온담
탕을 합방한 귀비온담탕을 많이 쓴다.

  사상의학은 마음의 상태에 따른 기의 편재를 체질별로
다루었으므로 극대한 효과를 거둘 수 있다. 한의학 자체가
몸과 마음을 하나로 보는 종합의학이므로 자율신경 조절
에 매우 강점을 가지고 있으므로 갱년기 증상을 치료하는
데 매우 효과적이다. 다만 위에 예로 든 것은 일부에 불과
하고 증상은 비슷한 것 같아도 사람 몸은 제각각이기 때
문에 잘 맞추어 썼다고 쓴 것 같아도 아무런 효과도 보지
못하거나 오히려 부작용이 나는 경우도 허다하므로 한약
한두 번 써보고 효과 없다고 돌아서지 말기를 바란다.

올바른 식생활도 갱년기 극복에 필수적이다.

① 인체의 소화관 내에서 여성호르몬인 에스트로젠으로 전
   환되는 파이토에스트로젠이 함유된 콩, 해바라기씨, 양배
   추, 브로콜리를 하루에 1회 이상 먹는다.
② 보론(붕소)가 많이 함유된 식품을 하루 1회 이상 먹는
   다. 보론을 하루 3mg씩 섭취하면 혈중에스트로젠 농도가
   현저히 증가한다. 보론을 가장 많이 함유한 식품은 자두
   이다. 말린 자두 100mg당 25.5mg의 보론이 들어 있다. 다
   음으로는 딸기, 복숭아, 양배추, 사과, 아스파라거스, 샐러
   리, 무화과 등이 있다.
③ 골다공증 예방을 위하여 하루 1,000~1,500mg 이상의 칼
   슘을 매일 먹는다. 유제품을 하루 2종류 이상 먹고, 기타
   버섯, 시금치, 기타 녹황색채소를 200mg 이상 먹는다. 칼

숨대사에는 비타민D가 중요하므로 종합비타민제 1알 (200mg)이나 등푸른 생선, 적당한 일광욕도 좋다.(유제품은 우유, 탈지분유, 요쿠르트, 치즈, 아이스크림 등─[골다공증]편 참조)

④ 비타민E가 풍부하게 함유된 식물성 기름, 콩, 견과류 등 항산화식품을 섭취한다.

⑤ 비타민과 미네랄을 적정량의 150% 섭취한다. 생굴 같은 해산물은 좋은 식품이다.

⑥ 적정 체중을 유지하기 위해 힘써야 한다. 음식의 양을 줄이고 저녁은 많이 먹지 않는다.

⑦ 지방은 총열량 섭취량의 20〜25%로 줄인다.

⑧ 하루 20〜30gm의 섬유소를 섭취한다.

⑨ 카페인, 탄산음료, 알콜, 담배를 먹지 말고, 물은 많이 마시며, 소금과 설탕은 줄인다.

(이상 중앙일보 기사 중 부산의대 김원회 교수 학술발표 기사 참조)

운동은 1주일에 4회 이상 생활화하여야 한다. 나이가 들면 근육의 용적이 줄고 대사능력이 떨어져 순환이 잘 안 되므로 일차적으로는 근육의 유연성을 늘려주고, 순환에 도움이 되는 스트레칭이 필수적이다.

스트레칭은 관절질환에도 효과적이므로 아침에 일어나면 반드시 하도록 습관화시킨다. 그 다음 수영, 덤벨, 아령을 이용한 헬스 같은 근력강화 운동이 좋다. 뼈에 약간의 하중이 가해지는 조깅이나 에어로빅은 골다공증에 오히려 유리하다. 관절이 좋지 않은 사람은 하중이 가해지는 운동을 피하고 수영이 좋을 것이며, 수영이 서툴면 물 속에서 힘껏 걸어다니는 것만 가지고도 근력을 강화시키고 충분한 운동 효과를 거둘 수 있다.

갱년기는 장년에서 노년에 도달하면서 필히 거쳐야 하는 생리적인 과정이다. 근년에는 폐경기증후군이란 항목으로 다루고 있기도 하나, 나타나는 증상에 따라 갱년기울병, 자율신경실조증, 골다공증, 퇴행성관절염 등의 항목으로 나누어 다루기도 한다.

어떤 것이든 갱년기장애는 극복할 수 있고, 치료를 하면 잘 낫는다. 특히 식이요법, 운동요법을 병행해야 하는만큼 적극적인 사고와 생활방식이 무엇보다 중요하다. 다만 우려하는 것은 늙으면 당연히 생기는 병이라고 인식하는 것이고, 따라서 쉽게 낫지 않거나 할 수 없다는 식의 선입견, 그리고 자포자기가 이 병의 장애 요인일 뿐이다. 문제는 마음가짐이다. 2~30대에 비축한 정신적, 물질적 풍요를 4~50대 이후에 베풀 수 있는 넉넉한 마음과 적극적인 생활 자세가 중요하다. 그러므로 이제마 선생은 『동의수세보원』에서 유년기와 소년기에는 문자를 익히고 윗사람을 공경하는 예를 다하여 자신의 수양에 힘써야 하지만, 장노년기에는 남을 위하여 사랑하고, 보호할 줄 알아야 호걸의 기상이며 건강의 길이 된다는 것을 말하였던 것이다.

▣ 처방전

가미단치소요산(加味丹梔逍遙散)

백출(白朮), 백복령(白茯苓), 백작약(白芍藥) 각 6gm

당귀(當歸) 8gm

시호(柴胡), 치자(梔子), 목단피(牧丹皮), 천궁(川芎), 백지(白芷),

감초(甘草) 각 4gm

박하(薄荷) 2gm

생강(生薑) 3쪽, 대추(大棗) 2개

별갑(鱉甲) 4gm을 가하면 더욱 좋다.

* 상기 처방은 단치소요산에 울결을 풀고, 지절통을 염려하여 천
  궁, 백지를 가한 처방임.

천왕보심단(天王補心丹)

인삼(人蔘), 백복령(白茯苓), 현삼(玄蔘), 단삼(丹蔘), 길경(桔梗),

원지(遠志) 각 20gm

당귀(當歸), 오미자(五味子), 맥문동(麥門冬), 천문동(天門冬),

백자인(栢子仁), 산조인(酸棗仁) 각 40gm

생지황(生地黃) 160gm

* 위의 약제를 분말을 한 다음 꿀에 개어서 오동나무열매 크기로
  환을 만들어 주사를 입힌 다음 20환씩 잠자기 전에 죽엽 달인
  물로 넘긴다.
* 제약회사에서 안심액, 보심단 등의 상표로 우황청심환처럼 금박
  을 입혀서, 또는 액상으로 시판되고 있음.

귀비탕(歸脾湯)

당귀(當歸), 용안육(龍眼肉), 산조인(酸棗仁), 원지(遠志), 인삼(人蔘), 황

기(黃芪), 백출(白朮), 백복신(白茯神) 각 4gm

목향(木香) 2gm

감초(甘草) 1.2gm

생강(生薑) 5쪽

대추(大棗) 2개

감맥대조탕(甘麥大棗湯)

감초(甘草) 40gm

소맥(小麥) 3합

대조(大棗) 7개

삼호온담탕(蔘胡溫膽湯)

향부자(香附子) 9gm

진피(陳皮) 5gm

반하(半夏), 지실(枳實), 죽여(竹茹) 각 3.2gm

인삼(人蔘), 백복령(白茯苓), 시호(柴胡), 맥문동(麥門冬),

길경(桔梗) 각 2.4gm

감초(甘草) 2gm

생강(生薑) 3쪽

대추(大棗) 2개

* 가슴 뛰는(怔忡) 원인이 담(痰)이 아래에 있어 위, 소대장의 기능을 저해하고, 화(火)가 위에 있어 가슴이 뛰고, 얼굴이 화끈거리는 증상이 있을 때 황련(黃蓮), 치자(梔子), 당귀(當歸), 패모(貝母)를 각 4gm씩 넣는다.

* 여기에 귀비탕 재료를 넣어 귀비온담탕으로 많이 사용한다.

중풍예방법

계절을 가려서 발병하는 것은 아니지만 특히 겨울이면 제일 주의해야 하는 병이 뇌혈관질환인 중풍이다. 요즘처럼 난방이 잘 되어 실내외의 온도차가 클 때는 더욱 그렇다. 고래로 중풍에 대한 염려는 거의 공포에 가깝다. 손이 조금만 저려도, 목이 조금만 뻣뻣해도 중풍에 걸릴 징조가 아니냐고 한다. 심지어는 건강은 건강할 때 지킨다면서 '중풍예방침'이라는 것을 맞는 사람도 있다. 이러한 것들은 아마도 『동의보감』에 기재된 '엄지와 검지의 손가락이 뻣뻣하거나, 손발에 힘이 없는 사람, 살이 약간씩 떨리는 사람은 3년 내에 반드시 중풍이 들 징조이니 영위(營衛)의 기운을 조절하여야 한다'고 한 데서 비롯된 듯하다. 한의학의 보고인 동의보감에 써진 내용이니 조상들이 금과옥조로 여겼음직하다.

그러면 동의보감은 왜 그러한 구절을 넣었으며 현대적인 관점에서의 의미는 무엇인가를 검토하고, 궁극적으로 중풍예방법이 무엇인지를 간단하게 살펴보자.

한방에서는 병을 유발시키는 외부인자(外邪라고 한다)를 크게 6가지로 보았으니, 바람(風), 차가움(寒), 뜨거움(熱, 暑), 축축함(濕), 마름(燥), 불(火)이 그것이다. 이로 인한 증상은 각기 특징이 있으며, 단독으로 작용하기도 하나 서로 섞여서 침범하는 경우가 더 많다. 이를테면 풍한, 풍열, 풍습 등이다. 중풍이란 말은 현대적 용어로는 거의 뇌졸중을 일컫는 말로 쓰이고 있는데 그 이유를 살펴보자.

중풍은 풍에 맞았다는 뜻으로 초기의 한의학에서는 바람맞아 생긴 감기 증상을 일컬었으나, 나중에는 졸중풍(卒中風)의 줄임말로서 '갑자기 풍(風)에 맞아 쓰러지는 병'을 의미하는 말로 바뀌었다. 졸중풍을 다시 줄여 졸중(卒中)이라고도 한다(중풍→졸중풍→졸중으로 됨). 한방에서는 바람이 불면 몸이 시리고 나뭇가지가 흔들리듯 인체에서 일어나는 일체의 마비질환과 흔들거나 떠는 증상, 시린 증상은 모두 풍병(風病)에 속한다(산후풍, 와사풍, 파상풍이 예이다). 그러므로 갑자기 쓰러지면서 생기는 수족의 마비질환인 뇌졸중과 거의 같은 뜻으로 쓰이게 된 것이며, 뇌졸중의 어원이 졸중풍임을 알 수 있다.

한방에서는 병의 원인과 증상으로 풍(風)을 붙였고, 양방에서 풍(風)은 얼토당토한 원인이므로 병소를 가르키는 뇌(腦)를 붙였을 따름이다. 졸(卒)은 '갑자기'라는 말이며, 영어에서 중풍을 stroke라고 한 것과 같은 맥락이다. 현대의학에서 마비질환은 크게 중추성과 말초성으로 나눈다. 중추성은 중추신경인 뇌의 이상으로 인한 마비이고, 말초성은 뇌에서 가지를 쳐서 나오는 말초신경의 이상으로 인한 마비이다.

한방에서 중풍을 크게 풍(風)이 침범한 위치에 따라 중혈맥(中血脈), 중부(中腑), 중장(中臟)으로 나누는데, 중혈맥은 말초성인 안면신경마비를 말한 것이고, 중부증과 중장증은 중추성마비인 사지구간의 마비이다. 또 중풍의 주요 증상으로 갑자기 쓰러짐(卒中, 暴仆), 정신을 못차림(不省人事), 갑자기 말을 못함(暴瘖), 발음이 뚜렷치 않음(語言塞澁), 입이 돌아감(口眼喎斜), 한쪽 팔다리가 마비됨(手足癱瘓), 인지능력이 저하되어 사람을 몰라봄(蒙昧), 가래가 차고 막힘(痰涎壅盛)을 제시하였고, 증상의 경중에 따라 중풍을 다시 반신불수와 관절의 통증을 호소하는 편고(偏枯), 통증은 없으나 사지를 못쓰는 풍비(風痱), 말을 잘 못하고, 사람을 몰라보는 풍의(風懿), 팔다리를 오래 못써서 오는 관절의 저린 증상과 틀어짐을 말하는 풍비(風痹)로 나누었다.

즉 한방에서 원론적으로 말하는 중풍은 뇌졸중으로 고식화된 요즈음의 중풍보다는 훨씬 포괄적이다. 그리고 말초성의 마비는 일반적으로 말하는 중추성 마비인 중풍과는 전혀 관계가 없다. 경추디스크탈출증, 흉곽출구증후군, 수근터널증후군, 정중신경마비 등처럼 말초신경이 눌려서 손가락이 저릴 수 있는 질환은 수없이 많다. 『동의보감』에 기재된 증상은 이러한 말초신경의 여러 장애로 인한 저림이나 마비를 뜻하는 것은 아니다. 혈관장애로 인한 손발의 저림과 마비감을 뜻한다. 이러한 질환을 현대의학적 관점으로 보면 고혈압, 당뇨병, 동맥경화, 고지혈증, 심장질환과 같은 순환계통의 문제점을 지적한 것이다. 따라서 중풍예방법은 특별히 따로 존재하는 것이 아니다. 이러한 질병을 예방하고 치료하는 것이 중풍을 예방하는 침과 약이 되는 것이다. 근래에 헬륨－네온(He－Ne)레이저를 혈관 내로 조사(照査)하여 중풍을 예방한다고 하는 것도 그러한 관점에서 검증하여야 할 것이다.

　무엇보다 가장 훌륭한 중풍예방법은 이러한 병이 오기 전에 평소에 절도 있는 생활을 하고, 규칙적으로 운동하며, 몸에 적합한 식사를 하고, 스트레스를 적절히 해소하고 제어할 줄 아는 지혜를 가져야 한다는 것이다.

중풍(뇌졸중)

　중풍이란 한쪽 팔다리가 마비되는 질환이며, 현재는 뇌졸중과 거의 동의어로 쓰이고 있다. 뇌졸중은 다시 뇌혈관이 파열되어 생기는 뇌출혈과 뇌혈관이 막혀서 발생하는 뇌경색으로 크게 나눈다.

　이들은 모두 뇌혈관의 이상으로 발생하므로 뇌혈관질환이라고 한다. 뇌혈관의 폐쇄로 인하여 발생하는 것, 즉 뇌경색은 허혈성 뇌혈관질환이라고도 부르는데, 이것은 다시 뇌혈전증, 뇌전색증, 열공성뇌경색증(lacunar infarction), 일과성뇌허혈증(transient ischemic attack= TIA)으로 나눈다.

　혈관파열에 의한 것은 출혈성 뇌혈관질환이라고 부르고, 출혈 위치에 따라 뇌실질내출혈과 지주막하출혈로 구분한다(<표 1> 참조). 허혈성뇌경색질환은 뇌졸중의 80%를, 뇌출혈은 20%를 차지한다.

〈표 1〉 뇌혈관질환의 분류

출혈성뇌혈관질환(뇌출혈)	뇌실질내출혈
	지주막하출혈
허혈성뇌혈관질환(뇌경색)	뇌혈전증
	뇌색전증
	열공성뇌경색증
	일과성뇌허혈증

　　일상생활에 필요한 식수는 상수도를 통하여 각 가정에 공급되고, 쓰고 난 다음에는 다시 하수도를 통하여 배출된다. 뇌혈관질환을 상하수도와 비교하면 배관에 이상물질이 유입되어 막히면 색전증이고, 배관의 노후와 부식으로 내경이 점차 좁아지다가 막히면 혈전증이며, 배관이 파열되어 물이 분출되면 뇌혈관이 터진 뇌출혈에 비유할 수 있다.

　　혈관이 막히면 그 혈관이 공급하는 뇌조직은 괴사에 빠진다. 혈관이 터지면 터진 주위의 뇌조직에 피멍(혈종)이 들고, 그 주위 조직은 압박을 받아 상당한 손실이 불가피하다. 따라서 허혈성뇌혈관질환은 어떤 혈관이 막혔느냐에 따라, 출혈성뇌혈관질환은 어느 부위에서 어느만큼 터졌느냐(즉, 혈종의 크기와 위치)에 따라 각각 증상과 경과가 다를 수밖에 없다.(<표 3, 4> 참조)

　　두개(頭蓋)내 뇌혈류량 공급의 2/3는 양측 내경동맥을 통해 앞쪽으로 가고, 나머지는 양측 추골 및 기저동맥을 통해 뒤쪽으로 간다. 이들은 두개강내에서 후교통동맥에 의

해 전후방 순환계가 서로 연결된다. 양측 내경동맥도 전교
통동맥에 의해 상호 연결로를 갖고 있으며, 이를 월리스환
(circle of willis)이라고 부른다.(<그림 1>)

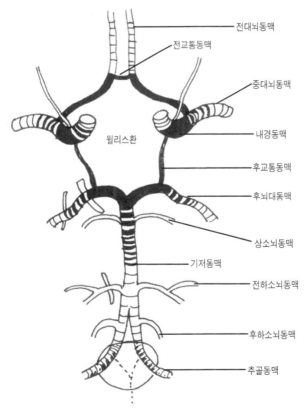

[그림 1] 월리스환과 뇌동맥

이는 신체의 어느 한 부위의 혈관이 막히더라도 다른 샛길을 통해 혈액 공급이 가능할 수 있는 비상통로를 확보하고자 함이며, 이를 측부순환이라 한다. 내경동맥은 두개강내로 진입한 후 전대뇌동맥과 중대뇌동맥으로 갈라져서 전뇌 측면과 두정엽을 비롯한 두뇌반구 측면에 혈액을 공급한다. 추골동맥은 경추의 횡돌기를 따라 올라가 두개강내로 진입하며, 양측이 만나 기저동맥을 이루고, 한쌍의 상소뇌동맥과 후대뇌동맥으로 갈라져서 뇌간과 소뇌, 그리고 측두엽과 후두엽의 혈액 공급을 담당한다.

뇌의 무게는 전 체중의 2~3%를 차지하고, 심박출량의 15~20%, 전체 산소 소비량의 20%를 사용한다. 완전히 혈액 공급이 차단되어 20초간 지속되면 의식을 잃을 수 있으며, 4~8분이면 영구적 회복불능 상태에 빠진다. 그러나 해부학적으로 완벽한 윌리스환을 가지고 있는 사람은 60% 정도에 불과하고, 개인에 따라 뇌혈류의 혈액역학에 많은 차이가 있음을 알아야 할 것이다.

뇌졸중은 뇌혈관을 침범하는 여러 가지 병리적 이상에 의해 유발되는데, 예를 들면 뇌혈관의 죽상경화증, 지방유리질증, 동맥염, 동맥류, 정맥혈전증, 혈관기형, 심장이나 두개강(頭蓋腔) 외의 동맥에서 기인한 색전이 두개강내의 혈관을 막는 경우, 혈액점도(끈끈함) 증가에 의한 뇌혈류부전, 외상 등이다. 이들의 선행원인으로서 고혈압, 당뇨병, 고지혈증, 심장병(특히 심방세동), 흡연 등 5가지를 꼽을 수 있으며, 한번 손상된 뇌조직은 재생되지 않으므로 위의 선행 질병을 예방하고 치료하여 중풍의 선행 조건을 제거해 주는 것이 최선이다.

몸이 이러한 질환 상태가 되기 쉬운 50대 이후에는 중풍이 급증하므로 50대 이전의 평소 식생활과 건강관리가 중요하다. 그렇다 하더라도 30세 이하의 젊은이나 심지어 어린아이에게도 선천적인 심장병이나 동맥기형, 동맥염, 점도가 증가하는 혈액학적 이상, 임신중독증, 피임약복용, 외상, 또는 원인을 알 수 없는 중풍이 발현될 수도 있다.

1) 허혈성 뇌혈관질환

중풍환자 중에는 어디에서 침 한방에 나았다던가, 하루만에 저절로 나았다고 하는 경우를 흔히 볼 수 있는데, 이것은 대개가 일과성뇌허혈증이다. 일과성뇌허혈 증상은 팔다리 마비와 같은 국소뇌증상이 발현된 후 5~10분에서 24시간 이내에 완전히 회복되는 경우를 말한다.

혈관은 어느 정도 막힐 때까지는 증상이 없으나 어느 한도 이하(일반적 뇌혈류량은 53±10ml/100gm/min이나 30~25ml 이하)로 떨어지면 언어장애나 편마비, 감각장애, 시야장애 등이 일시적으로 나타나는 것이다. 이것을 중풍이 나은 것으로 알고 방치하면 반드시 치명적인 뇌경색이 온다. 뇌혈류량이 25~10ml 이하로 떨어지면 뇌조직은 치명상을 입게 된다.

괴사에 빠진 뇌조직이 식세포에 의해 흡수된 이후 구멍

이 뚫린 것처럼 흔적을 남기는데, 이를 열공성 뇌경색증이
라고 부르며 크기는 0.5～2.5Cm 정도이다. 뇌혈관이 막히
는 주요 원인은 뇌동맥경화증이며, 잘 동반되는 질환을 보
면 고혈압, 당뇨병, 허혈성 심장질환, 심근경색증, 고콜레
스테롤혈증, 고뇨산혈증을 들 수 있다.

　뇌혈관이 막히는 다른 중요 원인으로 색전이 떨어져 나
와 혈관내경을 막는 경우이며, 원인은 심장이 압도적으로
동맥경화에 의한 심방세동이나 심근경색증, 류마티성심장
질환, 감염성심내막염 등이다. 진행성 뇌졸중은 국소적 뇌
증상이 발생한 이후 시간이 경과함에 따라 지속적으로 악
화되는 경우이며, 허혈성뇌졸중의 약 20% 정도를 차지한
다. 가장 흔한 원인은 죽종(粥腫)에 의한 뇌혈관의 진행성
폐쇄 때문이다.

2) 출혈성뇌혈관질환(뇌출혈)

　고혈압에 의한 뇌실질내출혈과 꽈리 모양의 낭상동맥류
의 파열로 인한 지주막하출혈, 자발적인 뇌엽성출혈과 뇌
동정맥기형에 의한 출혈이 대부분이다. 그 외에 출혈성 질
환이나 고혈압성 뇌증에 의한 다발성의 미세출혈이 있다.
출혈이 많으면 중앙선에 위치하는 조직이 반대측으로 전
이되어 생명 중추가 위태롭게 되어 혼수에 빠지고, 사망하
게 된다.

3) 뇌졸중의 예후

예후 진단에 필요한 가장 중요한 단서는 의식장애와 동공 변화이다. 특히 동공에 변화가 있고, 호흡이 불량하면 예후가 아주 나쁘다. 입원 당시 혼수일 경우 30일 내 사망률은 70%, 정상 의식 상태는 5%가 사망한다. 뇌출혈의 전체적 사망률은 50% 정도이고, 뇌경색은 17% 정도이다.

뇌졸중의 급성기 사망률은 3~4주 내에 30~40%이며, 특히 뇌실질내출혈은 60~90%로서 매우 높다. 뇌출혈은 뇌병변 자체가 직접적인 사인이 되며, 소뇌, 뇌간, 뇌실 부위가 치명적이다. 사망환자의 50%는 발병 2일 이내에, 80%가 7일 이내에 사망한다.

뇌경색은 뇌병변 이외에 부수적인 사인, 예를 들면 심부전이나 폐렴 같은 합병증으로 사망하는 경우가 많으며, 사망환자의 1/3정도가 7일 이내에 사망한다. 그만큼 뇌경색은 경과가 느린 반면 뇌출혈은 경과가 빠르다는 말이 되겠다. 깊숙이 혼수에 빠지는 경우 출혈 부위가 대뇌반구를 차지할 정도로 거대하면 24시간 이내에 사망한다.

부위별로 뇌교출혈의 67%, 소뇌출혈의 30%, 내포출혈의 23%, 시상출혈의 12%가 24시간 이내에 사망한다. 지주막하출혈의 사망률은 발생 첫날에 10% 이상에 이르며, 그 외의 25%는 3개월 이내에 사망한다. 생존자의 50% 이상은 첫 출혈의 후유증 혹은 지연되어 나타나는 재출혈, 뇌동맥경련에 의한 뇌경색, 또는 수두증 같은 합병증으로 인한 신경학적 결손으로 심한 신경학적 손상 상태로 남게 된다.

뇌경색에선 추골동맥혈전이면 거의 24시간 이내에 사망한다. 지주막하출혈의 낭상동맥류에서 처음 3주 이내에 동맥류가 재파열될 확률은 10~30%이며, 재파열은 60%의 사망률과 불량한 예후를 가져온다. 고혈압성뇌출혈은 낭상동맥류의 경우처럼 동일 부위에서의 출혈 재발은 없으며, 처음 수일 내의 재출혈도 생각할 필요가 없다.

뇌경색은 뇌출혈에 비해 사망률은 낮지만 후유증이 남고, 재발성이므로 재활치료와 예방에 힘써야 한다. 뇌혈전은 환자의 의식이 정상이고, 바이탈싸인(vital sign : 호흡, 맥박, 체온)이 정상이면 바로 재활치료를 시작하고, 뇌출혈은 지혈이나 재출혈의 예방을 고려하여 발병 후 3~4주간 기립훈련은 삼가고, 병상 위에서 변형예방조치를 한다.

변형예방조치는 보행이 곤란하고, 장기간 수족마비가 지속되는 경우에도 반드시 필요하다. 마비는 발병 초기에는 이완성 마비로 견관절이 탈구되고, 고관절이 외선되며, 슬관절이 과신전되지만, 시일이 경과되면 경성마비로서 상지는 내전되고, 주·완·지관절이 갈고리 모양으로 굴곡구축되며, 하지는 고관절이 내전 및 내선되고, 슬관절이 굴곡구축하고, 족관절이 발바닥 쪽으로 구축되고 내반된다. 이것을 예방하기 위해 변형예방조치를 취하는데, 여기에는 발이 아래로 떨어지는 족수(足垂)증상을 예방하기 위해 발바닥에 베개를 대주고, 손가락, 발가락을 포함하는 견·주·완·고·슬·족관절 등 모든 관절의 운동과 수족내전, 외선을 막기 위한 받침(보조베개)과 운동을 포함한다.

다음 표에서 이들 질환의 특징을 비교하여 본다

〈표 2〉 뇌졸중의 비교

	허혈성 뇌혈관질환(뇌경색)		출혈성 뇌혈관질환 (뇌출혈)
	뇌혈전	뇌색전	
원인	죽상경화에 의한 혈전	심장병(심방세동이나 승모판협착증)	고혈압성 뇌출혈, 낭상동맥류 파열, 뇌동정맥기형
전구 증상	50~70%에서 1회 이상의 일과성 뇌허혈발작이나 경미한 뇌증상이 나타났다가 광범위한 뇌경색이 나타난다	전구증상이 없다 (색전성일과성뇌허혈발작의 경우 뇌증상이 수 분에서 수 시간 동안 악화와 호전을 반복하다가 부분적으로 또는 완전히 호전될 수 있다)	전구증상이 없다
호발 시간	수면 중, 또는 기상 직후	언제나 일어날 수 있는데 기상하여 화장실 갈 때가 가장 위험한 시기의 하나이다	낮에 육체적으로 활동시에 호발한다. 수면 중에는 드물다
발작시 증상	① 단 1회의 발작으로 2~3시간만에 모든 병상이 완성 ② 수 일 간에 걸쳐 서서히 심한 정도로 악화 ③ 일과성 뇌허혈증상으로 수 시간 동안 완전히 회복되었다가 다시 마비로 진행되는 경우도 있다(2, 3은 진행성뇌혈전증이라 하며 뇌경색의 20% 차지)	갑자기 시작되어 수초 내지 수분에 장애 정도가 가장 심한 정도까지 악화된다. 국소적 뇌증상이 발병당시에 가장 심하다가 시간이 가면서 점차 호전되는 경향이 있다. 이중 30~50%에서 출혈성 병변으로 전환되는 특징이 있다	수분 내지 수시간(평균1~24시간)에 걸쳐 점진적으로 진행되어 장애가 완성되며, 진행 시간은 출혈 속도와 정도에 의하여 결정된다. 발작 초기에 혈압항진이 그대로 유지되거나 약간 상승하여 초진시 고혈압의 존재를 쉽게 확인할 수 있다
경과 및 예후	① 장애를 발견할 시에는 진행성이므로 경증이라 하더라도 낙관은 금물 ② 수 개월, 수 년 이내에 뒤늦게 장애가 진행하여 악화되거나, 다른 부위에 졸중이 일어날 위험성이 항상 있다 ③ 5~6개월 지나서도 남아있는 운동마비는 영구적일 가능성이 많다. 실어증, 구음장애, 소뇌성실조는 1년 이상이 지나도 호전되고, 지각장애는 2년까지 호전이 가능하다	① 생명에 관한 최종 예후는 색전의 재발 여부와 그 원인 질환의 중증도, 즉 심부전, 세균성심내막염, 악성종양 등으로 결정 ② 색전의 조기재발의 위험은 항상 있으며, 발작 후 수 일 또는 수 주 이내에 발작되는 경우도 드물지 않다 ③ 뇌경색 후 간질발작은 색전성경색후 가장 빈발	고혈압성뇌출혈은 혈압조절이 잘 안 되는 고혈압환자에서 흔하다. 발병시 두통과 구토증상이 특징이며, 항부강직이 있고 간질발작은 드물지만 가능하다. 조직 속으로 혈액이 누출되면 수 주 또는 수 개월에 걸쳐 서서히 제거되므로 그 기간 중에는 증상과 징후가 계속된다

〈표 3〉 허혈성 뇌졸중에서 뇌혈관에 따른 임상증상
(죽종의 위치와 협착 정도에 따라 임상 양상이 결정된다)

혈관	공급받는 부위	증상
총경동맥과 내경동맥 그리고 그 가지 (중대뇌동맥, 전대뇌동맥)	전대뇌동맥과 중대뇌동맥으로 이어짐. 안동맥을 통하여 시신경과 망막	반대쪽 편측 운동 및 감각마비, 반맹, 또는 선명하지 않은 시야, 언어장애, 윌리스환을 통한 측부순환이 충분하면 심부경색만 나타낼 수 있다.
전대뇌동맥	심부백질과 대뇌피질, 렌즈핵 전두엽극(pole)과 전두상부내측, 시상하부앞부분. 내포의 전지절, 편도 등	대측수족마비, 보행실행증, 좌측팔다리의 통합운동장애, 배뇨곤란, 의지결여, 뇨실금
중대뇌동맥	대뇌반구의 외측측면, 피각, 내포의 후지절, 하부두정엽, 측두엽피질, 전두엽과 상부두정엽피질, 하부측두엽, 후두엽극	대측 편측 운동 및 감각마비, 반맹, 실어증(우성반구침범시), 구음장애, 계산장애, 실서증, 공액편시, 초조성섬망, 불각증
후대뇌동맥	후교통동맥 앞 구역(중심영역)-중뇌, 대뇌각, 시상하부.	대측반신마비, 운동실조, 시상증후군(감각소실, 자발통과 이상감각, 편무도증, 의도진전, 불협조), 안구운동장애
	후교통동맥뒷구역(말초 또는 피질영역)-측두엽, 후두엽피질	시야장애, 동측성반맹증, 기억력장애, 안면실인증, 시각인식불능, 언어성실독증, 착어증, 뇌각성환각증
추골동맥과 후하소뇌동맥	뇌간과 소뇌 후하소뇌동맥근위부는 외측연수, 원위부는 소뇌의 하부를 담당	동측안면과 반대측 상지의 감각마비, 운동실조, 현훈, 오심, 구토, 연하곤란, 쉰목소리, 구음장애, 복시, 안진(眼振), 대측상하지통감 및 온도감소실, 편마비는 드물다
상소뇌동맥	외측 상 교, 중소뇌각, 소뇌의 상부	동측의 소뇌성운동실조, 오심, 구토, 구음장애, 반대편 반신의 통각및 온각소실, 동측상지의 운동실조성진전
전하소뇌동맥	외측 하 교, 중상소뇌각	동측의 청각소실, 안면마비, 진성현훈(빙글빙글도는 어지러움), 오심, 구토, 안진, 이명, 소뇌성운동실조, 측방공액마비, 반대편반신의 통각 및 온각소실
뇌저동맥	뇌교 바닥과 상부 소뇌 뇌저동맥의 분지에서 기인하면 뇌간 한쪽만 침범된 증상이, 뇌저동맥에서 기인하면 뇌간 양쪽이 침범한 증상이 나타남	뇌신경 징후와 혼수상태, 양측 상하지 마비, 환시, 시야결손, 초조성섬망, 복시, 안진, 구음장애, 현훈, 운동조정 곤란, 편측 감각 이상

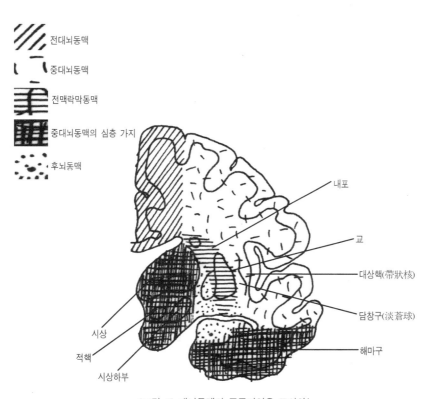

전대뇌동맥

중대뇌동맥

전맥락막동맥

중대뇌동맥의 심층 가지

후뇌동맥

내포

교

대상핵(帶狀核)

담창구(淡蒼球)

해마구

시상

적핵

시상하부

[그림 2] 대뇌동맥의 공급지역을 표시하는
대뇌반구의 관상절개면

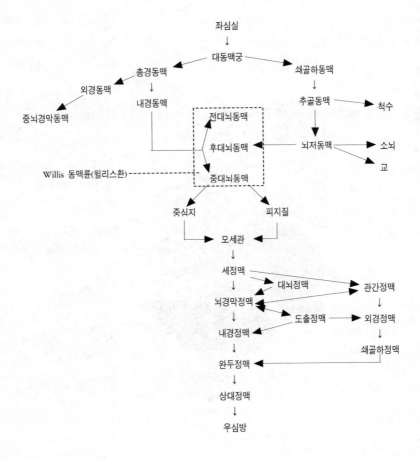

[그림 3] 뇌순환 요약표

〈표 4〉 출혈성 뇌졸중에서 부위에 따른 임상증상

(혈종의 위치와 크기에 따라 임상 양상이 결정된다)

출혈 부위	임상증상	안구 증후
피각부출혈	가장 흔한 고혈압성뇌출혈로 거의 항상 기저핵 주변의 내포를 찢는다. 따라서 대측편마비가 특징이나 출혈이 크면 수분 내에 혼수상태에 빠진다. 대개 5~30분에 걸쳐 안면마비가 생기고, 말이 어눌하며, 팔다리가 서서히 마비된다. 출혈 주위조직의 뇌부종에 의해 임상적 악화는 보통 12~72시간 이내에 걸쳐 나타난다. 최악의 경우 상부뇌간이 압박되어 혼수, 깊고 불규칙적이며 간헐적인 호흡, 동공산대, 제뇌경직이 관찰	마비측 반대쪽으로 편사
시상부출혈	인접한 내포를 압박하거나 직접 파괴하여 편마비가 생긴다. 지각장애는 모든 형태의 감각을 포함하여 운동마비와 비슷하거나 더 심하다. 우성반구(좌측)의 병변시에 실어증이 생기고, 열성반구(우측)의 병변시에는 실행실어증이나 함구증을 나타낸다. 출혈이 상부중뇌의 내측을 침범하면 여러 가지 안구운동장애가 나타난다.	출혈과 같은 쪽 안구가 아래 내측으로 편이되어 자신의 코끝을 내려다 보는 모습으로 보인다. 출혈과 반대쪽 안구가 내측 아래로 편이되는 경우도 있다. 대광반사가 소실된 채 좌우동공의 크기가 차이가 날 수 있다
뇌교출혈	수분이내에 깊은 혼수에 빠지고 양측이 마비된다. 제뇌경직이 두드러진다. 보통 수 시간 내에 사망하나, 출혈이 피개에 국한된 경우에는 의식장애도 없고, 예후도 비교적 좋다	안구가 고정되고, 축동(1mm 이하)이면서 대광반사는 유지
소뇌출혈	보통 수 시간에 걸쳐 발전하고, 보행, 또는 기립의 불능, 후두부동통, 어지러움과 반복성 구토가 나타난다. 발병시 의식소실은 거의 없으나 출혈이 더욱 진행되어 뇌간을 압박하면 갑자기 의식이 저하되어 혼수에 빠진다	마비가 없이 출혈 반대쪽으로 안구가 편위
지주막하출혈	가장 큰 원인은 낭상동맥류. 그 다음은 동정맥기형. 파열이 생기면 혈액이 지주막하강으로 밀려나가 다음 3가지 형태로 나타난다 1. 갑작스런 그리고 터질 듯한 두통과 구토, 의식상실 2. 극심한 두통은 없으나 갑자기 의식상실 3. 선행 증상 없이 갑자기 의식상실. (대개는 깨고 나서 두통 호소) 항부 강직이 있고, 기억력 장애, 고열 발생	특징적인 안구증상은 없다 출혈이 재발되는 경향이 있다

4) 치료

양방적인 치료에서 허혈성과 출혈성에 대한 감별이 가장 중요하다. 초기에 하나는 혈전을 용해시키는 방향으로, 다른 하나는 지혈을 해야하기 때문이다. 한방적 치료에서는 중풍의 원인을 열(熱)로 보아, 풍은 표(標)이고, 풍의 본(本)은 열(熱)이라 하였다. 또 선행 원인은 습(濕)과 담(痰)이다. 그래서 '습(濕)이 담(痰)을 생하고, 담은 열(熱)을 생하며, 열(熱)은 풍(風)을 생'하는 병리가 성립된다.

한방적으로 습담(濕痰)은 여러 가지 상황을 말하지만 현대적으로 보면 중풍의 원인이 되는 비만, 고지혈증, 당뇨를 포괄하고, 열(熱)은 고혈압의 상황과 같다. 그래서 중풍 초기의 치료 원칙은 막힌 곳을 뚫고(開關), 담과 풍을 없애며(化痰, 疎風), 기를 순조롭게 하고(順氣), 피를 잘 통하게(活血) 하는 것이다.

대표적인 약은 우황청심환이다. 그러나 이것은 과거에 급히 탕약을 끓여 먹이기 이전에 막힌 곳을 뚫기 위한 구급약으로 사용하였던 것으로 실제 임상에서는 환자의 체온과 땀, 호흡, 대소변의 순통 여부, 목에서의 가래, 맥박의 성쇠, 혈압, 입의 마름, 설태 등을 관찰하여 이들을 조절해줌으로써 많은 성과를 거두고 있다.

예를 들면 열이 많고, 땀이 나면 풍열을 없애고(방풍통성산), 대소변이 막히면 뚫어주며(자윤탕, 조위승기탕), 가래가 많으면 화담시키면서(도담탕, 이진탕) 기를 순조롭게 하고(오약순기산, 곽향정기산) 어혈을 없애는 약을 가미하는 것이다. 이들은 복합적으로 오기 때문에 합방을 하거나 가미를 중요시한다. 물론 기성 처방으로 이미 만들어 놓은 것을 이용하기도 한다(소풍탕, 보양환오탕).

중풍이 만성화되면 기와 혈을 보하는 위주로 전환한다 (지황음자, 가미대보탕, 만금탕, 팔보회춘탕 등등). 그러나 치료 원칙이 그렇다는 것일 뿐 나타나는 증상에 따라 다양한 처방을 구사할 수가 있다.

예를 들어 사상체질의학에서도 여러 가지 경우에 다양한 처방 구성이 가능하지만, 대체로 소음인은 중풍 초기에 성향정기산, 말기에는 팔물군자탕, 승양익기탕, 보중익기탕을, 소양인은 초기에 양격산화탕, 말기에는 독활지황탕을, 태음인은 초기에 열다한소탕, 청폐사간탕, 갈근승기탕을, 말기에 청심연자탕, 조리폐원탕을 운용할 수 있다. 무조건 그렇게 쓴다는 것이 아니라, 증후의 표리(表裏)를 감별하고, 그 사람의 현재 기운의 편재(天人性命)를 반드시 살펴써야 한다. 여기에는 아까 말한 땀과 대소변 등의 파악이 중요하다. 이것은 기의 소재를 파악하는 객관적 징표가 되기 때문이다. 증상이 가벼운 경우에는 처음부터 말기에 쓰는 처방을 쓴다.

한방적인 중풍의 구분은 증상의 경중에 따라 중부(中府), 중장(中藏)과 편고(偏枯), 풍비(風痱), 풍의(風懿), 풍비(風痹)로 나누었지만 치료 방침에는 큰 변화가 없으며, 다만 쉽게 치료가 가능한가 못한가, 또 후유증은 얼마나 남을 것인가를 가늠하는 기초적인 자료가 된다. 대개 팔다리만 못

쓰는 증상은 경증이고, 말을 못하거나 대소변이 막히는 등
의 9규(九竅)가 폐색한 증상이 생기면 중증이며, 정신이 지
둔한 증상이 겹치면 악증이고, 사지마비가 오래되어 어깨
가 빠지고, 발끝이 떨어지며(足垂), 팔다리가 마르고 틀어
지며, 손가락이 갈고리 모양으로 되는 등의 증상이 생기면
폐증(廢症)이다. 따라서 경증은 회복이 쉽고 후유증이 남더
라도 생활에 지장은 없으나, 나머지는 회복이 불가능하므
로 모름지기 예방에 주력하여야 할 것이다.

▣ 중풍 예방 및 조리약

강활유풍탕(羌活愈風湯)

창출(蒼朮), 석고(石膏), 생지황(生地黃) 각 2.4gm

방풍(防風), 강활(羌活), 당귀(當歸), 만형자(蔓荊子), 천궁(川芎), 세신(細
辛), 황기(黃芪), 지각(枳殼), 인삼(人蔘), 마황(麻黃), 백지(白芷), 감국(甘
菊), 박하(薄荷), 구기자(枸杞子), 시호(柴胡), 지모(知母), 지골피(地骨皮),
독활(獨活), 두충(杜沖), 진교(秦艽), 황금(黃芩), 백작약(白芍藥), 감초(甘
草) 각 1.6gm

육계(肉桂) 0.8gm

▣ 중풍치료약

보양환오탕(補陽還五湯)

황기(黃芪) 40～160gm

당귀미(當歸尾) 8gm

적작약(赤芍藥) 6gm

지룡(地龍), 천궁(川芎), 도인(桃仁), 홍화(紅花) 각 4gm

* 황기는 40gm부터 차차 올리고, 중풍초기에는 방풍, 강활, 독활,
  진교 등 풍을 제거하는 약(祛風藥)과 기운을 순조롭게 하는 목
  향, 오약, 진피, 청피, 향부자, 강진향 등순기약(順氣藥)을 가하거
  나 이진탕(二陳湯)을 합방하고, 열이 있으면 황금, 황련, 황백, 지
  모 등 청열약(淸熱藥)과 창출(蒼朮)을 가하며, 담이 끓으면 도담
  탕(導痰湯), 소화가 안되면 평위산(平胃散)을 합방한다.

소풍탕(疎風湯)

강활(羌活), 방풍(防風), 당귀(當歸), 천궁(川芎), 적복령(赤茯苓), 진피(陳
皮), 반하(半夏), 오약(烏藥), 백지(白芷), 향부자(香附子) 각 3.2gm

계지(桂枝), 세신(細辛), 감초(甘草) 각 1.2gm

방풍통성산(防風通聖散)

활석(滑石) 7gm

감초(甘草) 5gm

석고(石膏), 황금(黃芩), 길경(桔梗) 2.8gm

방풍(防風), 천궁(川芎), 당귀(當歸), 적작약(赤芍藥), 대황(大黃), 마황(麻黃), 박하(薄荷), 연교(連翹), 망초(芒硝) 각 2gm

형개(荊芥), 백출(白朮), 치자(梔子) 1.5gm

(原方의 망초는 대개 빼고 쓴다)

이진탕(二陣湯)

반하(半夏) 8gm, 진피(陳皮), 적복령(赤茯苓) 각 4gm

자감초(炙甘草) 2gm

생강(生薑) 3쪽

도담탕(導痰湯)

반하(半夏) 8gm

남성(南星), 진피(陳皮), 지각(枳殼), 적복령(赤茯苓), 감초(甘草) 각 4gm

평위산(平胃散)

창출(蒼朮) 8gm

진피(陳皮), 후박(厚朴), 감초(甘草) 각 4gm

지황음자(地黃飲子)

숙지황(熟地黃), 파극(巴戟), 산수유(山茱萸), 육종용(肉蓯蓉), 석곡(石斛), 원지(遠志), 오미자(五味子), 백복령(白茯苓), 맥문동(麥門冬) 각 4gm

부자(附子), 관계(官桂), 석창포(石菖蒲) 각 2gm

* 참고 : 대개 부자는 빼고 사용

가미대보탕(加味大補湯)

황기(黃芪), 인삼(人蔘), 백출(白朮), 백복령(白茯苓), 당귀(當歸), 천궁(川芎), 백작약(白芍藥), 숙지황(熟地黃) 각 4gm

오약(烏藥), 우슬(牛膝), 두충(杜冲), 모과(木瓜), 방풍(防風), 강활(羌活), 독활(獨活), 의이인(薏苡仁) 각 3gm

부자(附子), 침향(沈香), 목향(木香), 육계(肉桂), 감초(甘草) 각 2gm

* 참고 : 대개 부자는 빼고, 침향은 구하기 힘들므로, 강진향(降眞香)으로 대체하거나 진피(陳皮)를 4gm 넣는다.

만금탕(萬金湯)

속단(續斷), 두충(杜冲), 방풍(防風), 백복령(白茯苓), 우슬(牛膝), 인삼(人蔘), 세신(細辛), 계피(桂皮), 당귀(當歸), 감초(甘草) 각 4gm

천궁(川芎), 독활(獨活), 진교(秦艽), 숙지황(熟地黃) 각 2gm

고혈압

고혈압은 식생활이 서구화하고, 과영양화하면서 당뇨병, 고지혈증과 함께 중요한 성인병의 한 축을 이루고 있다. 동맥혈관의 압력을 통상 혈압이라 하고, 이 혈압이 높아서 다른 합병증을 유발할 수 있는 상태를 고혈압이라 한다. 그러나 심혈관질환을 잘 일으킬 수 있는 연령, 성별, 인종, 또는 개인적인 편차가 있으므로 정상혈압과 고혈압 사이의 명확한 경계선을 그을 수는 없다. 따라서 인위적인 정의가 필요하게 되었다. 혈압은 심장이 수축할 때의 혈압인 최고혈압(수축기혈압)과 확장할 때의 혈압인 최저혈압(확장기혈압)으로 나눈다. 확장기혈압의 수치에 따라 고혈압을 구분하는데,

85mmHg 미만이면 정상으로 보고

85〜89mmHg이면 약간 높으나 정상

90〜104mmHg이면 경증 고혈압

105~114mmHg이면 중등도 고혈압

115mmHg이면 중증 고혈압이라 한다.

수축기혈압은,

140mmHg 미만이면 정상

140~159mmHg는 경계역 고립성 수축기 고혈압

160mmHg 이상은 고립성 수축기 고혈압이라 한다.

고혈압이 의심되면 초진 이후에 2번 정도 다시 병원을 방문하여 매회 적어도 2번씩은 혈압을 측정한다. 정상혈압이건 고혈압이건 운동 정도와 심리적 상태에 따라 올랐다 내렸다 하기 때문에, 항상 고혈압은 아니지만 때때로 고혈압 범위에 들어가면 경계역 고혈압이라 한다. 항상 혈압이 높은 사람(145/95mmHg 이상)은 가속성, 또는 악성으로 넘어갈 수 있다.

가속성고혈압이란 최근 원래의 혈압치보다 월등하게 혈압이 상승하고, 안저검사상 유두부종은 없으나 혈관손상의 증거가 나타난 상태이다. 악성고혈압은 혈압이 자주 200/140mmHg 이상인데, 이 조건을 규정하는 것은 혈압치 그 자체가 아니라 보통 망막출혈과 삼출을 동반하는 유두부종이다.

일반적으로 확장기혈압(최저혈압)이 높은 것을 유의성 있게 보지만 수축기혈압도 심혈관질환의 이환율에 미치는 영향을 평가하는 데 중요하다. 확장기혈압은 정상이면서,

높은 수축기혈압(160mmHg 이상)을 가진 남자는 확장기혈
압과 수축기혈압이 정상인 사람에 비하여 심혈관질환에
의한 사망률이 2.5배에 달한다. 그러나 혈압을 조절하면
가속성, 또는 악성고혈압으로 넘어가는 것을 예방할 수 있
고, 심혈관질환이 감소한다.

　고혈압은 크게 2가지로 구분한다. 고혈압을 설명할만한
원인이 없을 때 1차성, 또는 본태성고혈압이라 한다. 본태
성고혈압은 유전이 중요한 요인의 하나로 가정되고 있다.
여기에 환경적 요인, 즉 소금 섭취, 비만, 직업, 알코올 섭
취, 가족관계, 주거의 혼잡 정도가 고혈압의 발생과 서로
얽혀있다고 생각된다. 2차성고혈압은 신장질환에 의한 신
성고혈압, 알도스테론이나 코티코이드와 같은 부신피질호
르몬이 과다분비 되는 알도스테론증, 쿠싱증후군, 부갑상
선기능항진증에서 볼 수 있는 고칼슘혈증, 경구피임제복용
등에 의한 내분비성고혈압, 임신중독증에 의한 고혈압을
예로 들 수 있다.

　만약 목이 뻣뻣하고, 머리가 아프고, 어지럽다면 흔히
고혈압을 생각한다. 그러나 일반적으로 고혈압이라고 일컫
는 본태성고혈압은 증상이 별로 없는 것이 대부분이다. 만
약에 목이 뻣뻣한 증상으로 혈압이 의심되어 병원을 찾았
다면, 그것은 스트레스로 인하여 긴장성으로 근육이 경직
되었고 2차적으로 혈압이 더욱 올라갔을 경우가 많다. 즉
본태성고혈압은 특별히 호소하는 증상이 별로 없다. 사람
들은 두통을 혈압상승의 증상으로 생각하지만 두통은 심

한 고혈압에서만 특징적이다. 두통은 후두부동통이 가장 흔하며, 아침에 잠에서 깨어났을 때 두통을 느끼고, 몇 시간 후에는 저절로 나아진다.

고혈압과 관련된 다른 증상은 어지러움, 두근거림, 쉽게 피로함, 발기부전이 있다. 고혈압으로 야기되는 2차적혈관 질환은 비출혈(鼻出血), 혈뇨, 망막변화에 의한 흐린 시력, 일과성뇌허혈에 의한 무력증, 어지러움, 협심증에 의한 흉통, 심부전에 의한 호흡 곤란이 올 수 있다. 다시 말해서 고혈압환자라고 모두 특별한 증상이 있는 것은 아니며, 평소에는 증상이 전혀 없다가 스트레스로 인하여 혈압이 더욱 상승하였거나 2차적으로 고혈압성뇌증이나 협심증 같은 혈관질환이 생겼을 때 비로소 어떤 증상을 느끼게 된다. 또 혈압이 있다고 해서 금방 어떤 증상이나 합병증으로 발전하지는 않는다. 그러나 7～10년 이상이 경과하면 위중한 합병증이 발생할 위험성이 높다. 거의 30% 정도가 죽상경화성 합병증을 나타내고, 50% 정도가 고혈압 그 자체와 관련되는 장기에 손상이 온다.

심장은 인체에서 펌프와 마찬가지이다. 이것은 마치 물을 퍼내는 펌프를 생각하면 이해하기가 쉽다. 우리가 펌프질을 하는 데 천천히 부드럽게 하면 오랫동안 고장 없이 쓸 수 있다. 그러나 물이 잘 안 나오면 힘을 주어 빨리 펌프질을 할 수밖에 없을 것이고, 결국 펌프의 밸브가 빨리 닳아 얼마 가지 않아 고장이 나고 말 것이다. 마찬가지로 인체의 펌프에 해당하는 심장이 과부하 되면 심장 자체뿐 아니라 심장의 밸브에 해당하는 대동맥판, 혈관, 신장 등에 과부하를 주어 각종 합병증이 나타나는데 그 기간이 7~10년 소요된다는 말이다.

합병증으로는 관상동맥질환과 협심증, 좌심실비대에 이은 심부전, 대동맥판폐쇄부전 같은 심장병과 망막의 동맥경화로 인한 흐린 시야, 심하면 실명, 두개내압상승으로 인한 고혈압성뇌병증이 있고 심하게는 중풍, 구심성 및 원심성 세동맥과 사구체 모세혈관총의 동맥경화성병변으로 인하여 사구체와 세뇨관의 기능장애가 초래되어 신부전이 되며, 비출혈, 각혈, 부정자궁출혈, 망막출혈, 혈뇨 등 각종 출혈 증상의 원인이 된다.

고혈압이 있으면서 치료받지 않는 성인의 대부분은 혈압이 더 오르게 되어 있다. 비록 경증이라 하더라도 치료하지 않고 방치하면 고혈압은 진행성으로 되어 치명적 결과를 초래할 수 있다. 통계상 치료받지 않은 고혈압환자의 수명은 10~20년 단축된다는 것이 입증되었고, 이것은 죽상경화 과정이 촉진되는 이유 때문이며, 그 촉진되는 속도는 부분적으로 고혈압이 심한 정도와 관계가 있다. 따라서 혈압이 높다고 진단되면 혈압관리를 평생의 벗으로 생각하고 지체없이 시행하여야 한다.

경증고혈압은 약물 복용 없이도 1/3 정도는 정상에 가깝게 떨어뜨릴 수 있고, 어느 정도 예방이 가능하다. 물론 혈압이 정상인 사람일지라도 건강관리 및 예방 차원에서 약물복용을 제외한 다른 지침을 실시하면 좋을 것이다.

고혈압의 일반관리는 다음과 같다.

① 스트레스의 조절 : 즉시 즉시 풀도록 한다.
② 식사요법 : 저염식(하루 권장 소금 섭취량 5gm), 저칼로리, 지방질섭취제한([고지혈증, 당뇨병]편 참조).
③ 음주와 흡연 중단한다.
④ 규칙적인 유산소 운동으로 콜레스테롤을 낮춘다.
⑤ 체중 감소 : 과체중 환자는 열량을 제한하여 체중을 감소시키면 혈압이 상당히 내려간다.
⑥ 기타 당뇨, 고지혈증 등 동맥경화증 발생에 기여하는 다른 위험 요인을 조절한다.

환자가 입원하면 약물을 쓰지 않아도 고혈압이 조절되는데 그 이유는 정서적 또는 환경적 스트레스가 이완되기 때문이다. 이상과 같이 하여도 떨어지지 않는다면 전문의의 상담을 거쳐 적합한 약물을 선택하여 평생 복용하여야 한다. 혈압약은 한번 먹으면 평생 먹어야 한다고 금기시하는 사람이 있는데, 구더기 무섭다고 장 안 담그는 것과 같다. 먹어서 불편한 것보다는 안 먹어서 보는 해독이 더욱 크기 때문이다.

고혈압성혈관질환이 발생할 위험은 여자보다는 남자가 늙은 사람보다는 젊은 사람에게 더 많다. 따라서 젊을수록 다소간의 부작용을 감수하더라도 치료를 빨리 시작하여야 한다. 오히려 70세가 넘은 할머니가 확장기 혈압이 90mmHg가 넘는다고 치료에 수반하는 불쾌한 부작용을 견디어야 할 필요가 있는가는 의문의 여지가 있다. 평생 혈압약을 먹어야 하는 경우를 본다. 언제 어느 때나 항상 확장기혈압이 90mmHg가 넘는 사람과 고립성수축기고혈압(160mmHg가 넘는 사람) 환자가 65세가 넘으면 반드시 치료를 받아야 한다. 아직 치료를 받지 않는 불안정고혈압, 또는 고립성수축기고혈압 환자는 지속성고혈압으로 발전하므로 6개월 간격으로 추적 관찰하여야 한다.

한방에서 고혈압은 수(水)와 화(火)의 부제(不濟 : 서로 잘 다스려지지 못함)현상으로 본다. 즉 화(火)가 수(水)에 비해 과한 것이다. 화(火)의 기관인 간(肝)과 심(心)의 불을 꺼주고, 수(水)의 기관인 신(腎)기능을 키워주는 약을 쓴다. 사상방을 많이 응용하는 데 소양인은 신수(腎水)가 부족하여 병이 되고, 태음인은 간장(肝臟)과 심장(心臟)의 열이 과해서 병이 되는 까닭이다.

소음인은 고혈압 환자가 드문 편이지만 비신장(脾腎臟)의 음기가 과항(過亢)하고 양기가 허탈하여 생긴다. 소양인은 육미지황탕의 변방(變方)인 형방지황탕이나 독활지황탕, 형방사백산을 응용할 수 있고, 태음인은 열다한소탕, 청심연자탕을 응용할 수 있다.

단방으로는 상지, 백모근, 노근, 희렴, 취오동, 두충을 써서 좋은 효과를 볼 수 있다.

일반적인 고혈압의 관리지침과 함께 한방약을 같이 써보면 경증고혈압은 관리가 가능하다. 그러나 중등도고혈압 이상은 경제적인 측면과 지속적 관리를 위해 양약을 함께 복용하여야 한다. 합병증의 예방을 위해 지속적으로 또는 간헐적으로 한약을 같이 쓰는 것도 좋을 것이다.

■ 처방전

형방지황탕(荊防地黃湯)

숙지황(熟地黃), 산수유(山茱萸), 백복령(白茯苓), 택사(澤瀉) 각 8gm
차전자(車前子), 강활(羌活), 독활(獨活), 형개(荊芥), 방풍(防風) 각 4gm

독활지황탕(獨活地黃湯)

숙지황(熟地黃) 16gm
산수유(山茱萸) 8gm
백복령(白茯苓), 택사(澤瀉) 각 6gm
목단피(牧丹皮), 방풍(防風), 독활(獨活) 각 4gm

형방사백산(荊防瀉白散)

생지황(生地黃) 12gm
백복령(白茯苓), 택사(澤瀉) 각 8gm
석고(石膏), 지모(知母), 강활(羌活), 독활(獨活), 형개(荊芥),
방풍(防風) 각 4gm
* 위의 세 처방에 두통이 있으면 우방자(牛蒡子), 황련(黃蓮), 황백
  (黃柏)을 가할 수 있다.

청심연자탕(淸心蓮子湯)

연자육(蓮子肉), 산약(山藥) 각 8gm
천문동(天門冬), 맥문동(麥門冬), 원지(遠志), 석창포(石菖蒲), 산조인(酸棗
仁), 백자인(栢子仁), 황금(黃芩), 나복자(蘿葍子), 용안육(龍眼肉) 각 4gm
감국(甘菊) 2gm

열다한소탕(熱多寒少湯)

갈근(葛根) 16gm

황금(黃芩), 고본(藁本) 8gm

나복자(蘿葍子), 길경(桔梗), 승마(升麻), 백지(白芷) 각 4gm

* 위의 두 처방에서 변비가 있으면 대황(大黃)을, 두통이 있으면
  천마(天麻)를 가한다.

· 단방 1

상지(桑枝), 백모근(白茅根) 각 20gm을 달여서 하루 3회 나누어 먹거
나 가루로 하여 8gm씩 먹는다.

· 단방 2

단오 무렵에 채취한 희렴(豨薟)을 막걸리에 담갔다가 쪄서 햇볕에 말
리기를 수 차례(보통 9회) 반복하여 분말로 해서 꿀에 환을 만들어
하루 3회 4~8gm씩 복용한다. 희렴환이라 한다.

· 단방 3

희렴(豨薟) 250gm과 취오동(臭悟桐) 500gm을 분말로 하고, 꿀에 환을
만들어 하루에 3회 4~8gm씩 복용한다. 희동환(豨桐丸)이라 한다

· 단방 4

희렴(豨薟) 하고초(夏枯草) 각 90gm, 초룡담(草龍膽) 15gm을 가루로
하여 꿀에 환을 만들어서 4~8gm씩 복용한다. 희하환(豨夏丸)이라 한
다.

* 희렴과 취오동은 고혈압뿐 아니라 풍습(風濕)으로 인한 사지 관
  절통에도 효과적이다. 따라서 고혈압으로 인한 혈관질환과 퇴행

성관절질환을 겸하였을 때 다량으로 달여서 복용함으로써 증상
의 개선을 도모할 수 있다. 일반적인 용량은 1회에 12~20gm이
지만 40~80gm까지 달여서 복용한다. 희렴과 취오동의 비율은
1 : 2로 한다. 번열증상이 있거나 출혈증상이 있으면 노근(蘆根)
이나 백모근(白茅根)을 10gm 정도 가한다.

고지혈증(高脂血證)

지질은 지방 및 지방유사물질에 대한 총칭으로서, 사람이 사용하는 에너지의 주요 공급원이자 구성 성분이며, 중성지방(triglyceride), 콜레스테롤(cholesterol), 콜레스테릴 에스터(cholesteryl ester), 인지질(phospholipid)의 4가지 형태로 존재한다.

중성지방은 포화지방산(팔미틱, 스테아릭)과 불포화지방산(올레익, 리놀레익)을 포함한다. 섭취한 음식이 위장운동으로 작아진 미즙 형태로 십이지장으로 넘어가면 췌장액과 담즙에 의해 분해가 되어 대사가 된다. 이들은 단백질과 결합하여 지단백(lipoprotein)이라 불리는 둥근 형태의 입자로 운반된다.

지단백은 분자량이 큰 둥근 입자로서, 중심부에 비극성 소수성지방(non-polar hydrophobic lipid) 성분인 중성지방과 콜레스테릴 에스터가 있고, 바깥의 막에는 극성을 띤 인지질, 그리고 소량의 콜레스테롤과 아포단백질(apoprotein)로

구성되어 있다. 인지질은 지단백 입자의 안정을 유지시키
고, 물에 녹는 친수성이 되게 한다. 다시 말하면 지방은
물에 녹지 않으므로 단백질과 결합하여 지단백의 형태로
피 속을 순환하면서 필요한 조직에 지방을 공급해 주는
것이다.(그림 참조)

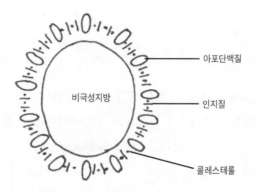

[그림] 전형적인 지단백 입자

지단백은 위의 4가지 지질을 얼마나 많이 가지고 있느
냐에 따라 몇 가지로 구분하며, 이것은 지단백의 크기와
밀도, 전기영동상 이동성, 그리고 막에 있는 아포단백의
성분에 영향을 미치고, 이러한 차이점이 지단백을 구별할
수 있게 한다. 음식에서 섭취한 중성지방(식이성중성지방,
또는 외부경로중성지방)으로만 구성된 킬로미크론
(chylomicron), 대사 과정에서 생긴 내생의 중성지방(내부경
로중성지방)을 포함하고 있는 초중심성 비중을 가진 지단
백을 초저비중지단백(VLDL : very low density lipoprotein), 콜

레스테릴 에스터가 대부분인 지단백을 저비중지단백(LD
L : low density lipoprotein), 콜레스테릴 에스터를 함유하고,
중심부의 내용물이 막에 있는 단백 무게보다 약간 작을
때는 고비중지단백(HDL : high density lipoprotein), VLDL에서
중성지방이 빠져나간 잔여 입자와 콜레스테릴 에스터를
함유한 지단백을 중간비중지단백(IDL : intermediate density
lipoprotein)이라 한다.

이러한 5가지 지단백은 대사 과정에서 연료에 해당하는
지질을 목표지점인 근육세포나 지방세포로 운반하는 화물
차 구실을 한다. 즉 목표 지점에 도달하면 지방산으로 분
해된 다음 중성지방, 또는 콜레스테롤로 재합성되거나 산
화되는 것이다.

킬로미크론은 음식을 통해 섭취한 중성지방과 콜레스테
롤을 대사시키는 데 중요한 구실을 한다. 간에서 잉여분의
탄수화물로부터 생성된 중성지방은 VLDL에 의하여 지방조
직까지 운반되어, 중심에 있는 중성지방을 내 보낸 후 IDL
로 변했다가, B100아포단백을 제외한 아포단백이 탈락하면
서 다시 LDL로 변한다. 혈중콜레스테롤의 70%는 LDL에
존재하며, LDL은 콜레스테롤이 필요한 장기에 콜레스테롤
을 공급하는 역할을 한다. (<표 1> 참조)

〈표 1〉 지단백과 지방대사와의 관계

지단백	작용
킬로미크론	식이성중성지방을 대사
초저비중지단백(VLDL)	내부경로의 중성지방을 대사
저비중지단백(LDL)	콜레스테롤을 대사

콜레스테롤은 세포막 합성, 스테로이드호르몬 전구물질, 또는 LDL수용체의 합성을 억제하는 조절물질 등으로 사용된다. 콜레스테롤의 생체 수요가 충족된 나머지 LDL은 세망내피계의 청소세포에 의하여 분해된다. 이렇게 분해된 콜레스테롤이 혈액으로 들어오면 HDL과 결합한다. HDL은 지방분해효소(리파제)를 활성화시킬 뿐 아니라 조직침전물로부터 콜레스테롤의 제거를 촉진하므로, 일반적으로 '좋은 콜레스테롤'이라고 부른다.

고지혈증(고지단백혈증)은 콜레스테롤과 중성지방을 운반하는 지단백의 합성과 분해에 문제가 생겨서, 지질 수송에 이상을 일으키는 질환이다. 지단백이 증가하면 혈관에 기름이 많다는 뜻으로 기름이 혈관벽에 달라붙어 혈관벽을 좁게 하고, 탄력을 잃게 하며, 혈액의 흐름을 차단한다. 이러한 상태를 동맥경화라 하고, 그 자체는 문제가 없으나 2차적으로 협심증이나, 심근경색 등 심장병을 일으키고, 중풍이라 불리는 뇌줄중의 원인이 된다. 이외에도 췌장염이나 간 장애를 합병할 수 있으므로 임상상 매우 중요하다.

고지혈증은 혈중에 중성지방과 콜레스테롤의 혈중 농도가 상승하는 것으로 진단한다. 절대적인 기준은 없으나 일반적으로 혈중콜레스테롤이 160mg/dl 이하인 경우가 정상이고, 200~239mg/dl은 약간 이상, 240mg/dl 이상이면 적극적인 치료를 요하는 경우로 분류한다. 중성지방은 250mg/dl 이하가 정상이며, 그 이상이면 치료가 요망된다.

　　콜레스테롤과 중성지방의 농도를 통하여 지단백 상승의 성상(性狀)을 추정할 수 있다. 중성지방만 상승되어 있으면 킬로미크론, 또는 VLDL의 상승을 의미한다. 중성지방과 콜레스테롤이 동시에 상승되어 있으나 중성지방의 농도가 콜레스테롤의 5배 이상이면 킬로미크론, 또는 VLDL의 증가를 뜻하고, 이하이면 VLDL과 LDL이 동시에 증가되어 있을 가능성이 높다. 이것은 고지혈증의 유형을 판단하는 데 도움을 줄 수 있다.

　　고지혈증은 원발성과 속발성으로 먼저 나눈다. 원발성이란 식이 및 환경인자에 의한 이상, 그리고 지질과 지단백 대사에서 유전적인 결함에 의한 이상을 말한다. 대부분의 고지혈증이 환경적이지만, 더 많은 부분이 유전적 변이로 서로 다른 혈장 내 지질반응을 나타낸다.

고지혈증은 6가지 형으로 나눈다.
① 킬로미크론(식이성 중성지방)만 증가하는 1형
② 저비중지단백(콜레스테롤)만 증가하는 2a형
③ 저비중지단백과 초저비중지단백(콜레스테롤과 내부경로 중성지방)이 증가하는 2b형
④ 중간비중지단백과 킬로미크론잔유물(콜레스테롤과 중성지방)이 증가하는 3형
⑤ 초저비중지단백(내부경로 중성지방)이 증가하는 4형
⑥ 초저비중지단백과 킬로미크론(식이성과 내부경로 중성지방)이 증가하는 5형으로 구분한다.

유전적으로 고비중지단백이 증가되어 있는 가족성 고알파지단백혈증은 임상증세도 없고, 오히려 심장질환의 방지효과가 있어 수명이 긴 것으로 알려져 있다. 혈장 내 지질 측정과 임상증상으로 위와 같은 고지단백혈증을 구별하여 진단한다.

속발성고지혈증은 어떤 질환이나 약물에 의해 고지혈증이 유발되는 것이다. 가장 대표적인 것이 당뇨병과 술, 경구피임약이다. 이들은 대개 VLDL이 증가하다가 나중에는 킬로미크론이 증가한다. 이외에도 갑상선기능저하증(LDL증가), 쿠싱증후군, 신증후군, 신부전증, 급성간염, 간암, 통풍, 부신피질호르몬 다량 복용, 성장호르몬부족, 신경성식욕부진(콜레스테롤과 담즙산의 담도 분비감소) 등의 원인으로도 고지혈증이 유발된다.

치료에 있어 첫 번째 고려 사항은 고지혈증을 악화시키는 질병을 찾아보아야 한다. 그리고 동맥경화증을 악화시키는 인자를 제거하여야 한다. 고혈압과 당뇨병이 있으면 이를 반드시 조절하여야 한다. 술, 담배를 금하고, 경구피임약을 복용하지 않으며, 살이 쪘으면 적극적으로 살을 뺀다.(<표 2> 참조)

〈표2〉 고지혈증 환자가 유의하여야 할 요인

1) 고지단백혈증이 속발성으로 나타날 때 　① 갑상선기능저하증 　② 치료하지 않은 당뇨병 　③ 폐쇄성 간질환 　④ 저단백혈증(nephrosis) 　⑤ 이상단백혈증(골수종, 홍반성낭창, 　　　　　　　　마크로글로불린혈증)	3) 알코올섭취 4) 황색종 5) 과혈당증 6) 과뇨산혈증(통풍) 7) 췌장염 또는 재발성복통의 경력이 있을 때 8) 고지방단백혈성 황색종 또는 당뇨병
2) 식이 　① 포화지방 및 콜레스테롤양 　② 탄수화물의 많은 섭취 　③ 칼로리 균형(비만)	

　그 다음 치료에 중요한 것은 식사조절이다. 고지혈증이 있다고 당장 동맥경화나 황색종, 복통, 간 장애, 췌장염 등의 합병증을 동반하지는 않으나, 서서히 진행되고 있다고 보아야 하므로 장기간에 걸친 식이요법을 시행하여야 한다. 설혹 지질이 정상 범위까지 떨어졌다고 하더라도 지속적으로 관리를 해주어야 한다.

　식사는 칼로리를 제한한다는 점에서 기본적으로 당뇨병의 식이조절과 같다. 저칼로리 식사를 하고, 콜레스테롤 및 포화지방산(동물성 지질)을 제한하며, 불포화지방산(생선)을 보충한다. 우유, 버터, 치즈, 초콜렛, 조개류, 육류, 새우, 굴, 계란, 장어, 미꾸라지, 마요네즈, 튀김류를 제한한다.

지방은 전 칼로리의 30% 이내로 하고, 포화지방인 경우
에는 이보다 더욱 작게 한다. 콜레스테롤은 매일 300mg
이하로 하여야 한다. 이러한 식사는 유제품을 완전히 빼
고, 1주일에 1~2개의 계란과 지방을 뺀 육류를 먹으며,
단쇄지방산인 코코넛, 올리브유를 제외한 옥수수기름, 콩
기름, 목화씨기름(면화유), 잇꽃기름(홍화유)과 같은 불포화
성 야채유를 요리에 이용하는 것이다. 그리고 콜레스테롤
의 흡착을 방해하는 섬유질이 많은 채소와 과일, 마늘, 파,
양파, 버섯 등을 늘려야 한다. 각종 효소 제품을 추천할
수 있다.(<표 3> 참조)

고지혈증의 각 형에 따른 식이조절을 세분화하면 대체
로 아래와 같다.

① 식이성 중성지방이 많은 1형은 지방 섭취를 제한한다.
② 내부경로 중성지방이 많은 4형은 당분이 많은 탄수화
　물(설탕)을 제한한다.
③ 2a형은 콜레스테롤을 200mg 이하로 줄여야 한다.
④ 2b, 3, 4, 5형은 비만을 합병하는 경우가 많으므로 칼로
　리 제한이 우선이다. 탄수화물을 1일 150~200gm, 지방
　을 60gm 이하로 제한한다. 알코올은 특히 4, 5형에 좋지
　않다.

세 번째는 적절한 운동이 필수이다. 운동을 하면 혈행이

빨라지고, 칼로리가 소모되어 고지혈증을 완화하고, 동맥
경화를 예방할 수 있다. 지속적인 운동은 근육의 지단백리
파제의 활성을 상승시켜 중성지방과 총콜레스테롤량을 저
하시키고, 고비중지단백(HDL)은 호전시킨다고 한다. 간헐
적인 운동은 효과가 적고, 꾸준한 운동만이 지단백 이상을
개선하고, 혈압, 체중, 인슈린저항성에 영향을 주어 동맥경
화를 예방한다.

　네 번째 고려할 사항은 약물이다. 위와 같은 방법으로
효과가 없을 시에 시행하는 것이 원칙이다. 양방적으로는
콜레스타민 같은 담즙산 결합 레진으로 콜레스테롤을 함
유한 담즙산을 포착하여 대변으로 배설시키는 약물과 프
로바스티딘 같은 콜레스테롤 합성 과정을 차단하는 약물
이 대표적으로 쓰인다.

　한방에서는 고지혈증이 이른바 혈액이 탁한 '어혈(瘀血)'
에 해당한다는 것에 주안점을 두고 치료한다. 따라서 보혈
제(補血劑) 내지는 파혈제(破血劑)가 치료의 주재를 이루고,
'기가 체하면 혈이 정체한다(氣滯血瘀)'의 이론에 따라 기
를 순환시키는 향부자, 청피, 진피, 오약, 목향, 침향, 강진
향을 보조적으로 이용한다. 이러한 약재는 혈전의 형성을
막고, 동맥벽의 손상을 예방 또는 지연시키며, 나아가 혈
관의 내강이 좁아지거나 폐쇄되는 현상을 막는 효과를 기
대할 수 있다. 예방 효과와 치료 효과를 동시에 보는 것이
지만 양방약과 같이 강제적으로 지방을 배설시키는지는

확실하지 않다. 몇 가지 약재의 예를 들어 본다.

은행잎은 적혈구를 탄탄하게 해서 좁아진 혈관을 잘 통과시키는 효과를 나타내고, 지룡(地龍＝지렁이)과 수지(거머리)는 혈전을 용해하는 작용이 있으며, 소화제로 쓰이는 산사(山査), 필발(華撥), 양명경(陽明經)의 열을 없애는 갈근(葛根), 보혈제로 쓰이는 단삼(丹蔘), 어혈을 없애는 계혈등(雞血藤), 천궁(川芎), 홍화(紅花), 적하수오(赤何首烏), 강황(薑黃) 등은 동맥경화를 막고, 고지혈증을 내리는 효과가 있음을 약리적으로 인정을 받고 있다.

이 중에 은행잎과 지룡은 각각 기넥신 또는 징코민과 명심 또는 용심이란 상표로 시판되고 있다. 이들은 직접 달여 먹어도 같은 효과를 기대할 수 있다. 은행잎과 지룡, 수지는 1회 4gm 정도이고, 산사, 갈근, 단삼, 계혈 등은 15～20gm 정도 복용하며, 천궁, 홍화도 4gm 정도가 적당하다.

중국에서는 위와 같은 약리를 기초로 하여 동맥경화와 협심증치료제로서 관심2호방(冠心2號方)을 만들어 임상에 응용한 바 있으나, 한방의 방제 원리를 무시하고, 현대적인 약리만 중시한 탓으로 비판적인 시각이 있는 것도 사실이다. 그러므로 될 수 있는 대로 한방원리상 자신에게 알맞은 약재를 골라 단방으로 쓰거나, 또는 각각의 현재 몸의 상태나 체질에 맞는 기본방을 선택하고, 여기에 위의 약재 중 자신에 적합한 기미(氣味)를 갖춘 약물을 골라서 사용한다면 양약처럼 일률적으로 처방함으로써 생기는 부작용을 줄이면서 고지혈증을 치료할 수 있을 것으로 생각된다.

〈표 3〉식품군 분류표

	좋은 식품	조금 나쁜 식품	삼갈 식품
당질	밥, 면, 마카로니, 식빵, 메밀국수, 감자, 고구마, 콩류, 감귤, 사과	치즈마카로니, 스파케티, 미트소스	소반, 프렌치토스트, 버터, 마가린, 마른 샌드위치
단백질	어육튀김, 돼지다리, 어깨고기, 수육, 두부, 유부, 비지, 계란 흰자, 탈지분유, 요쿠르트, 어묵, 해삼, 고등어, 청어, 가자미, 가다랭이, 대구	전갱이, 정어리, 복어, 멸치, 게, 도루묵, 닭고기, 치즈, 우유	성게알젓, 뱀장어, 삼치 통조림(기름친 것), 오징어, 찐가자미, 문어, 연어알젓, 대구알젓, 말린청어알, 조개류, 뱅어포, 굴, 바지락, 돼지간, 닭내장구이, 곱창, 소간, 계란 노란자위, 메추리알, 생크림, 치즈크림
지방	식물성 기름(해바라기, 대두유, 홍화유, 참기름, 면실유)	식물성기름(마가린, 드레싱) 동물성기름(돈지)	식물성 기름(마요네즈) 동물성 기름(버터)
비타민, 무기질	모든 야채류, 버섯류, 해초류(미역, 다시마, 톳)		
기호품	된장, 간장, 샤베트, 전병, 녹차	홍차, 커피, 조미료	카스테라, 쿠키, 파이, 쵸코렛, 담배, 술

* 참고 : 관심2호방 : 단삼(丹蔘) 30gm, 강진향(降眞香), 적작약(赤芍藥), 천궁(川芎), 홍화(紅花) 각 15gm을 달여서 하루 3회에 나누어 복용한다.

당뇨병

당뇨병이란 공복 상태에서 혈액 내에 당이 높은 질환으로, 췌장에서 인슐린의 합성과 분비에 이상이 생겨 발생한다. 췌장은 위 밑에서 안쪽으로 포도송이 모양으로 매달려 있는데 길이는 12~15cm정도이다. 췌장조직을 현미경으로 보면 마치 섬처럼 보이는 특별한 세포들이 여기저기 보이는데 발견한 사람의 이름을 따서 랑겔한스섬이라 부른다. 이 랑겔한스섬의 베타세포에서 분비되는 호르몬이 인슐린으로서 혈액 속에 운반된 포도당을 필요한 곳에 운반해 주는 구실을 한다.

포도당은 모든 세포의 생명을 지키고, 기능을 수행하는 데 필요한 연료이며, 인슐린은 이를 운반해 주는 화물차에 해당한다고 할 수 있다. 인슐린이 부족하면 쓰이지 못한 포도당이 혈액에 넘쳐나게 되고, 세포 속에서는 필요한 연료가 부족하게 되어, 눈, 신장, 신경, 혈관 등에 여러 가지 합병증이 발생한다.

당뇨병 환자들은 발병기간, 합병증의 유무, 성별, 병증
정도, 개인의 지능이나 성격 편차에 따라 서로 다른 여러
가지 증상을 나타낸다.

흔히 알려진 많이 먹고(多食), 많이 마시고(多飮), 소변
횟수와 양이 많아지는(多尿) 3대 증상이 대표적이다. 그밖
에 자꾸 피로를 느끼고, 손발이 저리며, 습진과 음부소양
증이 잘 생기고, 외상이 생기면 화농이 되어 치료가 잘 안
되며, 체중이 감소한다. 체중이 오히려 느는 사람도 있으
므로 체중의 급격한 변화에 주의할 필요가 있다. 신경증상
으로 두통, 현기증, 기억력감퇴, 시력장애, 성욕감퇴, 감각
의 이상이 있으며, 오줌에 거품이 생기고 악취가 나며, 때
로는 식욕이 감퇴되고, 복통, 구토 등의 위장증상을 일으
키기도 한다.

그러나 이러한 전형적인 증세가 없으면서 혈당만 높아
져 있는 경우도 많다. 표준화된 경구 당부하 검사에서 고
혈당이 검출될 수가 있는데, 이것은 스트레스로 인하여 에
피네프린이 과다하게 분비되는 때문으로 생각된다. 에피네
프린은 인슐린 분비를 억제하고, 글루카곤 분비를 자극하
며, 당원분해를 활성화시키고, 표적조직에서의 인슐린작용
을 저해하여, 간내 당생성이 증가하고, 외부의 당부하에
따른 분해능력을 손상시키기 때문이다.

따라서 미국 국립당뇨병연구그룹에서 다음과 같은 당뇨
병 진단 기준을 제시하였다.

① 공복시 정맥혈장에서 최소 2회 이상 포도당 농도가 140mg/dl 이상일 때

② 75gm 포도당 섭취 후, 또는 식사 후 2시간에 2회 이상 200mg/dl 이상일 때 당뇨병이라 진단하고, 식후 2시간 혈당 값이 140~200mg/dl 사이이고, 2시간 이내 한 번은 200mg/dl 이상이면 '불내당능(impaired glucose tolerance)'이라고 하였다.

당뇨병은 동반된 질환이 없는 1차성과 원인 질환이 있는 2차성으로 나눈다. 1차성은 다시 소아형당뇨병이라 일컫는 인슐린의존형 당뇨병(제1형당뇨병)과 성인형 당뇨병이라고 하는 인슐린비의존형 당뇨병(제2형당뇨병)으로 나눈다.

인슐린의존형 당뇨병은 유전적 감수성에 바이러스나 음식 등 알 수 없는 환경인자가 영향을 미치어서 췌장의 베타세포가 자신의 세포가 아닌 비자기로 변환되어 집중적으로 파괴되므로써 생기는 자가면역질환이다.

인슐린비의존형 당뇨병은 인슐린분비장애와 저항성이 특징이다. 혈중의 인슐린이라고 할지라도 표적조직의 인슐린수용체와 결합을 하여야 하는데, 인슐린저항성이란 인슐린이 비정상적이거나, 인슐린항체가 형성된 경우, 저장된 수용체가 수적으로 부족한 경우, 또는 어떤 이유로 인슐린 작용을 길항하는 성장호르몬과 코티솔이 많아지면 결국 비활동형으로 남게 되어 결과적으로 인슐린의 부족을 초래하는 것이다. 대부분의 인슐린비의존형 당뇨병환자는 비

만하고, 비만 그 자체가 인슐린저항성을 유발한다. 그러나 인슐린비의존형 당뇨병환자에서 비만이 아닌 가족들이 고인슐린혈증과 인슐린감수성의 저하를 가진다는 것은 비만이 인슐린저항성을 유발하는 유일한 원인은 아니라는 것을 증명한다. 인슐린치료를 시작한 환자의 약 0.1%에서 인슐린항체에 의한 심각한 저항성을 보인다고 한다.

우리가 일반적으로 당뇨병이라고 하는 것은 1차성당뇨병을 말한다. 2차성당뇨병은 다음과 같이 나누어 볼 수 있다.

첫째는 췌장 자체의 문제이다. 이를테면 췌장염이나 췌장암으로 췌장을 떼어버리면 췌장에서 인슐린을 생산하지 못하므로 당뇨병이 되고 만다. 알콜성만성췌장질환이 대표적이다.

둘째는 인슐린과 반대로 작용하는 호르몬이 많아지는 질환이다. 갑상선기능항진증, 쿠싱증후군, 스테로이드투여, 갈색세포종 등 내분비질환, 심한 화상이나 급성심근경색, 생명에 위협적인 질환과 관련된 스트레스성고혈당, 지방이영양증, 위축성근경직증, 모세혈관확장증 및 운동실조증 등 유전질환과 관련된 당뇨병이다.

그러면 1차성당뇨병의 원인은 무엇일까?

첫째는 유전이다. 그러나 양친이 모두 당뇨병이라고 자식들이 모두 당뇨에 걸리지는 않는다. 즉 당뇨병에 걸리기 쉬운 소질이 유전되는 것이며, 여기에 인슐린 수요가 극도로 증가하는 과식이나 비만 등 환경적 인자가 겹치면 발병하는 것이다. 거꾸로 과식 습성을 가지고 있거나 비만하다고 반드시 당뇨병이 되는 것은 아니지만 친척 중에 당뇨병환자가 있다면 그 확률은 높아질 수밖에 없다.

생활이 향상되고, 음식섭취가 서구화될수록 당뇨병환자가 늘어나는 것은 당연하다. 더구나 복잡한 현대 생활은 과도한 스트레스를 부과하기 때문이다. 따라서 두 번째 원인은 비만과 칼로리 과다섭취이다.

기타 원인으로는 잦은 임신과 감염, 외상, 스트로이드약제가 유발인자가 된다. 임신 중에는 분비가 증가하는 태반호르몬과 부신의 스테로이드호르몬이 인슐린과 길항작용을 하기 때문이며, 감염이나 외상 때도 생체 내의 염증반응이나 과도한 스트레스에 대한 반응으로서 카테콜라민이나 글루코코티코이드 같은 항인슐린호르몬 분비가 많아지기 때문이다. 연령상으로는 40~50대에 가장 많이 발병하는데, 이 역시 몸의 퇴화로 여러 가지 내분비기관이 쇠퇴하고, 비만도 생기며, 사회적 스트레스가 많아지는 까닭으로 생각된다.

당뇨병을 치료하지 않으면 급성적으로는 당뇨성혼수나 케톤산혈증, 감염증이 올 수 있고, 5년 이상 경과하면 만성합병증으로 손발이 양측으로 저리거나 아프고, 이상감각을 호소하는 당뇨병성신경병증, 족부궤양, 신증후군, 망막병증, 관상동맥과 뇌혈관의 동맥경화, 양위증(발기부전), 무증상심근경색, 고혈압, 중풍 등의 순환기질환이 올 수 있

다. 그러나 당뇨병은 관리만 잘 하여 혈당을 엄격히 조절
한다면 어떤 증상의 발현은 물론 합병증을 어느 정도 막
을 수 있다. 따라서 너무 겁을 먹을 필요도 없고, 그렇다
고 안이하게 대처할 증상도 아니다. 당뇨병은 맹장염처럼
한 번의 수술로 끝나는 병이 아니며, 평생을 본인의 노력
하에 인내하며 조절하여야 하는 병이기 때문이다. 따라서
본인이 당뇨병에 대하여 정확하게 인식하는 것이 무엇보
다 중요하다. 당뇨병을 단번에 끝내려고 이 약 저 약 좋다
는 약을 먹다가 오히려 증상만 악화시키는 일이 비일비재
하다.

  당뇨병의 치료는 크게 3가지로 나눈다.

첫째는 식이요법이고,
둘째는 경구혈당강하제와 인슐린주사제 투여로 대별되는
  약물요법이며,
셋째는 운동요법이다.

  운동요법은 체중조절과 스트레스 해소에도 중요한 구실
을 할 뿐만 아니라, 운동을 함으로써 인슐린 수요량을 감
소시키고, 당질대사와 지질 및 단백질대사를 개선시켜 세
소혈관의 장애를 예방하고, 진행을 방지하며, 당뇨병의 비
특이적인 죽상경화증을 막아준다. 더욱이 운동에 의해 혈
당치가 저하되고 장시간 낮은 양이 유지된다는 점은 매우

중요하다. 운동은 개인의 기호에 따라 장기간 계속할 수 있는 것을 선택하도록 한다.

식이요법은 잘못 이해하고 있는 경우가 많은데, 설탕을 먹으면 안 된다던가, 보리밥, 현미를 먹어야 한다는 말이 그것이다. 중요한 것은 어떤 것을 먹어도 상관은 없으나 칼로리 섭취량을 먼저 제한하여야 한다. 쌀밥이나 설탕은 열량에 비해 쉽게 배가 고파져서 식이요법을 그르칠까 나온 말로 생각된다. 따라서 당뇨환자는 영양사에 의하여 잘 짜여진 식단과 교육을 받아야 한다. 탄수화물, 지방, 단백질의 비율과 세밀한 식품교환군을 알아두어야 하기 때문이다. 만약 초기에 훈련이 필요하다면 큰 병원에서 일주일 정도 입원치료하는 것도 한 방법이다. 당뇨의 정도와 개인적인 관리 능력에 따라 다르겠지만, 아래에 대체적인 칼로리 섭취량을 알아본다.

체중에 기초를 두고 열량 섭취를 조절한다. 칼로리 요구량은 나이와 성별에 다르다.
① 평균활동을 하는 18세 남자 ― 42Kcal/kg
② 평균활동을 하는 75세 여자 ― 33Kcal/kg
③ 평균적으로 남자는 36Kcal/kg, 여자는 34Kcal/kg이나, 마른 사람은 40Kcal/kg을 공급하여 약간 살찌게 하고, 뚱뚱한 사람은 30Kcal/kg을 공급하여 약간 마르게 하는 것이 필요하다.

단백질의 하루 최소 요구량은 0.9gm/kg이고, 탄수화물은
전체 섭취량의 40~60%로 하며, 아침, 점심, 저녁의 비율
은 20 : 35 : 30으로 하고, 나머지 15%는 저혈당에 빠지는
것을 방지할 목적으로 야식으로 제공하며, 같은 이유로 홍
당무 같은 섬유소와 찹쌀 같은 간식을 아침과 점심 사이
와 점심과 저녁 사이에 공급하면 좋다.

기타 유의해야 할 사항

① 술

앞서 언급했듯이 당뇨병은 총 칼로리 섭취량이 중요하
다. 위스키 한 잔이면 밥 한 공기에 해당하는 열량을 가지
고 있으므로, 그에 해당하는 만큼 식사량에서 줄이면 된
다. 맥주와 청주도 한 컵 정도는 허용이 된다. 그러나 그
양이 매우 소량이고, 음주시에는 안주를 먹게 되므로 지키
기가 매우 어렵다는 게 현실이다. 더구나 당뇨병환자들은
대개 심장이나 혈관, 또는 간장에 장애가 있다. 알코올 자
체가 간경화증과 췌장질환의 원인이 될 수 있고, 중성지방
을 증가시켜 동맥경화를 촉진시키며, 경구혈당강하제와 알
코올을 같이 먹으면 급성중독과 심한 저혈당증이 나타날
수 있으므로 절대로 금하여야 하는 것이 원칙이다.

* 참고 : 혈당강하제를 먹지 않는 사람이 사회생활상 부득이 술을
  먹는다면 2단위(160Kcal)까지 허용한다. 식품을 실생활에 편리하

게 이용하기 위해 단위제도로 하여 1단위를 80Kcal로 정의하였
다. 위스키나 브랜디는 30cc가 1단위이고, 맥주는 220cc, 청주는
75cc가 1단위이다.

② 담배

담배는 칼로리가 없다. 그러나 담배의 주성분은 니코틴
이란 알칼로이드이고, 이것은 혈압을 올리고, 신경, 혈관계
에 지대한 영향을 미친다. 니코틴 자체가 카테콜라민분비
를 증가시켜 혈당을 올리기도 한다. 또한 담배의 불완전연
소로 인한 일산화탄소는 혈구 속의 헤모글로빈과 결합하
여 산소의 운반을 저해한다. 동맥경화를 촉진하는 인자로
고지혈증, 당뇨병, 고혈압, 비만과 함께 담배가 포함되어
있다는 점을 유념해야 할 것이다.

③ 비만

당뇨병, 고혈압, 비만은 3대 성인병의 하나로서 긴밀한
상관관계가 있고, 반드시 조절하여야 하는 일종의 병이라
는 인식이 확산되고 있다.

④ 위생관리

항상 피부를 청결히 하고, 구강관리에도 관심을 기울여
감염을 막아야 한다. 당뇨병이 있으면 피부병이 잘 생기
고, 구강 내의 잇몸, 점막, 혀, 치아지지조직에 염증을 잘
일으키며, 충치가 생기기 쉽다. 당뇨병을 조절하지 않고

10년 이상 경과하면 하지의혈관과 신경장애로 지각신경이 둔화되어 잘 다치고, 일단 상처를 받으면 잘 치유되지 않으며, 감염이 속발되어 당뇨병성 괴저를 일으킨다.

한방에서의 당뇨

한방에서 당뇨병을 소갈증(消渴症)이라 한다. 소(消)는 소(燒＝탄다)란 뜻도 있고, 소모한다는 뜻도 있어 갈증과 염증을 잘 일으키고, 소모성질환이라는 것을 알 수 있다. 이제마의 동의수세보원에서 옹저(癰疽＝종기의 일종)와 안병(眼病)은 모두 중소(中消)의 변증(變症)이라고 한 것이나, 득효방(得效方)에 소갈증에 뜸을 뜨면 농수(膿水)가 잘 아물지 않으므로 뜸을 뜨지 말라고 한 것으로 보아 당뇨의 합병증을 잘 인식하고 있었다는 것을 알 수 있다. 소갈증은 병인과 증상에 따라 상소(上消), 중소(中消), 하소(下消)로 나누어 치료한다.

상소(上消)는 혀가 갈라지고, 갈증이 나며 물을 많이 마시는 것이 주증상이다. 병인은 폐에 있다. 비위(脾胃)에서 소화흡수가 되고, 에너지화하여 폐로 가서 폐기(肺氣)가 충만함으로써 전신의 기를 조절하여야 하는데, 비위가 기능하지 못하므로, 비위의 승양지력(升揚之力)이 부족하여 폐금(肺金)을 충분히 적시지 못하므로 폐기(肺氣)가 자꾸 마르게 되므로 갈증이 나는 것이다.

중소(中消)는 잘 먹는데도 살이 마르고, 식은땀이 나며, 대변이 딱딱하고, 소변이 잦은 병이다. 비위(脾胃)에 원인이 있다. 비위 자체가 망가져서 열독(熱毒)이 쌓이므로써 양기(陽氣)의 생성 자체가 안 되는 것으로 열이 성하므로 음식은 당기나 양기는 부족한 증상이 생기는 것이다.

하소(下消)는 가슴이 답답하고, 입이 마르며, 소변을 자주 보는데 쌀뜨물처럼 뿌옇게 나오고, 하체가 자꾸 마르는 증상으로 신장에 병인이 있다. 비위(脾胃)의 열사(熱邪)가 토극수(土克水 : 토가 수기를 범함. 즉 토는 비위이고, 수는 신장이다)의 현상으로 신장을 작용하지 못하게 하여 음극생양(陰極生陽)하지 못하는 까닭이다.

음극생양이란 음의 대표적 장기인 신장에 내포된 양의 기운이 위에 있는 심장에 연접이 되게끔 하는 것으로 쉽게 설명하면 신장의 재흡수 과정이나, 신체의 말초까지 혈액이 왕성하게 뻗치는 것은 음극생양이 잘 되는 것이다. 음극생양이 안 되므로 몸에 필요한 물질까지 다 밖으로 배설되어 소변이 뿌옇게 나오고, 수족 말단에 신경병증이 오며, 궤양이 생기는 합병증이 생길 수도 있는 것이다.

이제마 선생은 소양인병리 설명에서 위국의 청양한 기운(胃局淸陽)이 두면(頭面)과 사지에 이르지 못하면 상소병이요, 대장의 청양한 기운(大腸淸陽)이 위(胃)에 충족하게 이르지 못하면 중소병이라고 하였는데, 이는 곧 소양인은 위장의 양기가 성하여 이것이 병사로 작용함으로써 정상적인 양의 활동을 가로막은 상황으로 본 것이다. 따라서 상소는 음기가 명치까지는 작용하나 가슴은 양열이 성한 증이요, 중소는 음기가 배꼽까지는 있으나 위(胃)와 가슴은 양열이 성한 증이며, 하소는 가슴과 위, 아랫배 모두 음기는 하나도 없이 양열이 성한 증상이다.

이상에서 보면 한방의 소갈증은 상, 중, 하소로 구분을 하였으나 양방의 당뇨병과 마찬가지로 기본적으로 췌장질환(한방의 비장은 현대의학적으로 췌장에 해당)으로 인식하였다는 점에서는 일치하고, 각종 증상과 합병증을 음양론적으로 해석하였다는 차이가 있다. 양방에서는 병인을 췌장의 베타세포에서의 인슐린분비와 조직세포의 인슐린 저항성으로 보았다면, 한방에서는 비위장의 습열이 쌓여 병독으로 작용함으로써, 다른 기관에 영향을 미쳐 각종 증상을 나타내고, 하수가 정화되지 못하여 고이면 하수관이 썩고, 열이 나듯이, 혈관이 습열독으로 인해 기혈의 흐름을 제대로 전하지 못하므로 피부병이 생기고, 상처도 잘 안 낫는 등의 증상이 나타난다고 인식한 것이다.

따라서 치료에 있어서 크게 2가지 방면으로 생각할 수 있다. 하나는 비위장에 쌓인 열독 자체를 빼서 순수한 에너지(淸陽이라고 표현한다)가 두면(頭面) 및 사지 구석까지 잘 이르도록 하는 것이다. 방법으로서 열독을 찬약으로 중화시키는 방법과 대소변으로 내보내는 방법이 있다. 비유컨대 솥의 열을 빼낼 때 찬물로 식히는 것과 열의 근원인 장작불을 빼내는 것(釜底逐薪)과 같은 이치이다. 후자의 경우 다급한 증상에는 훨씬 신속한 효과를 나타낼 수 있을 것이다. 물론 열을 식히는 약에는 대부분 이뇨작용이나 통변작용을 겸유한 경우가 많으므로 약의 특성을 가려 적절히 쓸 수 있다.

또다른 하나는 열독으로 신장이 망가져 원음의 기(元陰之氣)가 손상되어 음극생양(陰極生陽)이 안 되므로 음기를 도와주는 것이다.

열독을 없애는 대표적 처방으로는 후세방의 조위승기탕, 인삼백호탕이 있고, 사상방으로 양격산화탕을 쓸 수 있으며, 음기를 돕는 처방으로서 후세방의 육미지황원, 팔미원, 사상방으로 숙지황고삼탕을 쓸 수 있다. 여기에 상소증상이 심하면 맥문동, 천문동으로 폐의 진액을 돕는다던가, 열이 많으면 황금, 황련, 지모, 황백을 적절히 가한다. 또한 비의 기운을 살리기 위해 사군자탕이나 보중익기탕, 또는 산약, 백편두 같은 약재를 생각할 수 있고, 갈증이 심하면 천화분, 갈근, 상엽, 상지, 오미자, 오배자를 적의(適宜) 가감할 수 있다.

위 처방 중에 인삼이나 육계, 부자가 들어갈 수 있는 것은 음 중의 양기를 도울 필요가 있다고 보기 때문이다. 사상의학은 각 체질의 장부대소에 따라, 또 같은 체질일지라도 성정의 편차에 따라 기의 승강을 조절해줌으로써 당뇨병과 같은 만성질환에 유익하게 이용될 수 있다.

즉 인삼, 육계, 부자 같은 보기보양약(補氣補陽藥)은 소음인에게 적당하고, 숙지황, 산수유 같은 보음약(補陰藥)과

석고, 고삼, 황련, 황백, 지모 같은 청열약(淸熱藥)은 소양
인에게 적당하며, 맥문동, 천문동, 오미자 같은 진액을 돕
는 약은 태음인에게 유용하게 쓸 수 있는 약들이다.

▣ 처방전

조위승기탕(調胃升氣湯)

대황(大黃) 16gm
망초(芒硝) 8gm
감초(甘草) 4gm
* 망초는 별봉하여 나중에 첨가하여 짧게 가열함.

인삼백호탕(人蔘白虎湯)

석고(石膏) 20gm
지모(知母) 8gm
감초(甘草) 2.8gm

양격산화탕(凉膈散火湯)

생지황(生地黃), 인동등(忍冬藤), 연교(連翹) 각 8gm
치자(梔子), 박하(薄荷), 석고(石膏), 지모(知母), 방풍(防風),
형개(荊芥) 각 4gm

숙지황고삼탕(熟地黃苦蔘湯)

숙지황(熟地黃) 16gm
산수유(山茱萸) 8gm
백복령(白茯苓), 택사(澤瀉) 각 6gm
지모(知母), 황백(黃柏), 고삼(苦蔘) 각 4gm

치매(痴呆)

    개인적인 불행 내지는 가정 내 문제로 치부되어 왔던 치매는 노령화사회에 접어들면서 점차 그 수가 많아지고 있으며, 한 가정의 문제를 떠나 국가적인 대책이 시급히 요구되는 질환이다.

    노인을 공경하고, 모시는 마음이 예전 같지 않은 시대에 자신이 언젠가 해당할 지도 모르는 노인성치매에 대해 알아두는 것은 의미가 있을 것이며, 사회적인 분위기를 조성하는 데도 일조할 것으로 생각된다.

    통계마다 다르지만 치매의 이환율은 65~70세에서 인구의 2%, 80세 이상에서 20% 정도라고 한다. 나이를 먹을수록 이환률이 급격히 증가하는 것은 분명하지만 90~100살이 넘어서도 지적기능에 손상이 없는 경우가 허다하고, 유전적 소인이 일부 가족에서는 보이지만, 이런 경우는 20% 이하이며, 일단 치매가 발생하면, 그 기반이 되는 질환이 치료가 된다 하더라도 원래의 상태로 될 수는 없으므로 평소의 건강관리로 예방에 중점을 두어야 한다.

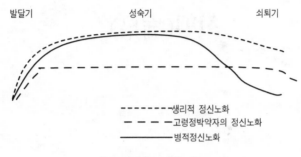

[그림 1] 정신의 노화에 따른 모식도

치매는 모든 정신기능의 지둔 및 퇴화로서, 지적기능이 결손되고, 추상적 사고가 불가능하며, 인격 붕괴가 뒤따르는 노화현상의 하나라고 정의할 수 있다.

정신기능은 독자성이 있어서 뇌의 노화가 정신의 노화를 결정하는 데 일정한 의의를 가지는 것은 틀림이 없으나, 정신의 노화와 뇌의 노화가 반드시 일치하지는 않는다. 또 뇌의 노화는 유전적인 영향이 중요하겠으나, 그 사람이 처한 정신적, 육체적 환경에 의하여 2차적으로 받는다는 것을 염두에 두어야 한다.

뇌의 신경세포는 성숙기를 지나면 점차 그 수가 감소하고 위축하기 시작하고, 비재생세포계에 속하므로, 한 번 파괴되면 복구되지 않고, 개체의 수명과 운명을 같이 한다. 노화로 인하여 신경세포의 수와 뇌의 크기가 점진적으로 감소된다 하더라도 병이 없는 경우 중요한 지능의 저하를 동반하지는 않는다. 따라서 치매를 일으키는 데 필요한 신경세포의 손상받는 위치와 수를 확립하기는 어렵다.

실제로 뇌의 크기는 지적기능의 지침이 되지 못한다. 50대의 퇴행성 치매환자의 뇌는 70대의 지적으로 정상인 환자의 뇌보다 크다. 그렇다 하더라도 치매의 초기증상은 치매의 과정이 어디에서 시작하느냐에 달려 있다.

치매는 대뇌피질질환(예를 들면 알츠하이머병), 대뇌기저핵, 시상과 깊은 백질과 같은 피질하구조물의 질환(예를 들면 헌팅톤병, 다발성 경화증)에 의해 생긴다. 피질성치매는 언어, 지각, 계산력 같은 인지기능의 소실이 특징인 반면, 피질하치매는 인지와 정보처리 과정의 완만성, 정서의 단조로움, 그리고 동기, 기분, 각성의 장애를 보인다. 기억은 양쪽 모두에서 장애를 보인다. 그러면 뇌의 노화에 따른 정신증상을 살펴보자.

노화는 생리적 노화와 병적 노화로 구분한다. 생리적 노화는 일반적이며, 내재적인 연령변화이다. 병적 노화는 각종 외인이나 병적 과정이 가해진 변화이다. 생리적 정신노화는 기억하는 능력(記銘力)과 학습력의 저하에 그칠 뿐 <그림 1>에서처럼 완만한 감퇴를 보이며, 일상생활의 지장을 초래하진 않는다. 그러나 병적 정신노화는 쇠퇴되는 속도가 빠른 것이 특징이고, 광범위한 영역에서 지남력을 상실하여 일상생활에 지장을 초래한다. 생리적 정신노화는 대체로 건망증이라고 임상적으로 부르고, 병적 정신노화는 치매라고 부른다. 따라서 이들은 반드시 구분하여야 한다. 노화에 따른 경한 정도의 건망증은 신체적으로나 정신적으로 민첩성이 떨어지고, 사고가 경직되어 행동이 굼뜨고, 이해가 더디지만 더 이상 심한 장애로 진행되지는 않으나, 치매는 진행성이라는 데 큰 특징이 있다.

1. 건망증

건망증은 측두엽의 병변을 포함하는 것으로 알려져 있으며, 주요 특징은 의식이 정상 수준인데도 불구하고 새로운 정보를 회상하는 것이 불가능하다. 질병이 발생하기 이전의 기억은 비교적 정상이지만 새로운 사건에 대한 기억은 심하게 손상받는다. 직접기억은 온전하기 때문에 잠시 정보를 습득하지만, 다른 일에 주의를 돌리면 곧 잊어버린다.

환자는 현재를 잠시 방문하는 방문자일 뿐이며, 그들의 내부세계는 먼 과거의 기억만으로 채워져 있다. 건망증을 보상하기 위하여 그럴듯하게 꾸며서 진짜와 가짜를 합성하여 대답을 한다. 새로 배우는 일은 잘 못하지만 촉각적이거나 시각적인 미로찾기, 피아노, 컴퓨터 같은 작업은 열심히 하면 느리지만 배울 수 있다.

건망증의 전형적인 예는 만성알콜중독에서 속발하는 코

르사코프증후군이며, 이외에 두부손상으로 인한 외상 후 건망증(속칭 기억상실증), 일시적으로 갑자기 2~12시간 동안 기억을 못하는 일과성 건망증, 감정적 스트레스로 인한 히스테리 상태에서 발생하는 심인성 건망증이 있다.

2. 치매

저자에 따라 65세 이전에 발생한 치매는 초로성 치매, 그 이후에 발생하는 치매를 노인성치매로 구분한다. 이 구별은 젊은 사람은 신경세포의 변성(퇴화, 노쇠)가 드물고, 노인은 혈관성질환이나 노쇠가 많다는 데 기초하지만, 연령에 상관없이 치매환자의 중요한 임상적 증상이나 신경병리학적, 생화학적 모습이 같기 때문에 명확히 구분하기는 어렵다.

치매의 가장 흔한 원인인 알츠하이머병은 초로기치매, 또는 원발성치매로 분류한다. 서양에서 병원에 의뢰된 치매환자에서 알츠하이머병이 50~90%를 차지하고, 혈관성이 5~10%를 차지한다. 알츠하이머환자를 부검해 검사해 보면 지능손실의 원인이 뇌경색인 경우가 15%로서 이를 혼합치매라고 한다. 알코올에 의한 치매는 5~10%를 차지하고, 대사성장애, 뇌종양, 경막하출혈, 수두증 같은 뇌질환에 의한 경우는 10% 정도이다. 기타 헌팅톤병(헌팅톤무

도병 : 유전), 크로이츠펠트-야콥병(피질선조척수변성에서 볼 수 있는 전신권태, 근긴장, 운동완서(緩舒), 협동운동장해, 연하곤란, 구음불능 등의 증상), 픽병(뇌엽위축 : 유전) 등은 1~2%를 차지한다. 에이즈감염 환자의 30~40%에서 치매가 발생하며, 특히 젊은 환자에서 중요하다. 이들 중 가장 많은 비율을 차지하는 알츠하이머병과 혈관성치매에 대하여 알아본다.

1) 알츠하이머병(원발성치매)

알츠하이머병은 중년 후반부에 오는 점진적 치매로 1907년 독일의 신경과의사인 알츠하이머에 의해 55세에 사망한 중년 여성의 임상적, 병리학적 소견이 처음 기술되었다. 그래서 이런 증례를 보통 초로성치매라 하였고, 이후 많은 노인들이 점진적으로 정신기능이 퇴화하면서 사망하는 예가 늘어나자 이를 노인성치매라 하였다. 그리고 이들 노인성치매는 초로성치매와 똑같은 뇌병변이 발견되고, 임상적으로 큰 차이가 없으므로 알츠하이머 유형의 노인성치매라고 부른다.

뇌의 측두엽, 두정엽, 전두엽의 피질조직이 손상되어 치매가 생긴다. 뇌 위축에 의하여 뇌실이 확장되고, 뇌구(뇌주름)의 공간이 증가한다. 조직학적으로 신경원세포의 변성, 신경돌기(축삭과 수상돌기)가 두꺼워져 원 모양으로 집단을 이루어 피질 내에 보이는 노인반이 뚜렷이 증가되어

있고, 특히 기억력과 관계 있는 해마와 측두엽에 현저하
다.(註 : 이는 콜린성 활동의 감소에 의해 부분적으로 매개된다.
이를 근거로 약물학적인 교정을 시도하는데, 대표적인 약물이
아세틸콜린 트렌스퍼나제(acetylcholine transfernase) 억제제인 테
트라하이드로아미노아크리딘(tetrahydroaminoacridine)은 일부
정신기능을 제한적으로 개선시키지만, 간독성의 문제를 가
지고 있다.) 동시에 노르에피네프린(norepinephrin), 세로토닌
(serotonin), 도파민(dopamine), 글루타메이트(glutamate), 소마토
스타틴(somatostatin) 등 신경전달물질의 활동이 또한 감소하
게 된다.

이런 변화들은 뇌혈류의 감소와 산소, 당의 대사 감소를
동반하여 기억력장애로 이어진다. 증상 발현 후 사망까지
의 평균기간은 8년이며, 2년에서 15년의 범위를 갖는다.
젊은 환자일수록 병의 경과는 빠르다. 초기증상은 처음에
뇌의 어느 부위를 침범했는지에 따라 다르다.

발병은 모르는 사이에 진행하여 꼭 집어 말할 수 없다.
처음부터 기억장애와 방향상실이 나타나 자신이 잘 알고
있는 장소조차 틀린다. 통찰력도 없어지고, 자발성과 주도
성이 소실된다. 초기에는 뚜렷한 치매에도 불구하고, 사회
적 예절이나 인격 수준이 잘 유지되고, 일상적인 행동과
단순한 대화는 정상이다. 친구와 친지들은 환자가 낯선 상
황에 접하게 되지 않는 한 눈치채지 못한다.

질병이 진행됨에 따라 의복과 외모, 개인위생은 무시되
기 시작한다. 점차 기억, 언어, 행동의 장애가 두드러져 자

신을 돌볼 수 없게 되고, 질문을 계속 반복하거나 했던 말
을 또 하며, 친구와 친척을 알아보지 못하게 된다. 안절부
절하고, 단조로운 반복성 다동(多動)증상이 나타난다. 세탁
물을 몇 번이나 접었다 펴고, 실내의 물품이나 가구를 끊
임없이 바꿔놓는다. 망상과 편집병, 그리고 환각이 일어날
수 있다. 이 단계에서 검사하면 의식은 명료하나 시간과
장소에 대한 지남력이 없고, 최근과 먼 과거에 대한 기억
이 떨어진다. 숫자외우기는 보통 보존된다. 구부정한 자세,
느리고 발을 질질 끄는 걸음, 느릿한 움직임과 근긴장과
강직을 포함하는 추체외로 증상이 보인다. 경련발작은
¼ ~ ⅛ 증례에서 보인다고 한다.

　마지막 단계에서 환자는 잘 못 움직이고, 말이 없으며,
대소변을 자기도 모르게 싸게 된다. 친지를 알아보지 못하
고, 인지능력 검사는 불가능해진다. 간질과 간대성근경련
은 두드러지게 나타나며, 체중이 줄고, 쭈그러진 외모로
되고, 병발성 감염에 의하여 죽음에 이른다.

2) 혈관성치매

　동맥경화로 인하여, 뇌의 여러 부분에 발생한 뇌경색이
원인일 때 다경색성치매라고 한다. 다경색성치매는 모든
형태의 뇌혈관질환으로부터 발생할 수 있으나, 가장 흔하
게는 심장이나 경동맥으로부터 양측 대뇌의 색전증이 반
복될 때 생기고, 단 한 번의 심한 저혈압이나 심정지(心停

止)로 인하여 양측 대뇌에 심한 손상이 있을 때 발생하기도 한다.

다경색성치매는 혈관염에 의하여 작은 혈관들에 광범위한 이상이 있거나, 중요한 부위에 발생한 큰 경색, 그리고 작은 혈관들에 고혈압성 변화가 있을 때 이차적으로 발생하는 열공상태(lacunar infarct)와 같이 피질하구조물에 2~5mm 정도로 작은 뇌경색이 다발성으로 있을 때도 발생한다. 고혈압이나 동맥경화로 인하여 피질하 백질에 공급하는 깊숙이 통과하는 혈관과 모세혈관이 두꺼워지는 피질하 동맥경화성뇌증도 치매를 일으킬 수 있다.

진단은 치매가 갑자기 발생하였고, 과거에 뇌졸중의 병력이 있다면 의심할 수 있다. 알츠하이머병이 지속적으로 진행하는 것과는 대조적으로, 혈관성치매는 일정 기간 동안 호전되었다가 단계적으로 악화되는 것을 반복하는 양상을 보인다. 고혈압은 혈관성치매에서는 흔하지만 알츠하이머병에서는 드물다. 야간성착란, 비교적 잘 보존된 인격, 감정의 불안정, 신체에 대한 불평, 우울증은 혈관성치매에서 더 자주 나타나지만 진단에 도움을 줄 정도는 아니다. 인지기능의 장애 외에 시야결손, 편마비, 가성구근마비(pseudobulbar palsy), 아킬레스건반사를 포함하는 국소신경증상이 있으면 혈관성치매를 의심할 수 있다. 종양과 같은 다른 신경계 원인과 감별하여야 한다.

3. 진단 및 치료

진단은 치료 가능한 질환인가를 감별하는 데 중점을 둔다. 혈관성치매는 당뇨병, 고혈압, 고지혈증, 관상동맥질환이 선행 원인이므로 이를 조절해 준다. 홍역바이러스나 뇌매독, 에이즈 같은 만성감염에 의한 치매는 치료될 수 있는 치매이므로 중요하다. 뇌종양 중에 전두엽에 생기는 수막종(meningioma)은 치매의 주요 원인 중 하나이고, 양성이므로 완치가 가능하다. 대사성질환으로 갑상선기능저하증은 치매를 나타내는 흔한 질환이며, 가역성치매이다. 독성장애로서 알코올, 정신치료제(수면제, 진정제, 진통제, 항우울제), 파킨슨병치료제, 항전간제, 오염물질, 솔벤트, 산업화학물질 등도 치매를 일으킬 수 있으며, 역시 가역성으로 치료가 가능하다. 치매에서 10%의 환자는 치료 가능한 신경계, 또는 전신적 질환을 갖는다. 10%는 치료 가능한 정신질환에 동반된 가성치매이다. 10%는 알코올중독, 고혈압과 같이 조절 가능한 원인을 갖는다.

나머지는 치료가 불가능한 비가역적 치매이다. 이때는 환자에게 인간의 편안함과 존엄성을 유지하는 것을 목표로 두고, 환자관리를 위주로 한다. 경도의 치매는 가정에서 비교적 정상활동을 할 수 있지만 사회생활은 힘들다. 설사 병원이라 하더라도 낯선 환경에서는 혼란이 오고 착란에 빠질 수가 있기 때문이다. 상당히 진행된 환자라도 가족이나 친지의 매일 매일의 방문, 지역사회의 자원봉사자에 의한 정기적인 보조와 지지가 있으면 혼자의 생활도 가능하다. 환자가 밤에 매우 불안해하고, 이리저리 방황하며, 이로 인하여 환자가 다치는 것을 방지하기 위하여 지속적인 감시가 필요할 수도 있다.

환자는 고마워할 줄 모르고, 말을 듣지 않으며, 공격적이고; 스스로를 억제하지 못하기 때문에 환자를 간호하는 보호자는 밤에 잠을 못 자고, 육체적으로 피곤함은 스트레스를 증가시킨다. 오랫동안 그러한 상황에서 환자와 지내는 것은 참기 어려우며, 대소변실금까지 발생하면 더욱 힘들어진다. 이때에는 간호하는 사람이 정기적으로 쉴 수 있도록 간병인을 구하는 것이 중요하며, 주위사람이나 지역사회에서 관심을 가져 주어야 한다.

치매에 걸린 부모를 요양원으로 보내는 문제로 아들과 며느리가 다투는 일이 허다하나, 주변사람의 눈치 때문에 주저할 필요는 없다. 문제는 따뜻한 관심인데, 장기간의 간병은 심신을 피로하게 하여 마음의 여유를 가질 수 없게 하기 때문이다. 필요하다면 요양원을 고려하고, 그동안 가족들이 휴식을 취한다. 따뜻한 관심을 보여줄 수만 있다면, 이에 대하여 보호자는 죄의식을 가질 필요는 없다.

4. 한방 진단과 치료

한방에서는 가슴이 뛰는 경계(驚悸), 정충(怔忡)증과 깜박 깜박 잊어버리는 건망(健忘)증을 하나의 증후군으로 보고, 인격 자체가 망실되어 있는 매병(呆病)으로 구분한다.

과도한 스트레스, 이를테면 너무 예민하여 사려가 과도 하거나, 고부간의 갈등, 돈 문제, 각종 송사(訟事) 등으로 속을 끓이거나, 도둑이 들어 크게 놀라고, 무서워한 후에 심장과 비장의 기운을 상하면 괜히 잘 놀라고 쫓기는 듯 하며, 식은땀이 나면서 얼굴이 상기되고, 무엇을 하려면 겁이 나고 손에 일이 잘 안 잡히며, 가슴이 두근두근하는 증상이 생기는데, 이것을 경계라 하고, 이것이 오랜 동안 지나치면, 다 잊어버릴만 한데도 항상 가슴이 두근거리게 되는데, 이를 정충이라 한다.

증상이 좋아지지 않으면 건망증이 생긴다. 이러한 증상 들이 심하면 자꾸 헛것이 보이고, 신경질적이 되는 섬망 (譫妄)증상을 보이기도 한다. 정충증이 오래되면, 결국 기 억력이 감퇴되고, 잘 잊어버리는 건망증이 생기게 되는데, 이는 자율신경실조증상의 일환으로서, 심비장의 혈(血)이 부족하여 기운이 울체되므로써 담화(痰火)가 생긴 때문으 로 본다.

주요 처방으로 보혈을 위주로 하는 귀비탕(歸脾湯)과 담 열(痰熱)을 없애주는 온담탕(溫膽湯)이 대표적이다. 한의학 적으로 치매에 해당하는 병은 매병(呆病)이다. 그러나 매병

은 선천적이든 질병이나 사고로 인한 것이든 '바보'라고
하는 저능아의 개념을 포괄하기 때문에 꼭 같진 않다.

질병 표현으로 명나라 때의 장경악은 『경악전서(景岳全
書)』에서 전광치매(癲狂痴呆)라고 해서 전광(癲狂)에 포함시
키고, 병의 원인과 증상을 다음과 같이 묘사하였다. '정신
이 울결되거나, 뜻을 이루지 못하거나, 사려를 많이 하거
나, 의혹이 많거나, 자주 놀라면 점차 치매가 된다. 말이
두서가 없고, 거동이 자연스럽지 못하며, 땀이 나기도 하
고, 때로는 우수에 젖는 등 증상이 갖가지로 기괴하다. 이
것은 역한 기운(逆氣)이 심장에 있거나, 혹은 간담(肝膽)에
있어서, 기가 맑지 못한 때문이다. 낫는 사람도 있고, 낫지
못하는 사람도 있는데, 형체가 강건한가, 음식은 잘 먹는
가, 다른 허탈한 증상은 없는가를 살펴 약을 먹이는데, 정
기(正氣)를 부지하는 것을 위주로 한다'하였다.

청나라 때의 진사택(陳士澤)은 『변증록(辨證錄)』이란 책
에서 '매병은 대개 시작할 때는 간기(肝氣)가 울결되어 시
작하나, 마지막에는 위기(胃氣)가 쇠약해진다. 간(肝)이 울
하면 목극토(木克土 : 간의 목이 비위의 토를 극함)의 현상
으로 위가 쇠약해지므로 토가 수를 제어(土制水 : 토극수와
같은 말로서, 여기서는 비위의 토가 신방광의 수분대사를
제어함)하여 담(痰)을 없애야 하는데 담이 없어지지 않고,
흉중에 쌓여 심장을 압박함으로써 정신(神明)이 맑지 못하
고 매병(呆病)이 생긴다'하였다.

따라서 매병의 치료는 스트레스가 쌓여 간기(肝氣)가 울

결되지 않도록 하고, 비위를 건실하게 하며, 담(痰)을 쫓아
내는 것을 위주로 하여, 처방으로서 세심탕(洗心湯)을 제시
하였다. 그러나 현대 의학적인 치매에 대하여 현재까지 확
립된 한의학적인 치료방법은 없다. 다만 선천성이든 노인
성이든 성장발육, 노쇠와 관여하는 정보를 담고있는 신기
(腎氣)가 쇠약해져서 뇌수(腦髓)가 공허해졌다고 보고, 이것
을 보완하는 것을 위주로 한다.

　체질이 강건치 못하다면 각 장기의 허실을 보아 이를
조절해줌으로써 노쇠를 지연시키고, 결과적으로 치매를 예
방하고, 치료를 한다.

　후천적으로 양생을 잘 못하면 주로 후천의 본(後天之本)
인 비장(脾臟)을 상하고, 나아가 후천의 본(後天之本)인 신
기(腎氣)의 손상을 더욱 촉진시켜 치매를 포함한 다른 모
든 노인성 질환을 유발시킨다. 이처럼 한방 고유의 이론을
근거로 임상에 응용하고, 효과를 검증해야 할 것이다.

　따라서 치매의 치료 방법은 대체로 다음과 같이 몇 가
지로 구획 지어 생각해 볼 수 있다. 심비신장(心脾腎藏)의
음혈(陰血)을 돕는 용안육(龍眼肉), 숙지황(熟地黃), 당귀(當
歸), 또는 비장(脾臟)과 폐장(肺臟)의 기(氣)를 돕는 인삼(人
蔘), 황기(黃芪), 감초와 같은 약제와 진피(陳皮), 반하(半夏),
백복령(白茯苓)처럼 담을 제거하는 약제를 기본으로 하고,
산조인(酸棗仁), 백자인(栢子仁) 같은 약으로 심혈(心血)을
도와 마음을 편안히 하고, 석창포(石菖蒲), 원지(遠志), 백복
신(白茯神)으로 심장의 담(痰)을 제거하여, 위 아래의 심장

과 신장의 기운을 교류(水升火降, 心腎相交라고 한다)시켜 마음을 안정시키며, 지력(智力)을 돕는다.

경우에 따라서는 신기(腎氣)가 쇠약하므로 익지인(益智仁), 파고지(破古紙), 두충(杜沖), 속단(續斷), 동충하초(冬虫夏草), 쇄양(鎖陽)같은 보양약을 써주면 도움을 줄 것으로 생각된다. 수험생들 때문에 유명해진 총명탕(聰明湯)이나, 장원환(壯元丸), 주자독서환(朱子讀書丸), 공자대성침중방(孔子大聖枕中方)도 같은 맥락으로 처방된 방제들이다.

그 외에 뇌에 영양을 충분히 공급할 수 있도록 비위(脾胃)를 튼튼히 하고, 영양학적으로 비타민이 풍부한 야채와 과일, 그리고 건뇌식품인 각종 씨앗류, 아몬드, 잣, 호도 같은 견과류를 먹도록 한다.

각종 운동도 뇌를 튼튼히 하는 데 큰 도움이 된다. 뇌는 한방적으로 신(腎)에 속하고, 경락학적으로 신의 경락(腎經)은 발바닥 앞쪽 움푹한 곳에 위치한 용천(湧泉)에서 시발하므로 발바닥을 지압하거나, 발바닥을 자극하는 줄넘기, 속보, 다리와 허리를 늘리는 스트레칭 등은 좋은 운동법이다. 머리로 가는 혈류를 좋게 하기 위해 목 주위의 근육을 신장요법으로 풀어주는 것도 필요하다. 혈관성치매는 한방에서는 중풍에 해당한다고 볼 수 있으므로, 이에 준하여 치료를 한다. 현대 의학적인 고혈압, 심장병, 고지혈증, 당뇨병은 한방에서 어혈에 속하는 부분이며, 혈액유동학적인 측면에서 혈액과 혈장점도와도 관계가 되므로 이를 참고로 한다.

▣ 처방전

귀비탕(歸脾湯)

근심걱정으로 심비를 손상하여 건망증이 심하고, 가슴이 두근거리며, 밤에 땀이 나고, 사지가 권태로우며, 밥을 잘 못 먹고, 잠을 못 자는 데 쓴다.

당귀(當歸), 용안육(龍眼肉), 산조인(酸棗仁), 원지(遠志), 인삼(人蔘), 황기(黃芪), 백출(白朮), 백복신(白茯神) 각 4gm
목향(木香) 2gm
감초(甘草) 1.2gm
생강 5쪽
대추 2개

온담탕(溫膽湯)

간기(肝氣)가 울결되어 담기(膽氣)가 펴지지 못하면 담(膽)에 내재되어 있던 상화(相火)가 적화(賊火)가 되어 담화(痰火)를 생성하여 심장을 동요하여 가슴이 뛰게 하고, 잠을 못 이루므로 이를 심담허겁(心膽虛怯)증이라 한다. 이외에 목극토하여 담위(膽胃)가 불화하여 입이 쓰고, 어지러운 증상이 나타나는 데 이를 치료한다.

반하(半夏), 진피(陳皮), 백복령(白茯苓), 지실(枳實) 각 6g
죽여(竹茹) 4gm
감초(甘草) 2gm
생강 5쪽
대추 2개
* 온담탕 변방으로 십미온담탕, 가미온담탕, 삼호온담탕이 있으며, 사용 빈도가 온담탕보다 오히려 높다.

십미온담탕(十味溫膽湯)

온담탕에 죽여를 빼고, 인삼, 숙지황, 산조인, 원지, 오미자, 백복령을 각 4gm 넣음.

가미온담탕(加味溫膽湯)

향부자(香附子) 10gm
진피(陳皮) 5gm
반하(半夏), 지실(枳實), 죽여(竹茹) 각 3gm
인삼(人蔘), 백복령(白茯苓), 시호(柴胡), 맥문동(麥門冬),
길경(桔梗) 각 3gm
감초(甘草) 2gm

삼호온담탕(蔘胡溫膽湯)

가미온담탕에 황련(黃蓮), 치자(梔子), 당귀(當歸), 패모(貝母)를 각 3gm 가한 것.

세심탕(洗心湯)

백복신(白茯神), 산조인(酸棗仁) 각 40gm
반하(半夏) 20gm
신곡(神麯) 12gm
인삼(人蔘), 진피(陳皮), 석창포(石菖蒲), 부자(附子), 감초(甘草) 각 4gm
* 부자는 독약이므로 될 수 있으면 거(去)하고 사용

총명탕(聰明湯)

『동의보감』 원문 그대로 번역하면 '잘 잊어먹는 데 오래 먹으면 능히 하루에 천 마디 말을 외울 수 있다'고 하였다.

백복신(白茯神), 원지(遠志), 석창포(石菖蒲)를 같은 양으로 해서 12gm
씩 끓여 먹던가, 가루를 내어 4~8gm씩 하루 3회 먹는다.

장원환(壯元丸)

하루에 천 마디 말을 외우고, 가슴에 만 권의 책을 저장할 수 있다고
하였다.

원지(遠志), 용안육(龍眼肉), 생건지황(生乾地黃), 현삼(玄蔘), 주사(朱砂),
석창포(石菖蒲) 각 12gm
인삼(人蔘), 백복신(白茯神), 당귀(當歸), 산조인(酸棗仁), 맥문동(麥門冬), 백
자인(栢子仁), 각 8gm을 녹두 크기로 환을 짓고, 금박을 입혀서 20~30
알씩 먹는다.

공자대성침중방(孔子大聖忱中方) :

주치는 상동.

구판(龜板), 용골(龍骨), 원지(遠志), 석창포(石菖蒲)를 같은 양으로 가루
를 내어 10gm을 하루 3회 먹는다.

주자독서환(朱子讀書丸)

백복신(白茯神), 원지(遠志) 각 40gm
인삼(人蔘), 진피(陳皮) 각 28gm
석창포(石菖蒲), 당귀(當歸) 각 20gm
감초(甘草) 10gm을 가루로 만들어 풀에 녹두 크기로 환을 지어 30~50
알씩 복용한다.
* 참고 : 원지는 감초 달인 물에 담가서 심을 빼고, 다시 생강즙에
  버무려 쓴다.

3부 양생편

양생이란 절도 있는 생활 자세로서 미리 병을 예방하고, 건강한 몸과 마음을 만드는 데 목적이 있다. 여기에는 계절이나 자신의 체질적 조건에 맞는 음식, 운동, 생활습관이 포함된다. 즉 일반적으로 통용되는 건강법이 있는가하면 다른 사람에게는 좋은데, 나에게는 맞지 않는 건강법이 있다는 것이다. 그러나 무엇보다 중요한 것은 이것을 꾸준히 실천해 주는 절도 있는 생활 자세이다.

양생법(養生法)

　사람이 오래 살고자 하는 욕심은 한이 없다. 한의학에서 인간의 천수를 120세로 보고 있으며, 현대 의학에서도 견해 차이는 있으나 거의 일치하고 있다. 옛부터 건강하고 오래 사는 법을 통틀어 양생법(養生法)이라 하였다.

　한방에서의 예방의학이라고 할 수 있는 부분으로서, 질병을 예방하고 노화를 지연시켜 젊게 오래 살고자 하는 법이다. 한방 의학서적에 이것을 다루지 않은 책은 없다. 시중에 범람하는 단전호흡, 기공, 팔단금, 도인안교, 식보(食補), 약보(藥補), 심지어 성생활 등 건강 서적의 대부분이 한방양생학에 근거를 두고 있다. 한의학의 최고 경전인 『황제내경』의 제일 첫장 첫머리에 나오는 다음과 같은 구절은 양생법의 총체적인 모습을 보여주고 있다. '옛날 사람들은 도(道)를 잘 알아서 천지음양의 법도에 맞추어 살고, 양생하는 법에 어긋나지 않았으며, 음식에 절도가 있고, 생활이 규칙적이며, 함부로 몸을 굴리지 않으므로 능

히 신체와 정신을 보존하고, 천수를 누리어 백세 이상을
살았다(上古之人 其知道者 法于陰陽 和于術數 飮食有節 起
居有常 不妄作勞 故能形與神俱 而盡終其天年 度百歲乃去).'
그런데 왜 요즘 사람들은 오래 못 사는가 하는, 현대인에
게도 조금도 틀리지 않는 잘못된 생활들을 지적하는 문구
가 뒤를 잇고 있다. 황제의 말씀이 어려운 한자로 쓰였다
고 해서 배우기 까다롭거나 결코 어려운 말은 아니다. 아
니 어떻게 보면 너무나 진부한 이야기일 뿐이다. 그런데도
시간이 없다고, 귀찮다고, 눈앞의 편안함, 쾌락만을 좇다가
손쉽게 건강식품, 정력제, 보약 등으로 당장 효과를 보려
고 하는 게 일반 사람의 심리이다. 그래서 이번에는 다 아
는 이야기지만 돌다리도 두드린다는 마음으로 선현의 말
을 풀어서 양생법에 대하여 정리해 보고자 한다.

　첫째, 자연과의 조화된 삶이다(天人相應).
　봄에는 만물이 발생하고 여름에는 성장하는 시기이다.
이에 따라 인체의 양기도 점차 충성(充盛)하게 되고, 피부
의 땀구멍도 적당히 열려 충성한 양기를 조절한다. 의복은
마땅히 얇게 입어 주어야 하고 음식은 서늘한 것 위주로
먹어야 한다. 음과 양은 서로에게 뿌리를 두고 있으므로
찬 음식으로 양음(養陰)을 해 주어야 양기는 이를 바탕으
로 더욱 충성할 수 있고 땀으로 탈진되는 것을 막을 수
있다. 만약 에어컨으로 몸을 너무 서늘하게 해 주거나 찬
것을 많이 먹으면 피부 가까이 있어야 할 양기가 오히려

안으로 도망하여 겨울 동안 체내에 쌓였던 나쁜 찬 기운이 밖으로 배설되지 못하고 음양이 서로 섞이게 되어 질병을 야기시킨다.

　가을은 만물을 거두어들이는 시기이고, 겨울은 저장하는 시기이다. 이에 따라 인체의 양기도 점차 쇠퇴하고 음기가 성하게 된다. 음기를 보호하기 위하여 땀구멍이 막히고, 기(氣)가 안으로 들어가므로 소변은 자주 나오게 된다. 따라서 음기가 쇠진해 지지 않도록 음식은 따뜻한 것을 위주로 먹고, 몸은 따뜻하게 해 주어야 한다. 여기서 찬 음식, 더운 음식이란 외적인 것도 있으나, 그 음식의 속성이 더욱 중요하다. 따라서 봄에는 산나물, 여름에는 각종 달고 시원한 과일, 가을에는 몸의 정기를 보충할 수 있는 열매, 겨울에는 조리된 저장식품 등 제철에 맞는 음식이 건강에 유익할 것이다.

　『황제내경』에서 각 계절의 양생법을 옮겨 적어본다. ‘봄에는 만물이 발진하는 때이다. 늦게 자고 일찍 일어나야 한다. 천천히 뜰을 거닐고 의복과 머리도 느슨하게 하므로써 만물과 마찬가지로 뜻을 새롭게 한다. 생물을 살리되 죽이지 말고, 베풀되 빼앗지 말며, 상을 주되 벌하지 말라. 이것이 봄의 기운에 따르는 양생의 도이다. 이를 거스르면 간을 상하여 여름이 되면 한(寒)으로 인한 병이 생긴다. 여름에는 만물이 무성해 지는 계절이다. 하늘과 땅의 기운이 교차하여 꽃피고 열매를 열기 시작한다. 늦게 자고 일찍 일어난다. 햇빛을 싫어하지 말고 화를 내지 말라. 모든 것

을 무성하게 하고, 기(氣)를 항상 밖에 있는 듯이 내보내야
한다. 이것이 여름의 기에 따르는 양생의 도이다. 이를 거
스르면 심장을 상하고 가을에 학질이 된다. 가을에는 만물
이 익어서 거두어들이는 때이다. 서늘한 기운이 멀리 퍼져
하늘은 높고 땅은 맑다. 일찍 자고 일찍 일어나니 닭 우는
소리와 함께 한다. 마음을 안정시켜 가을의 청숙(淸肅)한
기운이 침범하지 않도록 한다. 마음을 거두고 바깥의 일에
마음을 어지럽히지 않아야 폐(肺)의 기가 맑게 된다. 이것
이 가을의 기에 따르는 양생의 도이다. 이를 거스르면 폐
를 상하고 겨울에 설사병이 생긴다. 겨울에는 만물을 깊이
간직하는 시기이다. 물이 얼고 땅이 갈라진다. 양기를 함
부로 동요시키지 말아야 한다. 일찍 자고 늦게 일어나니
반드시 해뜨기를 기다려 일어난다. 마음을 감춘 듯 얻은
듯 함부로 드러내지 않는다. 몸을 따뜻하게 하되 너무 덥
게 해서 땀을 내어 양기가 빠져나가지 않도록 한다. 이것
이 겨울의 기에 따르는 양생의 도이다. 이를 거스르면 신
장을 상하여 봄에 근육이 위축되고 손발이 차가워지는 병
에 걸린다.'

　요즈음처럼 한 여름에도 정장 차림의 긴 옷을 입고, 한
겨울에도 내의바람으로 거주하며, 계절에 관계없이 과일을
먹을 수 있다는 것은 현대인만이 맛볼 수 있는 별난 행복
일지 모르지만, 봄 여름 밖에 있어야 할 기운이 안에, 가
을 겨울 안에 있어야 할 기운이 밖에 있게 되어 정상적인
기의 흐름을 왜곡시켜 진기를 손상하여 질병을 야기하고

노화를 촉진시키는 원인이 된다. 또 잠자는 시간도 자신의 직업이나 습관에 따라 일정치 않은 것이 현대인이다. 그러나 하루 중 동트는 시간은 양기가 시생(始生)하는 봄에, 해가 중천일 때는 여름에, 해질녘은 가을에, 야밤중은 겨울에 해당하여, 아침에 기가 안에서 차츰 밖으로 나왔다가 밤에는 장부(藏府)로 들어가 있으므로 여기에 응하여 잠자는 시간을 선택하여야 할 것이다.

둘째는 정신건강이다.

정신과 육체는 서로 따르는 법이다(形神相應). 화를 내면 기는 위로 솟구친다. 즐거워하면 기가 늘어진다. 슬퍼하면 기가 소모된다. 놀라면 기가 철렁 내려간다. 두려워하면 기가 어지러워진다. 너무 생각을 깊이 하면 기가 응결된다. 갑자기 화를 내면 양기를 손상하고, 갑자기 즐거워하면 음기를 손상한다.

이처럼 즐거움(喜), 화남(怒), 근심(憂), 생각(思), 슬픔(悲), 놀람(驚), 무서움(恐)의 7정은 오장육부에 각각 영향을 미치며, 과하면 장기를 상한다. 한방에서 기병(氣病)이라 하면 각종 스트레스로 인한 질병을 뜻한다. 이를 예방하기 위해선 먼저 사회적으로 경노사상이 매우 중요하다. 그래야만 날로 쇠약해 가는 노인 자신의 자아를 붙잡을 수 있고, 청장년층은 안정된 노후를 바라고 사회활동을 열심히 할 수 있기 때문이다.

다음은 화목한 가정이다. 안에서 존경받지 못하는 어른,

사랑받지 못하는 아이가 밖에서 존경받지 못하고, 사랑받지 못하는 것은 불문가지의 일이다. 무엇보다 가장 중요한 것은 정신이 굳건하면 사기(邪氣)가 감히 침범하지 못한다는 것이다. 욕심을 버리고 마음을 비워 양신(養神)하는 것이 으뜸가는 장수의 비결이라 할 것이다. 이른바 마음을 닦아 정신을 앙양시키는 것이다(修性保神).

셋째는 음식이다.

맞는 음식을 잘 먹어야 신체를 건강하게 보존할 수 있다(服食養身). 우리가 먹는 음식치고 약이 아닌 것이 없다. 잘 먹으면 몸을 건강하게 하지만 잘못 먹으면 건강을 해칠 수도 있는 것이 음식이다. 영양학적으로 문제가 없다 할지라도 식품이 가진 성질에 따라 인체에 영향을 미친다는 것이 한방적 사고 개념이다. 몸이 뜨거운 사람은 오이나 호박, 참외, 수박, 야채, 생선 위주로 먹는 것이 좋고, 차가운 사람은 생강, 후추, 파, 마늘 등을 적당히 넣어야 균형이 맞는 것이다. 또한 나이에 따라 다르니 젊은 사람은 열이 많고, 나이든 사람은 열이 없는 때문이다. 계절에 따라 다르다는 것은 위에서 지적한 바와 같다.

음식에 관한 한은 우리가 가장 밀접하게 닿는 것이기 때문에 누구나 나름대로의 철학이 있겠지만 다시 한번 짚어 보기로 한다.

1) 음식엔 절도가 있어야 한다.

규칙적으로 하루 3번 정해진 시간에 먹는다. 노동의 강도에 따라 4번, 혹 2번도 무방하다. 다 아는 것이지만 너무 배부르지도 않게, 식사 간격이 너무 붙거나 떨어지지 않도록 한다. 굶는 것도 안 되고, 폭음, 폭식은 당연히 안 된다. 많이 먹는 사람은 다섯 가지 병이 있으니 대변이 잦은 것, 소변이 잦은 것, 숙면이 방해되는 것, 몸이 무거워 정신수양이 안 되는 것, 소화불량증에 걸리는 것 등이다.

음식량도 하루 중의 음양성쇠에 따라 낮에는 양기가 성하고 활동이 많으므로 많이 먹고, 저녁에는 양기가 쇠하고 잠을 자야 하므로 적게 먹으며, 아침은 양기가 막 활동하기 시작하는 때이므로 소화가 잘 되는 음식으로 적당히 먹는다.(早餐好, 午餐飽, 晚餐少)

2) 편식을 않는다.

편식을 하면 음양의 균형이 한 쪽으로 치우치기 때문이다. 『황제내경』에 '다섯 가지 곡식으로 키우고, 다섯 가지 과일로 도우며, 다섯 가지 가축으로 넉넉하게 하고, 다섯 가지 야채로 충실하게 하니, 각각의 가진 기운을 고루 합해서 먹어야 정기를 도울 수가 있는 것이다'하였으니 주식과 부식을 골고루 먹어야 한다는 뜻이다.

각각의 음식에는 각자 그 맛과 향취가 있는데, 오미를 조화롭게 먹어야 기와 혈의 흐름이 막힘이 없고, 근골이 바르고 유연해 지며 주리가 치밀해져 병에 걸리지 않는다.

3) 음식을 담담하게 먹는다.

소위 고량후미(膏粱厚味)라 하여 기름진 음식, 감미료를 많이 가한 맛있는 음식, 인스턴트 식품 등을 피하고 소박한 음식을 먹는다. 세계적인 장수 지역에 사는 사람은 육식 위주가 아닌 쌀, 보리, 밀 등의 곡식, 지역 특산의 야채, 과일, 야쿠르트 같은 유락(乳酪)식품을 주로 한 거친 음식들을 먹는다.

4) 계절에 맞는 음식을 먹는다.

봄에는 기미(氣味)가 서늘하고 신맛으로 수렴하여 기운이 너무 발산되지 않도록 하여 주고, 여름에는 기미가 차고 쓴맛으로 단단하게 하여 너무 풀어져 탈진되지 않도록 하여 주며, 가을에는 따뜻하고 매운 맛으로 발산하여 기혈이 수렴되어 너무 건조해지지 않도록 하여 주고, 겨울에는 차고 짠맛으로 부드럽게 해주어 한기로 너무 기혈이 응체되지 않도록 풀어주는 것이 계절에 맞는 식이법이다.

5) 조리 방법에 맞는 음식을 먹어야 한다.

음식에는 궁합이 있고 오미(五味)에는 상생상극(相生相剋)이 있기 때문이다. 매운 맛에 식초를 조금 넣으면 매운 맛이 적어지고, 조(燥)한 성질이 누그러지며, 신맛에 단맛을 조금 넣으면 신맛이 완화되고 수렴작용이 줄어든다.

6) 상한 음식은 먹지 않는다.

『논어』 향당(鄕黨)편에 '고기(魚肉)가 부패하면 먹지 말고, 색이 좋지 않으면 먹지 말며, 냄새가 나도 먹지 말라'는 구절이 있다. 냉장고에 넣어 두었다고 안심하고 먹다가 탈이 나는 경우를 보았을 것이다. 신선한 것이 좋은 것은 재삼 말할 필요가 없다.

7) 먹을 때는 유쾌한 마음, 감사하는 마음으로 여러 번 씹어서 먹는다.

식사를 하면서 TV나 신문을 본다던가, 말을 많이 하는 것은 보기에도 좋지 않고 소화 흡수에도 방해가 된다. 생각이 다른 데 가 있기 때문이다. 『논어』에도 '밥 먹을 때, 잠잘 때는 말하지 않는다(食不語 寢不言)'고 하였다.

8) 식후에는 가볍게 움직이고 눕지 않는다.

식사 후에 가볍게 산책을 하면 기분도 상쾌하고 소화에도 좋다. 밥 먹고 급격한 운동은 좋지 않으며 누워도 좋지 않다. 비위(脾胃 : 소화기능)를 손상시켜 백병(百病)의 원인이 된다. 식후에 배꼽 주위를 문질러 주면 더욱 좋다.

이상이 일반적인 식이양생법이다. 이 외에 한의사로서 추가한다면 자신의 체질에 맞는 음식을 먹어야 한다는 것이다. 요즈음 상식처럼 되어 있는 사상의학이 아니라 할지라도 몸이 찬 사람, 더운 사람, 덥지도 차지도 않은 사람, 겉은 차지만 속은 더운 사람, 겉은 덥지만 속은 찬 사람,

나이가 젊은 사람, 많은 사람, 알려지 체질, 어떤 구체적인 병이 있는 사람 등 여러 종류의 사람이 있기 때문이다.

뜨거운 음식은 음액(陰液)을 소모시키고, 차가운 음식은 양기(陽氣)를 손상시킨다. 자신이 음적인 사람인가 양적인 사람인가에 따라 먹는 것이 당연히 달라져야 한다.

노인들은 비위기능이 저하되어 소화흡수에 문제가 있으므로 몸에 열이 있다고 하더라도 조리가 안 된 생음식, 딱딱한 음식, 찬음식은 피하여야 한다. 또 젊어서 여름에 덥다고 어육회, 생채, 비리고 찬음식을 많이 먹으면 늙어서 병이 많다고 한다.

넷째가 운동이다.

적당한 운동은 스트레스를 풀고 생의 활력을 돕는다. 운동하면 서양에서 들어온 테니스, 골프, 달리기, 수영 등만을 생각하기 쉽고, 노동과 운동을 구별 못하는 경우도 있다. 집에서 가볍게 스트레칭 시키는 것도 훌륭한 운동이다.

운동이란 즐거워야 하고, 힘들지 않아야 하며, 온 몸을 고루고루 움직여줄 수 있는 것이어야 혈액이 전신의 구석구석을 돌 수 있을 것이다. 어느 한 부분만 집중적으로 쓰는 것은 좋지 않다. 고래로 내려오는 건신법으로 도인안교(導引按喬)와 팔단금(八段禽), 태극권 등이 있는데 그런 면에서 매우 효과적인 운동이라 할 것이다.

도인술과 팔단금은 일종의 체조법으로 기를 끌어모아

병을 예방하고 치료에도 응용을 하는 것인데, 근육을 신장시켜 몸의 유연성을 높이고 폐활량을 늘이는 데 큰 효과가 있다. 안교는 안마와 마사지 기법을 포괄한 것으로서 역시 질병을 예방하고 치료하는 한방 치료법의 하나이다. 기공(氣功), 단전호흡, 요가, 기체조 등도 이름만 다를 뿐 같은 원리이다. 운동은 규칙적으로 일주일에 4회 이상, 자신에 맞는 운동을 선택하여 꾸준히 하여야 하며, 당장 큰 효과를 기대하여선 안 된다.

다섯째가 약(藥)이다.

질병이란 몸의 음양이 편향된 것이다. 이것을 재빨리 잡아주는 것은 노화방지에도 매우 중요하다. 인체는 자체의 항병 능력이 있어 음양의 평형을 일정하게 유지하여 주는 기능이 있다. 만약 도가 지나쳐 스스로의 힘으로 회복이 어려울 때에는 살짝 도와주기만 하여도 곧 평형을 유지할 수가 있다. 저절로 낫겠지 하고 시간을 끌면 끌수록 병은 깊어지고 노화는 진행이 된다. 그렇다고 가벼운 병도 침소봉대하여 큰병으로 생각하고 독성이 강한 약을 함부로 쓰면 오히려 인체의 저항력을 떨어뜨린다. 빈대 잡으려 초가삼간 태우는 격이라 할 것이다.

건강은 옛부터 지금까지 사람들의 주요 관심사의 하나이다. 각종 건강식품이 넘치고 건강정보가 넘치지만, 요점만 간단히 추려보면 자족할 줄 아는 삶, 절도 있는 식생

활, 규칙적인 생활습관, 적당한 운동 이상 가는 건강법은
없다. 이들은 실생활에서 직접 부딪히며 느끼는 것이기 때
문이다.

도인안교(導引按蹻)

한방의 치료법은 크게 내치법(內治法)과 외치법(外治法)으로 나눈다. 약물의 복용은 내치법이며, 침(鍼)과 뜸(灸)은 외치법에 속한다. 외치법에는 이 이외에도 외과적 수술법, 약물을 이용한 세척법, 울법(熨法 : 일종의 습포요법), 훈법(薰法 : 연기를 환부에 쏘이는 것), 안마나 지압 같은 수기요법(手技療法)이 있다.

최근에는 현대 과학의 발달과 시대적 상황에 따라 내치법은 제재의 다양화 내지는 간편화로 나가고 있고, 외치법은 현대 기기를 이용한 전기침(마취에도 응용되고 있다), 레이저침, 약물을 정제하여 침 자리에 놓으므로써 약물과 침의 상승 효과를 노린 약침법(藥鍼法) 등이 소개되고 있다. 그러나 온고이지신(溫故而知新)이라, 옛것을 살리고 그것을 바탕으로 새로운 방법을 모색해야 할 것이다. 그러한 옛 것 중에서 세인의 흥미를 끄는 것이 있는데, 바로 기공(氣功)이라는 것이다. 눈에 보이지도 않고, 현대 과학으로 확인도 되지 않은 기(氣)를 연마함으로써, 자신의 건강은 물론 남까지 치료할 수 있다고 하니, 신비스럽기까지 한 것은 당연한 소치일 것이다.

그러나 기공은 멀리 있는 것이 아니다. 남까지 치료하는 경지에 이르는 것은 고된 수련이 필요하겠지만, 자신의 건강을 지키는 것은 누구나 손쉽게 터득할 수 있는 것이며, 이미 경험한 사람도 있을 것이다. 흔히 알고 있는 단전호흡도 기공의 일종이지만, 우리가 늘상 알고 있는 안마나 지압도 조금만 더 체계화하면, 기를 연마하는 데 필수적인 요소로 사용되기 때문이다. 그러면 기공에 대해서 좀더 알아보기로 한다.

기공의 기원은 역시 한의학의 원전인 『황제내경』에 언급된 도인안교(導引按蹻)에 의거한다. 도인안교란 중국 중부지방에서 발달된 치료방법으로, 지역적인 특성상 사방이 트여 있어 교역이 발달된 관계로 여러 지방의 음식을 가리지 않고 잡식(雜食)하며, 힘든 노동을 하지 않고, 지대가 낮아 습기(濕氣)가 많으므로, 사지가 차고 위약(萎弱)해지는 관절 및 근육질환이 많게 되므로 도인안교로써 치료한다고 하였다.

그러면 도인안교란 무엇인가. 도인의 導란 대기 속의 기를 끌어들인다는 뜻이고, 引이란 인체를 굽히거나 늘인다는 뜻이다. 장자의 각의편(刻意篇)에 의하면 '호흡으로 낡은 것을 내보내고, 새로운 것을 들이마시며(吐故納新), 곰과 새처럼 움추렸다 펴는 것(態經鳥申)'을 도인이라 하고,

장수에 필수적 요소라 하였다. 곧 기를 인도하여 화(和)하게 하고, 신체를 인(引)하여 부드럽게(柔)하는 것이 도인이니, 도가(道家)와도 인연을 맺고 있는 한방건강 체조법이며, 호흡을 중시한 일종의 운동치료법이다.

한편 안교의 안(按)은 주무른다는 뜻이고, 교(蹻)란 들어올린다는 뜻이니 오늘날의 안마나 지압, 마사지, 척추교정술, 정골술, 경혈마찰법 등등의 수기법이 이에 속한다. 눈이 아플 때면 눈 주위를 꼭꼭 눌러주면 시원해지고, 머리가 아프면 양쪽 관자노리를, 배가 아프면 배꼽 주위를 살살 문질러 주면 동통이 훨씬 경감되고 시원해짐을 느낄 수 있는데, 이러한 경험들이 축적되어 효과가 다른 부위보다 특출한 포인트(경혈)가 발견되었을 것이고, 이것들이 축적되어 유사한 경혈을 묶어주는 경락이 발견되었을 것이며, 더 나아가 자연의 운행과 움직임을 관찰함으로써 그러한 변화가 인체 내에서도 똑같이 나타난다는 것을 알고, 적극적으로 체득해 보고자 했을 것이니, 그 과정에서 생겨난 것이 도인안교이며 현재의 기공과 단전호흡도 여기에 속한다고 할 수 있다.

그런데 이들의 근간을 이루는 것이 눈에 보이지도 않고 형체도 없는 기(氣)이며, 이를 배양함으로써 인체의 물질적 기초가 되는 정(精)과 정(精)에서 생겨나지만 인간의 생명활동을 지배하는 신(神)을 함께 배양할 수가 있게 된다. 기의 움직임은 둥근 원과 같이 끝이 없는 것이니 도인법은 둥글고 모가 없는 것이 특징이며, 호흡도 폐호흡이 아닌

단전에 중심을 두는 것이어서 관절의 기능만을 중시하는
서양의 맨손체조와는 많은 차이가 있다.

그러면 도인안교법에는 어떠한 것들이 있을까? 수천 년
의 역사를 가진만큼 수많은 종류가 있고, 같은 이름이라
할지라도 여러 유파가 있는데 대표적인 것이 오금희(五禽
戲), 팔단금(八段錦), 태극기공(太極氣功)이다. 오금희는 곰
(熊), 사슴(鹿), 호랑이(虎), 원숭이(猿), 새(鳥)의 자태를 흉내
낸 체조법인데 1973년 중국 장사성 마왕퇴3호 한묘(漢墓)
에서 출토된 도인도(導引圖)에 동물의 모양을 흉내낸 연공
법이 묘사되어 있는 것으로 보아 약 4000년의 역사를 지
녔다고 할 수 있다. 『후한서』 화타전에는 화타가 오금희라
이름지었다 하여 화타의 창안으로 알려져 있고, 후대의 책
에 간단한 동작이 묘사되어 있는 정도이며, 자세한 것은
전해 내려오지 않는다. 사람은 12경락이 고루 발달해 있지
만 동물의 경우는 어느 한쪽만 발달되어 그 특유의 습성
과 동작을 나타내므로, 여러 동물의 자태를 흉내냄으로써
그 동물이 가진 기운을 집중 양성하여 건강을 증진시키고,
치료에도 응용할 수 있는 것이다.

또 팔단금의 錦이란 여러 가지 빛깔의 실로 엮은 비단
을 말함이니, 여덟 개의 동작으로 이루어진 행공법(行功法)
이다. 이는 송말(宋末)의 명장 악비(岳飛)가 장병들의 건강
을 위하여 창안했다는 설이 있으나 가탁한 것에 불과하고,
북파와 남파로 크게 나누지만 실제 기원은 하나이고, 무명
씨에 의하여 개편되고 발달되어 온 것으로 지금 남아있는

팔단금도 수 종에 이른다.

태극권은 역시 도인안교술에 기원을 두고 있는데, 기를 배양하고 그 기가 밖으로 자연스럽게 유출됨으로써 파괴적인 힘을 나타나게끔 하는 무술로 발달되어 민간에 유전되어 내려왔는데, 크게 진(陳)씨, 양(楊)씨, 무(武)씨, 손(孫)씨, 오(吳)씨 태극권으로 나뉘며, 각기 특징이 있지만 중국에서는 팔십팔식태극권으로 간편화하여 보급함으로써 국민 건강을 꾀하고 있다.

그 외에도 수많은 도인안교법과 무술과 관련된 기공들이(예를 들어 소림기공) 창작되어 전하여 지고 있다. 보통 한의학에서는 예방의학이란 분야가 없는 것으로 인식되고 있으나, 양생법(養生法)이라고 하여 각종 건강에 대한 주의·지침과 도인안교법이 전하여 지고 있고, 이를 소홀히 하여 몸의 부조화가 드러나면 약물로써 음양의 조화를 맞추어 줌으로써 질병을 막고 천수를 누리게 하였으니, 이것이 바로 한방 예방의학이라고 할 수 있으며, 그 뚜렷한 효과가 많은 사람에 의하여 입증되고 있으니, 흥미를 가져봄직 하지 않은가?

기공과 한의학

　기공이라고 하면 '기(氣)'라고 하는 눈에 보이지 않는 신비한 힘 때문에, 또 기공이라고 하는 그 용어의 생소함 때문에 매우 멀리 있는 것처럼 보이고, 특별히 수련한 도사 같은 사람만이 구사하는 것으로 알고 있는 사람도 있을 것이다. 그러나 기공이란 용어의 역사는 불과 50년 정도에 불과하고 중국의 개방과 더불어 우리가 접하였기 때문에 그렇게 느낄 따름이며 사실은 우리가 일상에서 자주 접하는 것들이다.

　이를테면 할머니 손은 약손이라든가, 종교에서 하는 기도, 안수, 불교의 좌선, 합장, 각종 건강체조, 단전호흡, 요가, 명상, 한의학의 도인안교, 마사지, 안마, 점혈법 등이 모두 기공이다. 다만 이러한 것들은 이론적 기반이 약하므로 한의학의 음양오행학설과 경락학설을 동원하여 이론화시키고, 체계화시켜 기공이라는 이름을 붙였을 따름이다. 따라서 위에서 말한 모든 것들이 한의학적으로 설명이 가능하다.

서서 움직이며 하는 학상공(鶴翔功), 움직이지 않고 하는 참장공(站庄功), 암에 효과가 있다는 신기공(神氣功), 비만에 효과가 있다는 용유공(龍遊功), 중국불교에서 유래된 선밀공(禪密功), 티벳밀교에서 유래된 장밀공(藏密功) 등, 기공의 효과와 동작에 따라 다른 이름을 붙여 하루에도 수십 개의 기공법이 생겨나고, 또 그만큼의 숫자가 이름도 모른 채 사라진다고 하는 곳이 기공계이다.

기공에 대해서 아무것도 모르는 사람이 손이 가는 대로, 또는 음악에 따라 자기 마음대로 움직이는 동작을 자발공(自發功)이라 하는데, 이러한 동작시 기존의 기공과 같은 동작이 연출되기도 하며, 질병 예방 및 치료에도 효과가 큰 것으로 알려지고 있다. 말하자면 꼭 기존의 기공동작만이 정답은 아니라는 것이다.

따라서 수많은 기공법을 모두 알고 있다 하더라도 어떤 경지에 오르지 못하면 아무런 소용이 없는 것이다. 즉 어떤 방법을 쓰든 간에 몰입의 경지, 또는 무아의 경지를 최고의 목표로 둔다. 이를 일러서 입정(入定)이라고 한다. 범어로는 '사마디'라고 하며, 이를 한자말로 삼마지(三摩地), 삼매(三昧)라고 한다. 영어로 ecstasy라고 하기도 한다.

입정(入定)을 하려면 먼저 입정(入靜)을 하여야 한다. 입정(入靜)이란 잡념이 줄어들고, 생각이 하나로 모이며, 일체 안과 밖의 복잡한 생각이 없어지게 되고, 담담하고 아무 것도 없는 상태가 됨을 의미한다. 이러한 상태에서는 마음과 호흡이 하나가 되고, 있는 듯 없는 듯하며, 허무하고도 황홀하다. 몸이 구름처럼 공기처럼 가벼워지고, 공중으로 떠오르는 듯한 느낌이 든다. 어떤 사람은 술에 취한 듯하고, 바보가 된 듯하기도 하다. 또 어떤 사람은 자기 몸이 없어져서 보이지 않는 것처럼 느끼기도 하고, 자기 몸이 어디에 있는지 알 수 없는 경우도 있다. 이러한 상태가 극에 이르면 허(虛)함이 극에 이르러 입정(入定)에 다다른다.

이 상태는 말로 표현하기 어려운 단계이며 깊이 들어갈수록 지혜가 열리고, 밝아지며, 더 나아가 우주 의식의 경계까지 이른다. 즉 자아와 우주가 합해져서 하나가 되며, 지식이 지혜로 된다. 이 단계에 이른 사람은 마음이 편안해지고, 상쾌하며, 두뇌도 맑아지고, 몸 전체가 쾌적함을 느끼며, 심지어 정좌를 여러 시간 하여도 단지 몇 분간 한 것 같은 느낌이 든다.

입정(入定)은 정신집중, 마음을 비움, 조용함의 단계를 거쳐 저절로 자연스러움에 도달하게 된다. 곧 자기가 가지고 있는 잡념을 하나의 생각으로 변화시킨 후 다시 그 하나의 생각은 없음(無)으로 귀속시킨다. 다른 말로 표현하면 내가 들어가고, 나를 집어넣어 사람과 우주가 하나가 되는 것이다.

이러한 것은 한 번에 이루어져야 하는데, 한 번에 이루어지지 않으면 1년이 걸릴 수도 10년이 걸릴 수도 있다. 어떤 사람은 빠르고, 어떤 사람은 평생이 걸려도 이러한 경계를 거치지 못하는 경우도 있다. 따라서 모든 종류의 기공수련은 입정(入定)에 이르기 위한 수단과 방법이라고 할 수 있다. 사람마다 모습이 다르듯 재주가 다르고 취미가 다르기 때문에 자신에 맞는 기공법을 택하여야만 입정에 이를 수가 있는 것이다. 입정은 마음을 닦는 한 방편이기도 하다. 그러므로 기공의 궁극적 목적은 마음을 닦아 인간의 본성을 찾자는 데 있다. 인간의 의식은 의식, 무의식, 잠재의식, 심층의식이 있는데 이를 일깨워 인간이 다년간 누적하였던 능력과 경험을 개발해 초능력을 발휘할 수도 있는 것은 이 때문이다.

그러나 초능력이라 하더라도 손에서 불을 지핀다거나, 뜨거운 물 속에 손을 담근다던가, 불 위를 걷는다던가 하는 것과는 다르다. 이들은 특기공이라고 하여 일종의 보여주기 위한 기공이다. 즉 특기공을 잘한다고 기공의 어떤 경지에 도달한 것은 아니다. 다만 사람들이 아무리 기공을 설명하여도 잘 모르므로 기공을 하면 이런 초능력자도 될 수 있다고 현혹하는 것이며, 본래 기공의 의미와는 달리 따로 연마를 하여야 한다. 어쨌든 어떠한 방법을 택하던 몰입을 하여 입정(入靜)에만 이르러도 일정한 효과가 있으므로 굳건한 의지와 믿음이 무엇보다 중요하다.

그러면 방법론을 살펴본다. 여러 방법론이 있으나 밀종 수련법에서는 크게 다음의 3가지로 본다. 즉 신(身), 구(口), 의(意)이다. 신(身)이란 수인(手印), 신인(身印), 맥(脈)이 위주이다.

수인이란 손과 손가락을 결합하여 서로 다른 모양을 이루는 것으로 절에 가면 볼 수 있는 부처들의 손 모양새들이 수인의 하나이다. 손의 안쪽은 오장육부와 통하고 손의 바깥은 우주 본체와 통한다고 보는 것이다. 신인은 몸의 형태를 만드는 것으로서 요가와 같은 것이다. 맥은 경맥과 같이 기운이 통하는 통로이다. 무술 동작을 본떠 만든 동공(動功＝움직이면서 하는 기공)의 경우 어떤 틀 안에서 하게 되는데 이것도 신(身)에 속하는 것이고, 신명이 나면 저절로 어깨가 들썩거릴 수도 있는데 이것도 신(身)이라고 할 수 있다.

구(口)는 진언(眞言)을 염송하는 것을 말한다. 염송할 때는 입으로 큰소리로 할 수도 있고, 혼자서 들릴 듯 말 듯 또는 안 들리게 할 수도 있다. 진언을 외우는 데는 그 내용을 이해하는 것은 그다지 중요하지 않고, 생각할 필요도 없이 단지 신념만 가지고 한 마음으로 정진하면 된다.

자기가 믿는 종교에 따라 기도문이나 경문을 외워도 되고, 존경하는 사람의 이름을 불러도 되며, 이도 저도 없이 단지 숫자를 세어도 몰입만 하면 소기의 성과를 거둘 수 있다. 역도 경기를 보면 코치가 선수의 머리를 잡고 기를 주는 광경이나 바벨을 들기 전에 입으로 중얼중얼하는 것을 볼 수가 있는데 이것도 기공의 한 방법이 아닌가 하는 생각이 든다. 양궁에서 과녁을 겨누면서 잡념을 없애기 위해 속으로 아버지나 어머니, 예수나 부처를 부르거나 숫자를 세는 방법은 구(口)에 해당하는 것이다.

의(意)는 생각을 위주로 하는 방법으로서 셋 중에서 제일 중요하다. 보통 명상, 관상(觀想)이라고 하는 것으로 참선도 여기에 속한다. 처음에는 정신을 집중하여야 하고, 잡념을 모아 일념이 되게 하며, 생각의 힘을 빌어 생각이 생기지 않도록 한다. 초심자는 정신집중을 위하여 대개는 자기를 가르치는 스승, 또는 존경하는 사람, 또는 부처, 예수 같은 성인을 얼굴 앞 허공에 떠올려 관상하는 것이 좋다. 중국기공에서는 호흡을 또한 중요시하여 조신(調身＝身), 조심(調心＝意)과 더불어 조식(調息＝호흡)을 하나로 합쳐서 수련하는데, 이를 삼합일(三合一)이라고 한다.

이처럼 본다면 우리가 일상생활을 하면서 소위 정신집중을 한다던가 기를 모은다고 하는 경우 대부분 신, 구, 의의 범주 안에 드는 것을 알 수 있다. 그런데도 형식을 따르는 것은 선인들이 경험했던 빠른 방법을 찾자는 것일 따름이다. 이러한 각종 수련법이 한의학과 결합하게 된 것은 한의학의 경락이론과 장부생리가 기공의 관점에서 보아도 전혀 틀리지 않기 때문이다.

한방에서는 인체를 이루는 기본적인 요소를 정(精), 기(氣), 신(神)으로 보며 이를 사람의 세 가지 보물(人身之三寶)이라고 한다. 정은 몸의 근본이요, 기는 신(神)의 주인이며, 형(形)은 신(神)의 집이다. 신을 너무 많이 쓰면 느른해지고(歇), 정을 너무 많이 쓰면 마르며(竭), 기를 너무 많이 쓰면 끊어진다(絶). 따라서 이 3가지는 모름지기 잘 보존하여야 하는 것이다.

뇌(腦)는 기(氣)를 저장하고 있는 부(府)이고, 심(心)은 신(神)을 저장하고 있는 부이며, 배꼽 아래 3촌(命門)은 정(精)을 저장하고 있는 부이다. 이를 일러 각각 상단전, 중단전, 하단전이라고 하며, 기공을 연마하면 3단전에 있는 정기신을 함양하여 준다. 흔히 단전하면 하단전만을 생각하는데, 하단전이 간직하고 있는 정은 신과 기를 생산하는 기초가 되면서 인체에서 가장 부족하기 쉬운 물질이기 때문이다.

이 세 단전을 이어주는 맥이 임독맥(任督脈)이며, 기공에선 중맥(中脈)이라고도 한다. 기공은 잘 연마하면 신선이 되는 것이고, 못해도 건강을 유지하는 데 큰 도움이 된다. 그러나 기공을 연마해서 어떤 병을 고쳐야겠다든가, '왜 매일 열심히 하는데 아무런 효과가 없을까?'하는 기대를 하여선 안 된다. 매일 습관처럼 하는 것이 중요하다. 그러다 보면 어떤 현상 또는 효과가 부수적으로 나타날 수도 있는 것이다. 상식적인 것이지만 배가 고플 때, 부를 때, 피로할 때, 마음이 조급할 때, 날씨가 천둥번개처럼 불순할 때, 발열설사시는 피하는 것이 좋다. 대체로 시간은 아침 기상 후나 취침 전이 적당하다.

그러면 기공의 실제를 살펴본다

1) 안마와 두드리기 기공

이 기공은 자기의 두 손으로 신체의 일부와 혈 위를 문지르거나 두드려 경락을 잘 통하게 하고, 기혈을 조절하여 신체의 건강을 촉진시키는 것을 목적으로 하며, 입정의 예비 동작이나 마무리 동작으로 많이 사용한다. 경락마사지라는 것이 여기에 속하고 『동의보감』에 많은 부분이 기재되어 있으며 좌식팔단금에 속하는 것들이다.

1) 이를 두드림(叩齒 : 고치)

가부좌를 하고 앉아 눈을 감고 마음을 고요히 하여 주먹을 엄지손가락을 안으로 하여 굳게 쥐고 정신을 가다듬어 이를 마주치기를 36회 한다(36이란 숫자는 천체를 36도로 분할하여 관측한다는 뜻에서 나온 중국의 우주관으로 보통 30~40회 정도 하면 적당). 치아를 튼튼히 하고 노화를 방지한다.

2) 고막 울리기(鳴天鼓 : 명천고)

손바닥으로 귓구멍을 덮고 머리를 감싸듯 한 다음 후두부에 손가락 끝을 나란히 붙여 대고  가운데 손가락 위에 집게손가락을 얹었다가 힘차게 머리를 튕겨 울리도록 한다. 다음에 손가락 끝으로 귓구멍을 꼭 막고 강한 압력을 가했다가 2~3초 뒤에 용수철 튕기듯이 손가락을 뗀다. 각각 36회 반복. 송과선(멜라토닌을 분비함)을 자극하여 호르몬 분비를 촉진시켜 노화를 방지

한다. 귀울림, 난청에도 효과가 있다.

3) 귀 옆 문지르기 및 당기기

둘째 셋째 손가락 사이에 귀를 끼우고 아래위로 문지른다. 36회 반복하고 그 다음 양 귀를 각각 18회씩 끌어당긴다. 귀울림과 난청을 예방하고 머리가 어지러울 때 좋다.

4) 침으로 양치질하기(漱口 : 수구)

혀로 윗니와 아랫니의 잇몸을 30회 정도 문지른다. 이렇게 해서 나온 침을 36회 골골 소리를 내면서 입안에서 양치를 한 다음 3번에 나누어 삼킨다. 『동의보감』에 '옥천(玉泉)을 항시 먹으면 장수하고 얼굴에 광택이 나는데 옥천이란 곧 침이다. 닭이 울 때, 이른 새벽, 해가 돋을 때, 아침 10~11시, 정오, 오후 3~4시, 일몰시, 황혼녘, 야밤중 등 하루 9번을 양치질하고 삼킨다'고 하였다. 잇몸질환 및 구취에도 좋다.

5) 손바닥 문지르기(搓手 : 차수)

코로 맑은 공기(淸氣)를 들이마시고 숨을 멈춘 다음 기가 배꼽 아래로 내려가는 것을 생각하며 손바닥을 36회 문질러 열이 나면 천천히 숨을 내쉰다. 기혈을 잘 통하게 한다.

6) 눈 문지르기(摩瞼 : 마검)

손바닥을 문질러 열이 난 손으로 눈을 문지르는 데 셋째, 넷째 손가락으로 눈꺼풀과 동자를 둘째와 다섯째 손가락으로 안와 주위의 뼈 부분을 안에서 바깥으로 36회 문지른다.

7) 눈알 누르기(揉眼 : 유안)

둘째, 셋째, 넷째의 세 손가락으로 왼쪽으로 9번, 오른쪽으로 9번 각각 안구를 지압하듯 누르면서 문질러 준다. 눈의 피로를 풀고 눈을 밝게 한다.

8) 머리 문지르기(梳頭 : 소두)

열 손가락을 약간 구부려 두피에 대고 이마에서부터 뒷머리 난 곳까지 머리카락을 쓸어 올리듯이 밀어 올린다. 두통을 없애고 탈모를 방지한다.

9) 양쪽 관자놀이 문지르기(揉太陽 : 유태양)

양쪽 관자놀이를 엄지 혹은 중지로 돌리듯이 누르며 36회 문지른다. 편두통과 머리가 무거운 증상을 없애고 눈의 피로를 풀어준다.

10) 얼굴 문지르기(擦面 : 찰면)

양손바닥으로 앞이마에서 아래턱까지 세수하듯 36회 문지른다. 얼굴을 윤택 있게 하고 주름을 방지한다.

11) 뒤통수 문지르기(項功 : 항공)

목덜미 부분의 머리카락 난 경계 부위를 양손으로 함께 안쪽, 바깥쪽 방향으로 36회 문지른다 후두통과 경부근육을 이완시킨다.

12) 어깨근육 주무르기(抓肩 : 과견)

왼손바닥으로 오른쪽 어깨를, 오른손바닥으로 왼쪽 어깨를 각각 18회 주무른다. 요령은 2～3초간 서서히 쥐었다가 놓는 것이다. 어깨근육(승모근)을 풀어 경견완증후근을 예방하고 치료한다.

13) 가슴 문지르기(揉胸脯 : 유흉포)

왼손을 넓적다리 위에 놓고 오른손은 오른쪽 또는 왼쪽 젖가슴에 댄 다음 시계방향으로 가슴을 둥글게 36회 문지른다. 같은 요령으로 오른손은 넓적다리 위에 놓고 왼손으로 시계반대방향으로 가슴을 36회 둥글게 문지른다. 가슴을 덥히고 강심하며 가슴이 답답한 것을 제거한다. 심폐기능을 강화한다.

14) 배 문지르기(揉腹 : 유복)

가슴 문지르기와 같은 방법으로 배꼽 주위를 둥글게 문지른다. 위와 대소장의 기능을 강화하여 소화를 돕고 식욕을 증진시킨다. 내장신체반응으로 배가 자주 아픈 사람에게 좋다.

15) 허리 문지르기(搓腰 : 차요)

척추 양쪽의 허리에 손바닥을 대고 위 아래로 힘을 주면서 36회 문지른다. 허리와 신장기능이 안 좋은 사람은 수백 번 문질러도 좋다. 신장기능을 강화한다.

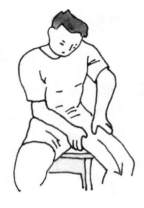

16) 넓적다리 문지르기(擦大腿 : 찰대퇴)

 두 손으로 넓적다리 상부를 싸쥐고 힘있게 무릎까지 내리 문지른다. 다리근육을 튼튼히 하고 무릎의 통증을 없앤다.

17) 아랫다리 문지르기(揉小腿 : 유소퇴)

 엄지와 식지 사이를 무릎관절의 오목한 곳에 대고 힘있게 발뒤축까지 내리 문지른다. 쥐가 잘 나는 사람에게 좋다.

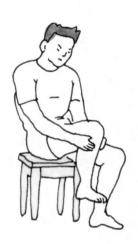

18) 발바닥 문지르기(擦湧泉 : 찰용천)

 발바닥의 오목한 곳에 있는 용천혈을 손바닥으로 힘있게 36회 문지른다. 용천은 샘이 용솟음치듯 흘러나온다는 뜻으로 생명력의 원천인 신경(腎經)이 시작하는 곳이다. 신장기능을 강화한다.

19) 몸 돌리기(和帶脈 : 화대맥)

　대맥이란 허리띠처럼 요부를 둘러서 경맥이 자기 위치에서 벗어나지 않도록 묶어 주는 맥으로 기경팔맥의 하나이다. 자연스럽게 책상다리를 하고 양손을 맞잡고 녹로(도자기 만들 때 발로 굴려서 모양을 만들 수 있도록 하는 물레)를 돌리듯 시계방향으로, 그 다음 시계반대방향으로 각각 18회씩 돌린다. 가슴을 폈을 때 숨을 들이마시고, 가슴을 오므렸을 때 숨을 내쉰다. 단전에 기가 모여 있는 듯 생각하면 더욱 좋다.

20) 두드리기 기공

　마지막으로 어깨와 잔등, 아랫배, 허리, 엉덩이, 넓적다리를 순차적으로 손바닥으로 20회 정도 각각 두드려 순환을 촉진시킨다.

2) 내가기공

　기공 단련의 일종인 내단련은 인신(人身)에 내재된 진기를 배양함으로써 사기(邪氣)를 물리치고 질병을 예방하는 효과가 있다. (물론 궁극적인 목적을 마음을 닦아 본성을 찾자는 데 있다.) 기공단련은 동과 정을 겸하는데 내단련은 정(靜)을 위주로 한 방법이다. 뜻이 있는 곳에 기가 간다(以意領氣)는 말이 있듯이 생각이 가면 기가 가고, 기가 가면 혈도 간다.

　기본적인 기의 흐름을 알고 그대로 관상(觀想)에 의해 유도하면 기공수련이 되는 것이다. 그렇다 하더라도 기공의 각 유파에 따라, 사람에 따라 수많은 방법이 전해오고 있으나 필자가 알고 시행하고 있는 기공법을 하나 소개하고자 한다.

① 자세법

　가. 가부좌를 하고 앉으며, 발바닥은 위로 향한다. 한쪽 다리만 올려놓아도 무방하다(보통 반가부좌, 결가부좌하는 것으로 비로자나불의 자세라 한다).

[결가부좌(칠지좌)]　　　　　　　[반가부좌]

　나. 손을 맞잡고 수인(손을 일정한 모양으로 취함)을 만들어 단전 앞에 놓는다. 즉 손을 맞잡고 손바닥은 위를 향하고, 엄지손가락은 서로 맞댄다.

다. 척추는 똑바로 하고 어깨는 편다.

라. 목을 구부려 아래쪽의 갑상연골을 미는 형태를 취한다.

라. 혀는 입천장에 대고 눈은 170cm 정도의 앞을 주시한다. 눈은 가늘게 뜨는 것을 원칙으로 하되 뜨거나 감거나 혹은 실눈을 하는 방법도 있다.

마. 입으로 탁기를 뱉어낸다.

바. 과거와 미래를 생각하지 않는다.

이 자세는 공중에 있는 신선한 기를 척추 내에 있는 중맥(곧 독맥이다)으로 끌어들이고, 묵은 것을 내뱉기 쉽다는 장점이 있다.

② **보병기(寶瓶氣)**

위의 자세를 응용한 기공법으로써 흔히 단전호흡이라고 해서 많이 하는 기공법이다. 보병기는 호리병형 기공이다. 연습 전에 먼저 숨을 크게 세 번 내쉬어 몸 안의 탁기를 내뱉는다. 이 동작을 하지 않으면 중간에 숨이 가빠 연습을 멈추어야 하는 경우도 있기 때문이다.

서서히 코로 해서 기가 양 눈썹 사이의 인당혈(상단전)로 해서 젖가슴 사이의 잔중혈(중단전)을 지나 배꼽 아래 3치 되는 곳에 있는 기해혈(하단전)로 흘러든다고 생각하면서 숨을 들이마신다. 하단전에 기가 가득 차면 밀봉하고 닫아 머물게 한다. 오래 머물면 머물수록 좋으며 참기 어려우면 서서히 뱉어낸다. 한 번 할 때 15분 정도 연습하면 적당하다.

여기서 주의해야 할 것은 숨이 체내에 머무는 시간을 너무 길게 억지로 하지 말라는 것이다. 한도를 살펴서 숨을 참을 수가 없을 때가 되면 기를 펴서 없어지게 하여야 할 것이다. 기를 없애는 방법은 다음과 같다. 독맥(중맥)에 들어 있는 기가 심장부(중단전)에 도달하면 나쁜 기가 밝고 지혜로운 좋은 기로 변한다고 생각한다. 하단전에 도달한 기가 전신에 퍼져 땀구멍(모공)까지 나가면, 그 후에 기를 직접 정수리에 닿게 하고 코로 나가게 한다.

단전에 기가 머물러 있을 때 끊임없이 잡념들이 떠오른다. 평소에도 기억하지 못했던 것들이 불현듯 떠오르기도 하고 재미있는 상상들이 머리 속에서 왔다갔다하기도 한다. 이 단계가 오면 그 잡념이 오히려 재미있고 즐겁기도 하다. 그러나 잡념을 제거해야 하는데 이것이 여간 어렵지가 않다. 숫자를 세기도 하고, 중얼거려 보기도 한다. 엄습해 오는 잡념을 향해 가늘게 뜬 눈을 깜빡해 보는 것도 각찰(覺察)이라 하여 한 방법이 될 수도 있다. 잡념이 생기면 찰나간에 공중의 번개처럼 단번에 잡념의 뿌리를 제거하는 것이다.

계속 억제하면서 마음을 순화시킨다. 물질에 휩싸인 마음의 눈을 돌려 위에서 바라보도록 한다. 자기 자신이 언덕 위에 고요히 앉아 흐르는 물을 보는 정도가 되면 시간의 개념이 극도로 단축되고 잡념의 생멸로부터 벗어날 수 있다.

잡념제거법은 입정을 위한 초보적인 단계이다. 그러나 망상이 자꾸 생기고 절대로 끊을 수가 없는 사람도 있다. 이때는 잡념방치법을 쓴다. 잡념이 생기면 간섭하지 않고, 없어지도록 하지도 않으며, 생기지 않도록 하지도 않는다. 마치 목동이 소와 양들을 풀어놓고 관심을 두지 않는 것과 같다.

이후 계속 선정하면 잡념이 생기지 않고 마음도 안정된 경지에 이르게 된다. 마음이란 조절하기 어려운 것이다. 자기 마음도 자기 뜻대로 되지 않는 것이다. 원하든 원하지 않든 마음이 결정된 대로 호흡은 따라간다. 긴장하는 마음의 상태가 되면 호흡은 빨라지고, 느긋한 상태가 되면 호흡은 느려진다. 이와 같이 마음과 몸은 서로 의지하며 이루어진다. 호흡에 따라 하나의 생각이 생겨나고, 그 생각이 또 다른 하나의 생각으로 발전하게 된다. 파도의 물결이 끊이지 않는 것과 같다.

보병기를 연습하면 위에서 말한 것과 같은 생각을 호흡

에 의존하지 않게 된다. 즉 마음과 호흡이 서로 의존하지
않는 상태가 된다. 숨을 떠나 독립하게 되면 설령 잡념이
일어나고 없어진다 하여도 또한 호흡에 영향을 받지 않게
된다. 잡념은 마음으로부터 자극을 받아 반응이 일어나 생
기게 된다. 다시 말해 자극을 없애면 잡념은 생기지 않게
되며 항상 편안한 마음을 가질 수 있는 경지에 이르게 된
다. 따라서 보병기의 수련 목적은 마음을 닦는 데 있다.
아울러 육체의 건강도 얻을 수가 있는 것이다.

　어머니 뱃속에서 태아는 탯줄로 숨을 쉬고 태식호흡을
한다. 출생 후 3세까지도 아랫배의 단전으로 호흡하다가
그 뒤에는 가슴으로 숨을 쉬게 된다. 나이가 들어 노인이
되면 목구멍으로 숨을 쉬게 된다. 노인성 천식이 그 예이
다. 약을 써서 기를 단전으로 끌어들이는 방법을 쓰지만,
한 번 올라간 기운은 좀처럼 밑으로 내려오지 않는다. 기
공(단전호흡)은 치료적 차원이 아닌 예방적 차원의 건강운
동법이자, 노화를 지연시키는 항노(抗老)건강법이라고 할
수 있다.

팔단금(八段錦)

팔단금은 중국 송나라 때 명장 악비(岳飛)가 군사들의 건강을 위하여 시행하였던 것으로 유명하며, 동양식 체조라고 할 수 있다. 그 운동 방법은 비교적 서양의 스트레칭 체조의 원리를 충실히 따르고 있으며, 각 운동의 효과를 근육의 스트레칭 효과로써가 아니라 내장기에 두고 이름을 명명하고 있다.

그러므로 이 운동은 내장의 기능을 도울 뿐만 아니라 인체의 전후상하의 근육들은 신장함으로써 기상 후의 팔단금체조는 하루의 일과를 산뜻하게 시작하게 하고, 귀가 후의 운동은 하루 동안의 피로를 말끔히 씻을 수 있다. 또한 아침에 일어난 직후에는 아직 피가 전신을 충분히 순환하지 못하여 근육이 경직되고, 내장의 기능이 원활치 못한 까닭에 쉽게 근육을 손상하게 되고, 아침식사시 밥맛이 없거나 소화에 지장을 초래하는 것을 방지한다. 어떤 운동이든지 계속한다는 것이 중요하겠지만 이 체조를 젊었을

때부터 실시하면 훨씬 오래 동안 젊음을 유지할 수 있고,
나이 든 다음에 실시해도 몸에 무리가 없는 운동이므로
노화를 방지하는 효과가 있다.

제1단 양수격천이삼초(兩手擊天理三焦)

① 기본자세 : 두 손을 깍지를 끼고 손바닥을 위로 향한
   채 몸 앞에 둔다. 온몸의 힘을 뺀다. 팔꿈은 굽히지 말
   아야 하고, 다리는 붙이거나 약간 떼거나 관계없다. 시
   선은 정면을 향한다.
② 천천히 양손을 들어올려서 눈 높이에 올라오면 깍지
   낀 손을 한바퀴 돌려서 여전히 손바닥이 위를 향하도록

뒤집고 시선은 손을 바라본다.

③ 계속해서 눈은 손을 따라가면서 손을 머리 위로 밀어 올린다.

④ 손이 눈 높이에 올 때 발도 손을 따라서 천천히 발뒤꿈치를 들어 완전히 손을 올렸을 때는 까치발을 들어야 하며 눈은 손등을 보아 머리가 완전히 젖혀진 상태가 되어야 한다.

⑤ 위의 반대 순서대로 천천히 기본자세로 돌아온다.

* 호흡은 천천히 들이마시면서 손을 올리고, 완전히 올린 상태에서는 멈추어 5~10초 유지한 후 숨을 내쉬면서 손을 내린다. 횟수는 5~12회 반복. 이하의 운동도 같은 요령이다.

* 삼초란 횡격막 위의 심폐기능(上焦), 가운데에 있는 비위장의 소화기능과 간담(肝膽)의 해독기능(中焦), 아래의 신방광의 비뇨생식기능(下焦)을 총칭하는 말로서, 상호간의 유기적 관계를 의미한다. 따라서 내장의 원활한 활동을 보장할 수 체조라고 할 수 있는데, 이것은 복직근과 흉부의 근육을 충분히 신장함으로써 가능하다. 또한 뒤꿈치를 듦으로써 신장기능을 강화할 수 있다. 이 운동은 특히 위와 대장이 좋지 않아 배꼽 주위가 단단하게 엉킨 사람에 효과적이다. 소아성장에도 유리하다.

제2단 탁천압지익비위(托天壓地益脾胃)

① 기본자세 : 왼손은 손바닥을 위로 향하게 하고 왼쪽 어깨 위에 놓고, 오른손은 손바닥을 아래를 향하게 하고 오른쪽 허리 옆에 놓는다.

② 왼손은 하늘을 떠받치듯이 밀어 올리고, 오른손은 땅을 누르듯이 밀어 내린다. 끝동작에서 발꿈치를 힘껏 들어 올려야 한다. 한 손이 올라가고, 다른 손이 내려가는 속도에 맞추어 발도 서서히 뒤꿈치를 들어올리는 것이다. 이때 위로 뻗는 손은 귀에 닿을둥 말둥하게 붙이고 손바닥은 천장과 바닥에 평행이 되게 한다.

③ 천천히 왼손은 내리고 오른손을 올리는데 가슴 부위에서 두 손은 교차가 되며, 어깨 부위에서 손바닥을 뒤집

어 왼손은 손바닥이 아래로, 오른손은 손바닥이 위로 향
하게 한다.

* 좌우 교대로 하는 것은 한 쪽을 각각 3~6회 반복한다. 이하도
마찬가지이다.
* 이 운동은 비위의 소화기능을 좋게 한다는 운동인데, 복직근을
전문적으로 신장시키는 때문이다. 안 먹어도 배가 전혀 고프지
않은 사람이나, 조금 먹었는데도 금방 배가 부른 사람에게 권할
만하다.

제3단 오로칠상전후초(五勞七傷前後瞧)

① 기본 자세 : 어깨와 허리의 힘을 빼서 근육을 이완시키

고, 양손을 허리에 걸친다. 다리는 붙여도 되고, 약간 벌려도 무방하다.

② 서서히 허리와 엉덩이를 왼쪽으로 돌리며 어깨와 머리도 같은 선상에 있게 따라서 돌린다. 그러면 자연스럽게 시선은 몸을 따라 뒤쪽을 향하게 되는데 허리와 엉덩이가 다 돌아가면 어깨를 더 돌리고 어깨가 완전히 돌아가면 머리를 좀 더 돌려 끝까지 간다. 시선은 앞을 주시하므로 머리가 120도 정도 돌아간 지점의 뒤쪽을 향한다. 다리를 벌렸을 때는 시선을 발뒤꿈치를 향하면 목뒤의 근육과 승모근을 신장할 수 있어 목이 자주 아픈 사람에게 좋다.

③ 서서히 원래의 위치로 돌아온다. 휴지기를 두고 같은 요령으로 오른쪽을 실시한다.

* 한쪽 방향씩 교대로 하는 운동은 어느 쪽이 먼저 하여도 무방하나 여기서는 왼쪽을 먼저 하는 것으로 기술하였다.
* 한방에 허로병(虛勞病)이란 구분이 있는데, 몸이 허약해서 생길 수 있는 여러 가지 증상 또는 병이다. 오로칠상은 허로병에 속하는 일종의 병이다. 오로(五勞)란 간·심·비·폐·신의 오장이 과로하여 손상을 받은 것이다. 구체적으로 심로(心勞)는 혈(血)을, 간로(肝勞)는 신(神)을, 비로(脾勞)는 음식을, 폐로(肺勞)는 기(氣)를, 신로(腎勞)는 정(精)을 손상한 것이다. 이를테면 오랫동안 무엇을 보게되면 혈을, 오래 누워있으면 기를, 오래 앉아 있으면 근막을, 오래 서있으면 뼈를, 오래 걸어다니면 힘줄을 손상한다. 그러므로 어떤 이유로든 오랫동안 한 자세를 유지하지

말아야 하니 인체가 휴식이 필요한 이유이다. 칠상(七傷)도 역시 몸이 허로에 이를 수 있는 원인을 7가지로 나눈 것이니 예를 들면 많이 먹으면 비(脾)를, 크게 화를 내면 간을, 무리하게 힘을 쓰거나 비습한 곳에 오래 머물면 신(腎)을, 몸을 차게 하거나 찬 음식을 먹으면 폐를, 근심걱정을 많이 하면 심(心)을, 풍상(風霜)이나 우한(雨寒)에 몸을 노출하면 몸(形)을, 무서운 공포에 떨면 굳건한 마음(志)을 상하는 것이다.

제4단 좌우만궁거심화(左右彎弓去心火)

① 기본 자세 : 선 자세에서 오른발을 어깨 너비보다 약간 넓게 벌리고 오른손은 허리에 걸쳐놓는다. 무게중심은

왼발에 두고, 오른발로 균형을 유지한다. 시선은 운동방
향인 오른쪽을 향한다.

② 허리를 오른쪽으로 구부리고 왼쪽 팔은 머리 위로 올
려 왼쪽 옆구리와 목이 신장되도록 한다.

③ 극점에 가면 5~10초 멈춘 후 천천히 원래의 위치로
돌아온다. 먼저 한쪽을 5~12회 실시하고 다리를 모은
다.

④ 이번에는 왼발을 벌리고 왼손은 허리에 걸쳐놓아 오른
쪽을 신장시킨다. 5~12회 반복한다.

* 심화(心火)란 곧 정신적인 스트레스로 마음에 울화가 맺혀 있는
것을 말한다. 신경을 많이 써서 심장을 손상하면 호흡이 가쁘고,
가슴이 두근거리며, 괜히 화가 치밀고 얼굴이 화끈화끈 달아오
르기도 하며, 괜히 식은땀이 나고 뒷골이 당기게 된다. 이 운동
은 호흡근으로 중요한 내외 늑간근과 목의 근육을 신장시켜서
호흡을 순조롭게 하고, 뒷목에 엉켜있는 근육을 이완시켜 머리
쪽의 순환을 좋게 한다.

제5단 포경망천강중추(抱頸望天降中樞)

① 기본자세 : 두 발을 모으고 똑바로 선 자세에서 두 손
을 깍지를 끼워 목 뒤를 잡는다.

② 서서히 양 팔꿈을 오므리면서 머리부터 목, 등, 허리를
순서대로 천천히 굽힌다. 허리 부분까지 당겨지는 느낌
이 있으면 왼쪽으로 원을 그리며 돌린다.

③ 더 이상 가지 않으면 서서히 오므렸던 양 팔꿈을 펴면
서 몸을 일으켜 세운다.

④ 계속해서 양팔꿈이 더욱 벌어지게 팔을 활짝 펴면서
목과 허리를 뒤로 제껴서 하늘을 본다.

⑤ 팔을 천천히 오므리면서 상체를 일으키고, 다시 고개와
허리를 굽혀서 몸을 가운데로 한 다음 기본자세로 돌아
온다.

⑥ 기본자세의 중립 위에서 역시 팔을 뒤로 벌리면서 목
과 허리를 뒤로 제껴서 하늘을 본다.

⑦ 팔을 천천히 오므리면서 기본자세의 중립 위로 돌아온다.

⑧ 같은 요령으로 오른쪽을 실시하며, 중립 위로 돌아오면
가운데를 실시한다.

⑨ 위와 같이 2회 반복하면 왼쪽과 오른쪽은 각각 2회, 가
운데는 4회를 실시하여 모두 8번을 시행하는 것이 된다.

* 척주를 중심으로 전후좌우의 목, 등, 허리, 가슴, 배까지 모든 근
육을 효율적으로 신장시켜 사람에 있어 대들보인 척주(즉 中樞)
를 강화한다.

제6단 라호신요운척골(懶虎伸腰運脊骨)

① 기본자세 : 5단에서 깍지 낀 손을 그대로 가져와 손바
닥이 위를 향하게 하고 가슴 앞에 둔다.

② 손을 뒤집으면서 손바닥이 정면을 향하게 하여 쭉 앞
으로 내밂과 동시에 등뼈는 뒤로 빼어 둥글게 한다. 마
치 고양이나 호랑이가 무료할 때 하품을 하면서 기지개

를 키는 모양이다.

③ 천천히 원래의 위치로 되
돌아온다.

＊ 요통이 있을 때 엎드려서
척추를 둥글게 하는 운동
과 같은 효과이다. 척추를
뒤로 둥글게 함으로써 부
척주근을 신장시키고, 요
추의 전만도를 개선시킨
다.

제7단 양수반족고요신(兩手攀足固腰腎)

① 양발을 붙이고 자연스럽게
선 자세이다.

② 천천히 숨을 들이쉬면서 손
을 들어올려 만세 동작을 취한
다.

③ 끝까지 올라가면 숨을 내쉬
면서 손과 머리, 등, 허리를 위
에서부터 구부린다. 마치 수영
선수가 물에 들어가지 직전의
자세이다. 즉 허리부터 구부리

지 말고 손끝이 최대의 원을 그리도록 한다.

④ 손이 바닥에 닿을 때까지 계속 내리는데 무릎이 굽혀
지지 않도록 조심하며, 끝까지 가면 발끝을 손으로 잡고
숨을 멈춘 상태에서 5～10초 유지한다. 발끝에 닿을 수
없는 사람은 발목을 잡는다.

* 몸의 뒤에 있는 근육들인 척주기립근, 둔근, 슬괵근, 비복근, 가
자미근을 강화시켜 요척주를 강화한다. 허리는 신장의 부위(腰
者 腎之府也)이니 이 운동은 몸의 유연성과 노화 정도를 측정하
는 척도이기도 하다. 신장은 한방에서 생육(生育)과 노화를 관장
하는 기관이기 때문이다.

제8단 대붕전시증폐기(大鵬展翅增肺氣)

① 기본자세 : 양발을 모아 선 자세에서 왼발을 중심선에서 45도 각도 왼쪽으로 비스듬히 내어 발뒤꿈치로 딛어 균형을 유지하고, 무게중심은 뒷발인 오른발에 둔다. 양손은 몸 앞에서 포개어 놓는다.

② 중심을 왼발로 옮기면서 오른발 뒤꿈치를 들고 앞 끝만 디뎌 균형을 유지하고, 동시에 천천히 가슴은 앞으로 최대한 내밀고 양팔은 뒤로 젖혀서 마치 새가 활개를 활짝 편 듯한 자세를 취한다. 이때의 무게중심은 앞발인 왼발에 있다.

③ 위와 역순으로 원래의 위치로 돌아온다. 3~6회 반복한다.

④ 발을 모으고, 이번에는 오른발을 비스듬히 오른쪽으로 45도 앞으로 발뒤꿈치로 균형을 잡고, 무게중심은 뒷발인 왼발에 두는 기본자세를 취한다.

⑤ 같은 요령으로 3~6회 반복한다.

* 대흉근을 신장시킴으로써 심장의 혈액순환을 촉진하며, 전거근과 같은 호흡보조근을 신장하여 호흡을 원활하게 함으로써 심폐의 기능을 돕는 운동이다. 문틀에 양손을 기대고, 가슴을 쭉 내밀며, 대흉근을 신장하는 의미와 같다.

제9단 배후칠전백병소(背後七顚百病消)

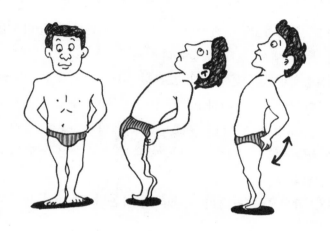

① 기본자세 : 양발을 모으고 서서 허리에 손바닥을 댄다.
② 발뒤꿈치를 서서히 들면서 머리와 허리를 뒤로 제끼고, 양 어깨는 서로 벌린다.
③ 천천히 기본자세로 돌아온다. 반복.

* ②에서 주의할 점은 발끝을 들면서 항문에 힘을 주고, 발끝에 힘을 주어 종아리의 가자미근에서 둔근까지 수축이 되어야 한다. 또한 균형을 잘 유지하여 근육의 긴장감이 흐트려지지 않도록 한다. 발바닥에는 신(腎)경락이 시작하고, 종아리 뒤쪽은 방광(膀胱)경락이 흐르며, 척수가 흐르는 배려(背脊)간은 기경팔맥의 독맥이 흐르는 곳이다. 또 항문에 힘을 주어 회음부를 강화하니 회음은 곧 단전이며, 임독맥이 시작하는 부위이다. 임맥,

독맥, 신경락, 방광경락은 모든 원양(元陽)의 기운을 주
재하여 생식, 발육, 성장에 관여하여 인신의 생명력을
부양시키는 작용을 한다. 그러므로 면역력을 증강시켜
백병을 이길 수 있다고 한 것이다.

제10단 신수평준창위소(伸手平蹲脹胃消)

① 기본자세 : 양발을 무릎을 약간 구부린 채 어깨 너비로
벌리고, 팔은 양다리 옆에 자연스럽게 대고 선다.
② 양손을 손등이 위로 향하게 하여 서서히 들어올리며
숨을 들이마신다.
③ 숨을 천천히 내쉬면서 양손을 천천히 내리고, 동시에

무릎을 굽혀 쪼그려 앉는다. 이때 발바닥 전체가 땅바닥
에 붙어 있어야 한다.

④ 쪼그려 앉은 자세에서 숨을 천천히 들이마시면서 양팔
   을 각각 앞에서 뒤쪽으로 호(반원)를 그리면서 허리 뒤
   에서 손목을 돌려 손바닥이 위로 향하게 하고 옆구리에
   댄다.
⑤ 위의 동작에서 끊어지지 않고, 계속해서 양손을 앞으로
   쭉 나오면서 가볍게 주먹을 쥔다. 둥글게 호를 그리며
   손을 앞으로 내밀면서 주먹을 쥘 때 숨은 들이마시고,
   마치 땅에서 기운을 퍼 담는 듯한 기분으로 실시한다.

⑥ 숨을 멈추고 약간 숙여진 등을 땅과 수직으로 세운 후 무릎을 펴면서 일어난다. 손은 움직이지 않고, 수평으로 있되 팔꿈은 자연스럽게 굽혀 있다.

⑦ 양손의 주먹을 펴면서 손바닥이 아래를 향하게 돌린다.

⑧ 숨을 천천히 내쉬면서 양팔을 천천히 내린다. 2회 반복.

* 위의 운동 중에 자연스럽게 단전호흡을 하게 하여, 기력을 돋우고, 소화를 촉진시킨다.

제11단 단금전공제병각(段錦全功除病却)

1식

① 기본자세 : 중심을 오른발에 두어 버티어 서고, 왼발을
  전면에서 45도 각도로 왼쪽 방향으로 들어올린다. 양손
  은 각각 양 허리에 걸쳐놓는다.

② 2~3초 정도씩 발목을 위로 당기고, 중립 위에서 휴지
  기를 둔 후 다시 아래로 밀며, 왼쪽으로 큰 원을 그리며
  발목을 3번 돌리고, 오른쪽으로 큰 원을 그리며 3번 돌
  린다.

③ 이어서 무릎을 구부렸다 다리를 터는 기분으로 가볍게
  3번을 찬다.

④ 똑같은 방법으로 오른쪽을 실시한다. 1회만 실시.

2식

① 기본자세 : 두 발을 모으고 선 자세에서 손바닥을 아래
　로 향하게 하고 양손을 허리 높이로 놓는다.
② 땅을 누르는 기분으로 아래로 향해 밀어내림과 동시에
　발뒤꿈치를 서서히 끝까지 힘껏 들어올린다.

* 9단과 같은 의미가 있다.

제12단 운련십지익심장(運練十指益心臟)

1식

① 두 발을 모으고 선 자세에서 양손을 각각 양옆으로 어
   깨 높이 정도로 올려서 주먹을 쥐었다 폈다 한다. 너무
   꽉 쥐거나 너무 느슨하게 하지 않는다. 50회 정도 반복
② 같은 자세로 손을 위아래로 흔들며 50번을 털어준다.
③ 두 손을 앞으로 하여 위와 같은 요령으로 주먹을 쥐었
   다 폈다 하고, 다시 손을 위 아래로 털어준다.

2식

① 기본자세 : 두 발을 어깨 너비로 벌리고, 무릎은 약간
   굽히며, 어깨를 약간 벌려, 새가 활개짓 하는 자세에서
   팔꿈은 굽혀서 양손을 가슴 앞 부위에 둔다.

② 양손의 손가락에 최대한 힘을 주어 쫙 벌리고 앞으로
   쭉 내밀면서 무릎은 탄력적으로 굽혔다 펴는데, 손이 앞
   으로 쭉 뻗는 시점과 무릎이 원래대로 펴지는 시점이
   동시에 일어나야 한다.
③ 휴지기 없이 바로 팔을 거두어서 팔꿉을 굽힌 자세의
   기본자세로 돌아온다. 이때 팔은 자연스럽게 앞뒤로 흔
   들리게 된다.
④ 이를 되풀이한다.
⑤ 호흡은 팔을 내밀면서 숨을 들이마시고, 거두어들이면
   서 숨을 내쉰다. 10회를 반복한다.

* 손바닥은 심장의 경락이 닿아 있으며, 그만큼 순환이 잘 되는
  곳이며, 혈액순환장애시 잘 저릴 수 있는 부위이다. 손바닥에
  힘을 주어 힘껏 제껴 주고, 손을 쭉 뻗음으로써 수지굴근과 신
  근을 신전시키고, 손을 쥐었다 폈다하고, 손을 털어 줌으로써
  손바닥의 순환을 촉진한다. 마무리 운동으로도 적합하다.

《참고》
팔단금의 종류는 좌식, 입식할 것 없이 조금씩 변형되어 수많은
동작이 있다. 같은 이름 아래서도 약간씩 동작에 차이가 있다. 위
의 것은 이찬 선생의 태극권강좌(하남출판사 간행)에서 근육신장의
원리에 충실한 것만을 추린 것을 기본으로 하고, 필자의 경험을
약간 가미하였다. 위의 12가지 동작에서 자신이 편한 것을 8가지
하던가 자신이 약한 곳을 보강하는 면에서 몇 가지 골라서 하면
건강에 큰 도움이 될 것이다.

좌식팔단금(坐式八段錦)

1) 고치집중(叩齒集中)

눈을 감고 마음을 가다듬어 정좌하며, 엄지손가락을 다른 네 손가락으로 감싸쥐고 정신이 집중되면, 위 아래의 이를 서로 부딪히길 36회 한다.

2) 명천고(鳴天鼓)

양손으로 머리를 감싸쥐는데, 손바닥으로 귀를 덮어 눌러 다른 소리가 들리지 않도록 하고, 둘째 손가락을 가운데 손가락 위로 가볍게 올려 놓고 튕기듯이 뒷머리를 두드린다. 이것을 명천고라 하는데, 튕기는 소리가 귓속에

서 큰북처럼 울리게 될 것이므로 붙인 이름이다. 24회 한
다.

3) 요천주(搖天柱)

　천주는 귀 뒤와 목덜미 중앙 사이에 있는 경혈 이름이
다. 역시 엄지손가락을 감싸쥐고 정좌한 뒤 좌우로 머리를
천천히 흔드는데, 좌우의 어깨를 보듯이 하기를 24회 한
다.

4) 각수진(覺漱津)

　혀로 잇몸을 구석구석 좌우로 36회 문질러 침이 입안에
고이면 입안을 양치질하듯 36번 행군 다음 세 번에 나누
어 삼킨다.

5) 마신당(摩腎堂) 또는 찰요(擦腰)

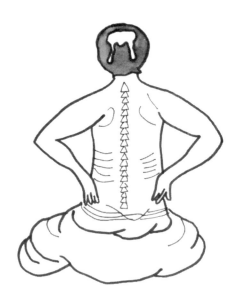

코로 맑은 공기를 들어 마시고 숨을 멈춘 후 두 손을 마주 비벼서 손바닥에 뜨거운 열이 나도록 한 다음 서서히 숨을 내쉰다.

손바닥으로 허리 뒤의 정문(精門 곧 신장 부위)을 36회 문지른다.

끝나면 다시 숨을 멈추고, 엄지손가락을 감싸쥔 채 정좌를 하여 단전에 뜨거운 기가 모이는 것이 느껴지도록 한다.

6) 단관녹로(單關轆轤)와 쌍관녹로(雙關轆轤)

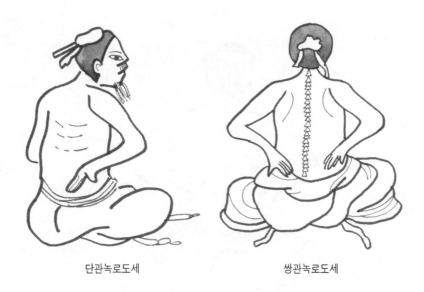

단관녹로도세   쌍관녹로도세

녹로란 도자기를 만들 때 발로 돌려서 모양을 만들 수 있게 하는 물레를 말한다. 머리를 숙이고 어깨를 하나의 축으로 하여 팔을 들어 올렸다가 내리는데, 이때 코로 맑은 공기를 들이마시면서 기가 단전에서 시작하여 허리를 지나 등줄기를 타고 올라가 뒤통수(뇌호혈 腦戶穴)로 들어가는 것을 느끼도록 한 후 일단 잠시동안 숨을 멈추었다가 숨을 서서히 내쉬면서 팔을 내리도록 한다.

한 손씩 번갈아가면서 하면 단관쌍로이고 두 손을 동시에 하면 쌍관녹로이다.

7) 좌우안정(左右按頂)

　양손을 깍지를 낀 채 머리 위로 쳐들어 허공을 치듯이
하길 3번 혹은 9번 한다.

8) 구반(鉤攀＝휘어잡을 반)

　양다리를 바로 펴고 양손을 앞으로 하여 머리를 굽혀 발끝을 잡도록 하는데 12차례 정도 한 후 바로 정좌한다.

　이러한 8가지 동작이 끝나면 다시 입안의 진액이 마르므로 전과 마찬가지로 혀로 입몸을 마사지하여 침이 고이면 양치질하듯 입안을 헹구고 세 번에 나누어 삼키는데, 모두 3번을 반복하니 9번 삼키는 것이 된다. 이때 삼키는 소리가 꿀꺽 꿀꺽하고 나는 것이 좋으니 혈액의 순환을

순조롭게 하여 병의 원인이 되는 병사(病邪)가 감히 근접
치 못하고 오관(五官 즉 눈, 귀, 코, 인, 후)이 밝아지게 된
다. 위의 것을 좌식팔단금이라 하는데 동의보감 양생편의
안마도인법(按摩導引法)에 나와 있는 구절이며, 퇴계 이황
선생께서 공부하면서 즐겨 행하였던 건강체조법이니 숙지
하여 매일 반복하면 천금을 주고도 얻을 수 없는 건강을
얻을 수 있을 것이다.

약물양생법(藥物養生法)

앞에서 양생(養生)에 대하여 이야기하였지만, 양생을 제
대로 못했을 때 생기는 병이 있다. 그 중 하나가 내상(內
傷)이다. 한방에서는 병의 원인을 크게 3가지로 보는데 내
상과 외감(外感), 내상도 외감도 아닌 불내외인(不內外因)이
다. 불내외인이란 다치거나, 삐거나, 도검(刀劍)에 상하는
따위이다. 외감이란 바람(風), 차가움(寒), 더움 또는 뜨거움
(暑, 熱), 축축함(濕), 마름(燥), 불(火)의 6가지 기운, 즉 육음
의 사기(六淫之邪)에 감촉되어 병이 된 것이며, 현대의 세
균이나 바이러스에 의한 질환뿐 아니라 비세균성질환을
포괄한다.

내상은 크게 먹는 것에 상하는 음식상, 과로에 의한 노
권상(勞倦傷)으로 나눈다. 음식상은 다시 많이 먹어서 상하
는 과식상, 못 먹어서 상하는 기아상, 술에 상하는 주상,
독성이 강한 약, 또는 자신에게 맞지 않는 약에 상하는 약
물상으로 나누고, 노권상은 육체적 과로에 의한 과로상(過

勞傷), 정신적 과로에 의한 과심상(過心傷), 색을 너무 밝혀 생기는 방노상(房勞傷)으로 나눈다. 이를테면 현대인의 모든 생활조건이라 할 수 있는 정신적, 육체적 긴장과 스트레스, 인스턴트식품, 기름진 음식, 술, 남녀간의 성상품화와 멀티미디어의 발달로 인한 각종 정보의 노출 및 탐식 등이 모두 내상의 원인을 제공하는 것이다. 따라서 내상은 노화를 촉진하는 원인이며, 이를 잘 제어함으로써 젊고 건강한 삶을 영위하고, 생명을 연장할 수가 있다.

한방에서는 내상조리법으로써 소화기능의 적절한 조화(調和脾胃)와 스트레스의 적절한 해소(使心無凝滯)를 제시하였다. 방법론으로서는 먹는 음식과 약, 정신수양, 명상, 도인안교, 기공 등의 이(理)와 기(氣)가 합치되어야 한다. 기(氣)의 방법론은 전편의 양생법에 대강을 서술하였고, 여기서는 이(理)의 방법론인 먹어서 노화를 방지하고 치료에도 도움이 되는 약물을 소개하고자 한다.

옛 의서(『千金方』)에 '음식을 모르고는 장부(藏府)를 편안히 할 수 없고, 약을 모르고서는 마음을 고요하게 하고, 양성(養性)을 할 수 없어서 혈과 기를 도울 수가 없다. 따라서 병이 있으면 먼저 음식으로 하고, 낫지 않으면 약을 구하여야 한다'고 하였다. 그러므로 『동의보감』에는 '수곡(水穀)은 양명(養命)의 근본이 된다. 천지간에 사람의 성명(性命)을 키우는데 오직 오곡만이 토(土)의 공덕을 지녀 중화(中和)한 기운이 있으므로, 성미가 담백하고 달며, 화평하여서 오래 먹어도 싫증이 나지 않는데, 약은 그렇지 아니하니 아무리 좋은 인삼, 황기, 녹용 같은 약일지라도 편벽한 기운이 있으므로' 몸에 좋다고 가리지 않고, 먹는 것을 금기시하였다. 요즘처럼 인삼, 녹용뿐 아니라 좋다는 것은 동식물을 가리지 않고 잡식하는 세태에 하나의 경구(警句)가 될 것이다.

나이가 들면 장부의 기능이 쇠퇴하고, 체질이 허약해져서 노인성(퇴행성)질환이 초래된다. 따라서 강장약, 또는 보약을 쓰게 되는데, 그렇다 하더라도 각각의 약에는 편향한 성품이 있으므로 자신의 성정과 체질을 고려하여 약을 쓸 것이며, 남용하는 폐단이 없어야 할 것이다.

1. 보익약(補益藥 = 補養藥)

흔히 보약이라고 하는 약들이다. 허(虛)란 병에 대한 저항능력, 즉 정기(正氣)가 부족한 것이다. 보양약이란 신체의 허약함을 돕고, 생명현상인 기혈의 부족을 보충하여 기능을 충실히 하고, 생리기능을 원활하게 하며, 병에 대한 저항력을 견고히 유지하게 하는 약이다. 나이가 들면 음양의 평형(항상성)이 쉽게 깨어져 쉽게 병에 걸릴 수 있으므로 부족한 기와 혈, 양과 음을 도와주어 항상성을 유지시켜 줌으로써 병에 대한 저항능력을 키워주는 보약에 중점을 많이 두게 된다.

2. 보기약(補氣藥)

기가 부족한 증상, 즉 기허(氣虛)를 보하는 약이다. 심신이 과로하였거나 또는 오랫동안 병을 앓았을 경우, 선천적으로 기가 부족해서, 늙어서, 또는 영양결핍 등으로 장부의 기능이 쇠퇴함으로써 원기(元氣)가 부족한 현상이 나타날 수 있다.

주요 증상은 얼굴이 창백해지고, 기운이 자꾸 가라앉으며, 정신도 피곤하여 의지력이 약해지고, 정신집중이 안 되며, 소화가 안 되어 잘 얹히며, 숨소리가 가늘고, 짧으며, 식은땀이 나오고, 목소리도 가늘고 말할 힘이 없으며, 몸을 가누기도 힘들고, 손을 가늘게 떠는 증상이 나타난다. 맥은 대체로 침하고, 미약하고, 소화가 안 되므로 먹는 양이 줄며, 대변은 묽어지고, 소변은 잦고 힘이 없어진다.

기허(氣虛)란 각 계통 기관의 생리적 기능이 저하된 상태를 말한다. 이를테면 호흡기계의 생리적 기능이 저하되면 폐기허(肺氣虛), 소화기계의 생리적 기능이 저하되면 비기허(脾氣虛), 선천적으로 원기를 저장하는 장소인 신기능이 저하되면 신기허(腎氣虛) 등으로 나누어 볼 수 있다.

폐기가 허하면 호흡이 가쁘고, 말하기 싫으며, 음성이 작아지며, 기침을 하면서 객담이 나오는데 잘 뱉어지지 않는다. 비기(脾氣)가 약하면 식욕이 감퇴되고, 명치가 매달린 것처럼 소화가 안 되며, 자꾸 피곤하여 눕고 싶고, 사지에 힘이 하나도 없으며, 얼굴이 누렇게 뜨게 되며, 대변이 묽고, 소변이 잦아진다.

신기(腎氣)가 허약하면 허리와 무릎이 시고 아프며, 어지럽고, 귀가 울리며, 소변을 참기 힘들고, 소변양이 많고 길게 나오며, 무지룩하거나, 유뇨(遺尿) 또는 소변불통이 온다. 기와 혈은 밀접한 관계가 있으며, 혈은 기의 작용으로 생성, 운행되므로 보기약은 혈허(血虛)에도 응용이 된다. 당귀보혈탕에 황기가 군약으로 쓰인 이유이다.

보기약은 대체로 달고, 색깔은 희며, 소화가 잘 안 된다. 즉 이체(膩滯)하므로 다량 사용하면 헛배가 부르고, 머리가 무겁고 아플 수 있으므로 목향, 지각, 진피 등의 이기약(理氣藥)을 소량 가미하는 것이 좋다.

- 대표적인 약물 : 인삼, 황기, 백출, 산약, 대조(대추), 감초, 연자육, 백편두
- 대표적인 방제 : 사군자탕, 육군자탕

3. 보양약(補陽藥)

양기(陽氣)가 부족한 증상 즉 양허(陽虛)를 보하는 약이다. 양허(陽虛)하면 기본적으로 기(氣)가 부족한데다 상대적으로 음기가 성하여, 기허한 증상인 전신의 기능이 쇠퇴한 증상과 더불어 음이 성한 증상인 손발이 차고, 추워하며,

얼굴색이 창백하다 못해 추위서 푸른색을 띠며, 무릎과 허리가 시리고 힘이 없는 증상이 나타난다. 소변은 맑고 양이 많으며, 대변은 소화가 안 되어 나오고, 맥은 느리다.

어느 장기가 그 장기 안에 존재하여야 할 양기가 부족하여 추진작용을 못하냐에 따라 심양허(心陽虛), 비양허(脾陽虛), 신양허(腎陽虛)로 구분한다. 심장은 혈맥을 주관하므로 심양(心陽)이 부진하면 식은땀이 비오듯 나오고, 얼굴색이 백짓장 같으며, 손발이 저리고, 차며, 잘 붓고, 가슴이 뛰며, 맥박이 불규칙해지는 증상이 나타난다. 비장(脾臟)은 운화(運化)작용(소화작용)을 주로 하므로 비양(脾陽)이 허약하면 소화가 잘 안 되고, 대변이 묽고, 소화 안 된 변이 그대로 나오며, 식욕이 줄며 배가 고프지 않다.

신장은 선천의 본, 기의 근본이라는 별칭이 있다. 신양(腎陽)은 원양(元陽)이라고도 하여, 양허(陽虛)라고 하면 주로 신양허(腎陽虛)를 가르킨다. 신양을 보하면 심장과 비장의 양기를 같이 보하여 줄 수 있는 경우가 많다. 따라서 신양(腎陽)이 부족하면 비뇨생식증상인 소변 양이 많아지고, 자주 본다든가, 또는 수분대사가 안 되어 붓는다든가, 유정(遺精), 유뇨(遺尿), 야뇨(夜尿), 성력감퇴, 불임증, 성장발육부진, 조로(早老), 여성의 대하, 질건조, 불감증 등의 증상이 나타날 뿐 아니라 비장의 양기를 온양(溫陽)하지 못해 소화가 안 되고, 기를 충분히 끌어들이지 못하여(腎不納氣) 폐로만 숨을 쉬게 되므로 움직이면 숨이 가쁜 기급(氣急)증상이나 천식이 나타날 수 있다.

  보양약은 인체의 내인성(병원균에 대한 저항력, 추움과
더움에 견디는 능력)을 증강시키고, 어린이에게는 생장발
육을 촉진시키며, 성인에게는 성기능을 증진시키고, 노인
에게는 노화를 지연시켜 퇴행성질환에 효과가 있어서 어
느 연령층에나 자양강장(滋養强壯)하여 체력을 좋게 해 주
고, 병에 대한 저항력을 키워주는 효능을 지녀 이 책에서
언급하는 노쇠 또는 노인성 질환과 성장장애의 핵심적인
치료약물이다. 그러나 성품이 따뜻하고 조(燥)해서 양허하
더라도 화(火)가 왕성한 사람에게는 화기를 도와서 음기를
깎아먹을 수 있으므로 신중히 사용하여야 한다.

* 대표적인 약물 : 녹용, 녹각, 해구신, 합개, 파극, 파고지,
  토사자, 구척, 육종용, 음양곽, 선모, 호도육, 익지인, 질
  려, 동충하초, 쇄양, 호로파, 사상자. 골쇄보, 양기석, 속
  단, 두충, 구척.
* 대표적인 약제 : 팔미지황환(육미지황탕에 육계, 부자),
  좌귀환(左歸丸), 신기환(腎氣丸).

《참고》
녹용, 해구신, 합개, 동충하초는 고가의 약물이므로 필요하면 다른
보양약으로 대치한다. 보양(補陽)하면서 자음(滋陰)효과가 있는 약
물은 두충, 속단, 육종용, 쇄양 등이다.

4. 보혈약(補血藥)

피가 부족한 증상, 즉 혈허(血虛)를 보하는 약이다. 혈허의 주요 원인은 출혈이 있거나, 어혈이 제거되지 않아 피의 공급이 원활치 못하거나, 또는 비위(脾胃)의 운화작용(運化作用＝소화를 시켜, 에너지를 생성하고 찌꺼기를 내보내는 작용)이 저하되어 기혈생화(氣血生化)가 안 되므로 새로운 피가 생성되지 않는 때문이다.

증상은 얼굴이 창백하고, 혀 색깔과 입술 주위가 홍색을 띠지 못하고, 푸른색을 띠며, 눈이 어른거리고, 어지러우며, 시력이 감퇴하고, 피로하며, 마음이 안정이 안되어 가슴이 뛰고, 잠을 자지 못하며, 피부가 건조해지고, 근육이 떨리고 때로는 당기며, 여자의 경우 생리량이 감소하거나 없어지게 된다.

한방에서 ‘심장은 혈을 주하고, 간장은 혈을 저장한다(心主血, 肝藏血)’하니 혈허(血虛)는 심장과 간장의 음적(陰的)인 작용과 비위(脾胃)의 운화(運化)작용, 즉 양적인 작용이 불량한 까닭에 생긴다. 따라서 세분하여 심혈허(心血虛), 심비혈허(心脾血虛), 간혈허(肝血虛)로 나눈다. 심혈(心血)이 허하면 가슴이 뛰고, 잘 잊어먹고(건망증), 꿈을 꾸며 잠을 잘 못잔다. 심비(心脾)의 혈이 부족하면 식욕이 감퇴되고, 정신이 피로하며, 출혈경향이 생기고, 자궁출혈(崩漏症)이 생기거나, 생리가 불순하다. 간혈(肝血)이 부족하면 어지럽고, 눈앞이 어른거리며, 시력이 감퇴되고, 손다리가 떨리거나 마비되며, 근육이 경직되고, 손톱이 마르고 트며, 잠을 못 이루고, 생리량이 줄거나 끊어진다.

보혈약의 작용은 조혈(造血)만 하는 것은 아니다. 실험에 의하면 조혈기관을 직접 자극함으로써 조혈기능을 촉진시키는 보혈약은 적다. 많은 보혈약들은 자양강장(滋養强壯), 전신의 영양상태 개선, 신경계기능의 개선 등의 작용을 통해서 간접적으로 조혈기능을 촉진하고, 간장(肝臟)을 보호하며, 심기능을 안정시켜 혈허증상을 개선시킨다. 대개의 보혈약은 자윤성(滋潤性)이 있어 장기간 또는 다량으로 복용하면 소화불량을 일으킬 수 있다. 비위를 좋게 하고, 다스리는 약(建脾和中藥)을 배합하여 이를 방지한다.

• 대표적인 약물 : 숙지황, 당귀, 백작약, 구기자, 용안육, 단삼
• 대표적인 방제 : 사물탕, 당귀보혈탕, 귀비탕

《참고》
기는 혈의 수이고(氣者血之帥), 혈은 기의 어머니(血者氣之母)이다. 기혈은 상호 의존하므로, 실혈(失血)이 과다하면 기는 따라서 쇠퇴하게 된다. 따라서 보혈제에는 인삼, 황기 같은 보기제를 넣어야 기운을 돕고, 혈을 생(益氣生血)할 수 있는 법이다.

5. 자음약(滋陰藥 = 補陰藥 = 養陰藥)

음허(陰虛)한 증상을 치료하는 약물이다. 음허하면 기본적으로 혈이 부족한데다 상대적으로 양기가 성하여, 혈허한 증상인 눈앞이 어른거리고 어지러우며, 잠을 잘 못자고, 가슴이 뛰며, 살이 마르는 등의 증상과 더불어 상대적으로 화(火)가 성하므로 얼굴이 벌겋게 달아오르고, 손발이 뜨거우며, 가슴에 번열이 생기고, 입과 인후가 마르며, 식은땀을 흘리는 증상을 보인다. 입술이 붉고, 혀 색깔도 뻘겋게 되며, 심하면 갈라지고, 번들번들하며, 맥은 빨라진다. 음(陰)은 선천의 신음(腎陰)과 후천의 위음(胃陰)이 기본이 되므로, 많은 보음약들이 신음(腎陰)과 위음(胃陰)을 자양하는 데 쓰인다. 좀 더 세분해서 폐음허, 위음허, 간음허, 신음허로 나눈다.

폐음허의 증상은 만성적인 기침이나 마른 기침, 또는 객담이나 객혈(상기도염, 기관지염, 폐결핵 등에서 볼 수 있다), 인후건조, 입마름, 목이 갈라진 소리, 피부건조증 등이며, 폐에 물기를 더해주는 곧 생진윤폐(生津潤肺)하는 사삼, 맥문동, 천문동, 옥죽, 백합, 비파엽 등 달고 차가운 약으로 열을 식히면서 폐를 윤택하게 해 주어야 한다. 대개 양음(養陰)하면서 기를 도와야 하니 인삼, 황기를 같이 써준다.

위음허는 열은 성하고, 위의 진액(津液)이 부족하여서 오는 증상이다. 가슴이 뜨겁고, 번열(煩熱)이 있으며, 식욕부진, 소화불량, 매운음식에 속쓰리고, 심하면 구토를 하며, 변비를 호소한다. 석곡, 맥문동, 사삼, 옥죽, 비파엽 등으로 열을 식히면서 자윤(滋潤)하여 치료한다. 위에 본 바와 같이 위음(胃陰)과 폐음(肺陰)을 같이 치료하는 약물이 많다. 한방생리학상으로 폐는 위음(胃陰)의 자양을 받고, 폐가 윤택하지 못하면 결국 위음(胃陰)의 진액(津液)이 마르기 때문이다.

간음허는 신장이 음혈(陰血)이 부족하여 양기(陽氣)가 위로 뜨므로 간혈(肝血)이 부족한 증상에 눈이 꺼끌하니 건조하고, 무엇을 뒤집어쓴 듯 컴컴하고, 어지러우며, 머리가 아프고, 인후가 건조하며, 귀에서 소리가 나고, 잠을 잘 자질 못하는 간양상항(肝陽上亢)의 증상이 나타난다. 고혈압에서 흔히 볼 수 있는 증상이다. 구판, 별갑 등으로 음액(陰液)을 보충하고, 위로 뜬 양기를 잠재운다.

신음허는 모든 음기의 근원처이므로 원음(元陰)이라고 하는 바와 같이 오래도록 병을 앓거나, 몸이 극도로 쇠약하면 출현한다. 주 증상은 머리가 어지럽고, 귀에서 소리가 나며, 밤에 식은땀을 흘리며, 손발이 뜨겁고, 한 번씩 열이 후끈 나며, 허리와 무릎이 시리고, 아프며, 소변이 자주 마렵고, 때로는 붉으며, 인후부와 혀가 건조하고, 맥이 빠르면서 힘이 없다. 신음(腎陰)이 부족하면 간음(肝陰)을 자양할 수 없고, 간음(肝陰)이 손상되면 나중에는 신음(腎陰)까지 손상되므로 통틀어 간신부족(肝腎不足)이라 한다. 여정자, 한련초, 구판, 별갑, 상기생, 흑호마, 흑두를 쓴다.

자음(滋陰)이란 결국 신음(腎陰)과 간음(肝陰)을 보하는 것과, 위음(胃陰)과 폐음(肺陰)을 청열보양(清熱補養)하는 것으로 대별하는데, 노인이나 허약자의 경우에는 주로 간신(肝腎)의 음허(陰虛)를 보하여야 한다. 자음약은 진액을 많이 함유하고, 성질이 차서 복용시 변이 묽어지고, 소화가 잘 안 되어 체하기 쉬우므로 변이 묽고 소화가 안 되는 사람은 피하여야 한다. 노약자에게 자음약은 좋은 약이긴 하나, 소화가 안 되고, 변이 묽은 사람이 많으므로 신중히 사용하여야 한다.

• 대표적인 약물 : 건지황, 숙지황, 맥문동, 천문동, 옥죽, 석곡, 백합, 여정자, 한련초, 구판, 별갑, 흑호마, 사삼, 구기자, 산수유
• 대표적인 방제 : 육미지황환, 좌귀음, 대보음환, 일관전(一貫煎)

6. 수명을 연장시켜주는 방제

TV에 나오는 약광고만 들어보면 이 세상에 못 나을 병은 하나도 없을 것 같고, 좋다는 한약재를 하나하나 들어보면 만병통치가 아닌 약은 하나도 없다. 두충을 예로 들면 고혈압, 당뇨병, 신경통, 관절염 등 웬만한 성인병에 안

듣는 곳이 없다. 뽕나무잎이나 가지도 마찬가지다. 하지만 두충을 복용해서 고혈압, 당뇨가 조절됐다는 소리는 듣지 못하였다. 일정한 효과는 있지만 어떤 병을 치료하는 데 주먹구구식으로 '어디어디에 좋다'는 말만 가지고는 임상적으로 응용이 불가능하다.

이를테면 "당뇨가 공복시 혈당은 얼마고, 식후 혈당은 얼마인데 어떤 약을 어떤 상태에서 얼마큼 썼더니 몇 %가 유효하였다"하는 식의 정량화가 필요하다. 당뇨 또는 혈압이 높다고 하더라도 높은 정도에서부터 약물에 대한 반응은 사람마다 다 다르기 때문이다. 그런데도 첨단시대를 가는 현대에 좋다는 약물에 대한 탐욕은 끝이 없는 것 같다.

한방에서 두충의 효능을 말할 때 '성미는 따뜻하고 달며, 간신(肝腎)의 기능을 돕는 작용을 한다'고 하면 그로써 족하다. 여기에서 고혈압, 당뇨, 요통, 슬통, 태기불안에 쓴다는 것을 유추할 수는 있으나, 이러한 자질구레한 주치증상은 차후의 문제일 따름이다. 즉 그 약이 어디 어디에 쓰이느냐보다 그 약이 주로 어느 장기에 어떻게 작용하느냐가 더욱 중요하다.

갱년기 이후에는 음양을 담는 생명의 그릇 자체가 작아져 항상성(homeostasis)이 쉽게 깨어지고, 쇠약해져서 기혈이 부족하기 쉽고, 점차 간신(肝腎)의 기능이 허약해져 각종 질병이 야기될 수 있다. 따라서 일반적으로 50대 이후에는 기혈을 돕고, 간신(肝腎)의 음양을 키우는 약물을 많이 쓰긴 하지만, 노화의 속도가 개인에 따라 다르고, 기혈과 음

양의 편차 또한 사람에 따라 다르기 때문에 선택하는 약
재 또한 달라져야 하는 것이 원칙이다. 몸이 약하다고 모
든 보약을, 관절염이 있다고 모든 관절염약을, 혈액순환이
안 된다고 혈행을 개선하는 약을, 머리가 아프다고 진통시
키는 약을 대충 섞는다고 약이 될 수는 없는 것이다. 따라
서 노인성질환이나 보약을 쓸 경우에도 다음과 같은 법도
가 있다. 그리고 그 아래에는 노인들의 일반적인 생리와
병리를 바탕으로 그러한 원칙 아래 잘 짜여진 방제를 평
소에 복용할 수 있는 약제로서 소개한다.

1) 기와 혈, 음과 양의 한쪽만 보하지 않는다(補勿過偏)

노인의 퇴행성질환에서 신장(腎臟)에 저장된 음양을 자
보(滋補)하는 것이 기본원칙이기는 하지만 보익약에도 뜨
겁고(熱), 차거운(寒) 약, 서늘하고(凉), 따뜻한(溫) 약의 차이
가 있다. 또한 사람에 따라 음양허실이 같지 않으니 적절
한 약물을 법도에 맞게 투여하여야 한다. 이를테면 인삼,
녹용이 아무리 좋다고 한들 장복해서 좋은 사람보다는 좋
지 않은 경우가 훨씬 많다. 체질에 맞는다고 하더라도 장
기간 하나의 약물을 선택하여 복용하는 것은 득보다 해가
많은 것이다.

사상의학적으로 체질이 소음인이라고 해서 평소에 건강
관리를 인삼으로 한다는 사람이 있는가 하면, 나는 인삼만
먹으면 머리가 아파서 절대 소음인은 아닐 것이라는 사람

도 있는데, 이것은 어느 하나만 보고 다른 한편은 보지 못한 것이다. 소양인이나 태음인도 인삼을 써서 단기간에 소양인의 비한증(脾寒症)이나 태음인의 위완한증(胃脘寒症)이 좋아지는 경우는 얼마든지 있고, 소음인이라고 하더라도 보혈약을 배제한 채 인삼만 계속 복용하는 경우 머리가 아픈 경우도 얼마든지 있다.

따라서 고인들의 방제법은 그 법도가 엄밀하여 음양승강(陰陽昇降)과 한열보사(寒熱補瀉)가 서로 잘 어우러져 음양의 균형을 한치도 어김없이 맞추어 주고자 하였다. 이를테면 팔진탕(八珍湯)은 기허(氣虛)에 쓰는 사군자탕(四君子湯)과 혈허에 쓰는 사물탕(四物湯)을 합하고, 다시 생강, 대추를 넣어 영위기(營衛氣)를 조화시킴으로써 기혈이 서로서로 자생(滋生)하게끔 하였다.

혈을 보하는데 목적이 있는 당귀보혈탕(當歸補血湯)도 보혈하는 당귀는 2돈인데 비하여 보기하는 황기는 1냥을 넣음으로써, 기가 왕성해야 혈이 저절로 생기는 기혈상생(氣血相生)의 원리를 응용하고 있다.

어린아이와 노인을 보하는 대표적 방제이자 신장의 음기(陰氣)를 보하는 대표적 처방인 육미지황탕(六味地黃湯)은 신음(腎陰)을 보하는 숙지황, 산수유와 비위를 돕는 산약에 음허함으로써 나타날 수 있는 화기(陰虛火旺이라 한다)를 끌어내리는 목단피와 이수(利水)를 시켜 열이 쉽게 배출되게 하면서 보음(補陰)하는 약물이 목적하는 신장으로 도달하도록 이끌어 주는 백복령, 택사로 이루어져 있다. 3가지 약물은 보하고, 3가지 약물을 사(瀉)하되 그 비중을 신음(腎陰)을 보하는 숙지황을 대량으로 하고, 산약, 산수유를 중량으로, 목단피, 백복령, 택사를 소량으로 해서 보와 사의 균형을 7 : 3정도로 하여 보(補)중에 사(瀉)함이 있어 적체되는 일이 없도록 배려하였을 뿐 아니라, 그 효과는 보음(補陰)만 하였을 때보다 훨씬 배가되었다. 신양(腎陽)을 돕는 팔미환(八味丸)은 여기에 열성약인 육계, 부자를 넣어 육미지황탕의 신음을 돕는 약과 음양협조를 도모하였다.

변비에 쓰는 제천전(濟川煎), 윤혈음(潤血飮), 통유탕(通幽湯)에는 장을 부드럽게 하고, 아래로 기를 내리는 약물에 부드럽게 끌어올리는 승마를 넣어, 강중유승(降中有升)함으로써 오히려 기를 내리는 작용을 더욱 강화한 것에 비유할 수 있겠다. 이것은 마치 한쪽 문만 열었을 때보다 양쪽 문을 열었을 때 소통이 더 잘 되고, 생계란을 먹을 때 한쪽보다는 양쪽으로 구멍을 뚫어야 하는 이치와 같다. 그러므로 보양약(補陽藥)중에 보음약(補陰藥)을 겸비하는 것이다. 보양약은 대개 성질이 맵고, 조열(燥熱)해서 화기를 도와 음을 깎는 폐단이 있으므로 달고 윤택한 보음약을 같이 넣어서 음양호근(陰陽互根), 음양호용(陰陽互用)의 이치를 살리는 것이다. 소위 장경악은 『경악전서』에서 '양을 보하려면 반드시 음 중에 양을 구하여야 하니 즉 양은 음의 도움을 얻어야 생화함이 무궁하다. 음을 보하려면 반드시 양 중에 음을 구하여야 하니 음은 양의 상승함을 얻어야 생성의 원천이 마르지 않는다.(善補陽者 必于陰中求陽 則陽得陰助 而生化無窮 善補陰者 必于陽中求陰 而陰得陽升 而泉源不竭)'라고 한 바와 같다.

2) 보하되 남용하지 않는다(補而勿濫)

노인은 오장기능이 허손하여 아팠는가 하면 금방 병이 심해진다. 약간의 음양실조에도 그럴 수 있으므로 만약 실(實)한 증상이 있다고 하더라도 사기(邪氣)를 치는 약을 위주로 쓰면 진원지기(眞元之氣)를 손상하게 된다. 또 좋다고 해서 한쪽 계통의 약만을 계속 쓰면 다른 한쪽의 기운은 손상을 받는다.

이를테면 보음약(補陰藥)은 성질이 대개가 달고 차며 끈적거려서(滋膩) 많이 먹으면 쉽게 양기를 손상한다. 보양약(補陽藥)은 성질이 대개 따뜻하고 건조해서 화기를 도와 많이 먹으면 음기를 깎는다. 보혈약(補血藥)은 성질이 끈끈해서(粘膩) 많이 먹으면 비위를 손상한다. 보기약(補氣藥)은 옹체(壅滯)가 잘 되므로 소화가 잘 안되어 가슴이 답답하고 헛배가 부른다.

예를 들면 숙지황 같은 보음약을 장복하면 가슴이 답답하고 식욕이 감소되는 부작용이 생길 수 있다. 녹용 같은 보양약을 장복하면 몸에 열이 나고 코피가 나며 가슴이 답답한 부작용이 생길 수 있다. 인삼 같은 보기약을 장복하면 가슴이 뛰고 답답하며 잠을 잘 이루지 못하고 소화가 안 되며 식욕이 감소하는 부작용이 생길 수 있다. 당귀 같은 보혈약을 장복하면 소화가 안 되고, 설사를 하며, 소변이 자주 마려운 부작용이 생길 수 있다.

노인들은 기본적으로 음양(陰陽)이 모두 허약한데 보양(補陽)하는 약물을 남용하면 음액(陰液)을 모산하고, 그렇다고 자음(滋陰)하는 약물을 과다하게 쓰면 양기는 더욱 허약해질 것이다. 그러므로 어느 한 가지 약물로서 지속적으로 양생할 수 있는 약제는 거의 없다고 해도 과언이 아니므로, 고래로 내려오는 방제의 의의에 맞는 복방(復方 : 한 가지 약물만을 쓰는 단방의 반대말로 여러 가지 약으로 조화를 맞춘 방제)을 운용하는 것이 좋다. 여기에 그 사람의 체질 조건을 고려하여야 함은 물론이다.

3) 상용되는 방제

1. 조리비위상복약(調理脾胃常服藥)

내상을 예방하거나 치료 후에 복용하는 약이다. 비위가 허약한 사람에게 적당하다. 비위(脾胃)는 후천의 본이라 하니, 선천적으로 아무리 훌륭한 체력을 타고 태어났다고 하더라도 환경적으로 기거(起居)가 부적절하고, 음식에 절도가 없으며, 평온한 마음을 유지 못한다면 비위를 손상하고 결국은 선천의 본인 신장까지 손상하여 노화에 지대한 영향을 미친다.

① 삼령백출산(參苓白朮散)

인삼(人蔘), 백출(白朮), 백복령(白茯苓), 산약(山藥), 자감초(炙甘草=감초 구운 것) 각 12gm
의이인(薏苡仁), 연육(蓮肉), 길경(桔梗), 사인(砂仁), 백편두(白扁豆) 각6gm

복용법 : 가루를 내어 한 번에 4~6gm을 하루 3회 복용한다. 생강 3
쪽, 대추 2개를 넣고 탕약으로 달여 먹어도 좋다. 복용 후 오히려 속
이 더부룩하면 의이인을 빼고, 진피(陳皮), 백두구(白豆蔲)를 가한다.

주치 : 병후에 비위를 조리한다. 비위기능이 허약하고, 변이 무른 사
람이 평소에 복용하여도 좋다.

② 태화환(太和丸)

백출(白朮土炒) 160gm
백복령(白茯苓), 백작약(白芍藥), 신곡(神曲炒), 맥아(麥芽炒) 각 100gm
향부자(香附子 童便炒), 당귀(當歸), 지실(枳實) 각 80gm
용안육(龍眼肉), 백두구(白豆蔲), 반하(半夏) 각 48gm
진피(陳皮), 황련(黃蓮), 산사육(山査肉), 자감초(炙甘草) 각 28gm
인삼(人蔘), 목향(木香) 각 20gm

복용법 : 가루를 내어 연잎을 달인 물에 오래된 쌀로 풀을 쑤어 같이
반죽한 다음 오동열매 크기로 환을 지어 30~50알 복용한다. 탕약으
로는 위의 약을 20첩으로 나누어 복용한다.

주치 : 비위가 약하여 식욕부진하고, 소화가 잘 안 되며, 살이 마르
고, 얼굴빛이 누렇게 된 증에 쓴다. 노인들의 비위허약자 뿐 아니라
평소 소화가 안 되고, 잘 얹히는 사람에게 좋다.

③ 백출화위환(白朮和胃丸)

백출(白朮) 60gm

후박(厚朴), 반하(半夏) 각 40gm

진피(陳皮) 32gm

인삼(人蔘) 20gm

지실(枳實), 빈랑(檳榔) 각 10gm

감초(甘草) 8gm

목향(木香) 6gm

건강(乾薑) 4gm

복용법 : 위의 약을 가루를 내어 오동나무열매 크기로 환을 만들어 50알씩 복용한다.

주치 : 오랜동안 병을 앓아 비위기능이 허약하여 먹지 않고, 소화가 잘 안 되는 데 상복한다.

④ 경옥고(瓊玉膏)

생지황(生地黃)에서 즙을 내어 찌꺼기를 제거한 것 9,600gm

인삼(人蔘)가루 900gm

백복령(白茯苓)가루 1,800gm

백밀(白蜜) 끓여서 찌거기를 제거한 것 6,000gm

만드는 법 : 위의 약을 같이 섞어 항아리에 넣고 기름종이를 다섯 겹을 싸고 다시 두터운 천을 덮은 다음 끈으로 잡아맨다. 이것을 큰 구리솥에 넣는데 솥바닥에 닿지 않고 뜨도록 매달아 놓거나 솥 밑에 받침을 놓고 항아리가 목까지 잠길 만큼 사이에 물을 붓는다. 뽕나무로 3일 밤낮을 끓이는데, 물이 줄지 않도록 수시로 따뜻한 물을 첨

가한다. 솥에서 꺼낸 항아리를 꺼내면 새지 않도록 입구를 납지(蠟紙)로 봉한 후 우물 속에 하루 밤낮을 매달아 두었다가 꺼낸다. 다시 솥에 넣고 위와 같이 하루 밤낮을 중탕하면 완성된다.

복용법 : 경건한 마음으로 하루에 2~3회, 1~2숟갈씩 따뜻한 물이나 술로 복용한다.

주치 : 신장의 음분을 자양하고, 폐를 윤택하게 하며, 비위의 기를 도와서 골수를 충족시키므로 원기허약으로 인한 모든 증상에 상복할 만하다.

참고 : 비위조리약으로 분류를 하지만 만성적인 기침, 쇠약, 유정, 유뇨, 심지어는 월경불순, 불임증 등 폐와 신장과 관련된 질환에도 쓸 수 있다. 이때 호도육, 천문동 등 폐와 신장을 보하는 약제를 가하고, 폐질환에는 맥문동, 오미자, 비파엽, 지골피, 자완, 자하거, 합개 등을, 신장질환에는 두충, 파고지, 구기자 등을 증상에 따라 가하면 좋다. 예를 들면 배원식선생의 최신한방임상학에 나오는 포위환(包圍丸)과 자궁환(滋宮丸)이 있다.

⑤ 포위환(包圍丸=자폐고(滋肺膏)라고도 함)

호도육 - 기름 뺀 것(胡桃肉 去油) 800gm
파고지 소금물에 초한 것(破故紙 鹽水炒) 400gm
오미자(五味子) 200gm
천문동(天門冬) 160gm
백복령(白茯苓), 자완(紫菀) 각 120gm
지골피(地骨皮) 80gm
비파엽 40gm

만드는 법 : 위의 약을 가루로 하여 꿀에 반죽을 한 다음 항아리에 넣고 2~3일간 중탕을 해서 약이 익으면 꺼내어 오동나무열매 크기로 환을 만든다. 합개, 자하거를 가하면 더욱 좋고, 소화가 잘 안 되면 사인을 가한다.

복용법 : 하루에 3회 30~50알씩 복용한다. 10세 미만의 어린이는 2알씩 복용하고, 10~15세는 10알씩 복용한다. 어린이는 녹두알 크기로 환을 만드는 것이 복용에 편리하다.

주치 : 폐결핵, 만성기관지염, 소아아데노이드 등을 치료한다. 어린아이가 편도가 부어있고, 감기에 잘 걸리며 식욕이 없으며 편식할 때 상복한다.

참고 : 소아성장장애에 천문동, 오미자, 자완, 지골피, 비파엽을 빼고, 두충 400gm, 녹용 또는 녹각교 200gm, 사인 150gm을 넣고 생강즙과 꿀에 버무려 항아리에 넣고 중탕하여 녹두 크기로 환을 지어 나이에 따라 10~30알씩 먹는다. 이것은 신허요통에 쓰는 청아환의 변방으로서 신(腎)의 양기를 돕기 때문에 소변발이 가늘고, 아랫도리가 차면서 힘이 없으며 밤일이 힘든 중장년기의 남성들도 상복할 만한 약이다.(아래 청아환(靑蛾丸) 참조)

⑥ 자궁환(子宮丸)

숙지황(熟地黃), 인삼(人蔘) 각400gm
백복령(白茯苓) 800gm

만드는 법 : 숙지황을 맑은 식수에 깨끗이 씻어 모래알 같은 것을 없애고, 여기에 적당량의 물을 넣고 반죽이 되도록 끓여 흐물흐물하게 되면 채에 다시 걸러 불순물과 섬유를 제거한다. 여기에 인삼과 백복

령의 혼합분말을 꿀과 함께 섞어서 반죽한다. 이것을 항아리에 넣고, 유지로 항아리입을 막고, 다시 비닐을 씌운 다음 노끈으로 묶어서 4일간 중탕한다. 약이 익으면 꺼내서 오미자 크기로 환을 만든다. 소화가 잘 안 되는 사람은 사인을 120gm 가하여 약을 만든다. 경옥고에서 생지황 대신 숙지황을 넣고 제조방법을 간략화하였다.

복용법 : 처음에는 10~15알에서 시작하여 3, 4일마다 5알씩 증량하여 40~45알을 최종량으로 한다.

주치증 : 일체의 신수부족(腎水不足)한 증상을 치료한다. 특히 여성의 생식기질환에 탁효가 있어 자궁환이라 이름하였다. 따라서 이 약의 적응증은 매우 다양하다. 예를 들면 여성의 생리불순, 월경통, 불임증에 6개월 정도 복용한다. 다산이나 유산과다, 임신중절, 갱년기장애 등으로 자꾸 피로하고, 나른하며, 소변이 자주 마렵고, 머리가 아프며, 어지럽고, 가슴이 답답하면서 얼굴이 달아오르고, 식은땀이 나며, 잠을 잘 못 자고, 질 주위가 건조하여 성관계를 기피하며, 여기저기 관절이 아픈 증상 등은 신수(腎水)가 부족한 증상이니 6개월 이상 장기간 복용하면 좋다. 갱년기우울증에도 효과가 있다.
이외에 신수부족(腎水不足)으로 기인하는 여자들의 원형탈모증, 갑상선기능항진증에도 좋다. 위의 약은 숙지황의 보음(補陰)하는 효과를 주성분으로 삼고, 인삼과 복령으로 비(脾)와 폐(肺)의 양기(陽氣)를 도우므로써 금생수(金生水＝폐의 금기가 신의 수기를 생기게 함)하여 신장을 자음하는 기능을 보조약으로 한 것으로 남자는 양을 위주로, 여자는 음을 위주로 기능하므로 여성의 성약(聖藥)으로 정의하였다. 그러나 기본적으로 경옥고와 처방구성과 제조법이 같기 때문에 폐와 신장을 자윤(滋潤)하는 작용을 가졌다고 생각되며, 증상에 따라 가감이 필요하다고 사려된다.

참고 : 배원식 선생은 위의 증상에 탕약으로는 대영전가미방(大營煎加味方)을 사용하였다. 다른 좋은 처방도 많이 있으나 대표적인 처방으로서 참고할 만하다.

⑦ 대영전가미방(大營煎加味方)

숙지황(熟地黃) 8〜20gm(소화불량자는 양을 줄이거나 용안육으로 대체한다)

당귀(當歸), 두충(杜冲), 구기자(枸杞子), 계피(桂皮) 각 6〜8gm(소화불량자는 양을 줄인다)

인삼(人蔘), 숙애(熟艾＝애엽(艾葉), 즉 쑥을 초한 것), 사인(砂仁), 감초(甘草) 각 4gm

우슬(牛膝) 8gm

* 참고 : 중장년기에 남성은 청아환(靑蛾丸)을, 여성은 자궁환(滋宮丸)을 상복할 만하다.

7. 보신약(補腎藥)

신(腎)은 선천의 본으로서 사람의 노쇠는 신기능과 관계가 깊다. 따라서 장수한다는 연년익수(延年益壽)의 방제는 대부분 보신약이다. 보신약은 다시 엄격히 나누면 신양(腎陽)을 돕는 약과 신음(腎陰)을 돕는 약으로 구분하지만 신양(腎陽)을 돕는 약이라 하더라도 신음(腎陰)을 돕는 약에 보양약(補陽藥)을 가미하는 것이므로 이들을 어떤 비율로 섞느냐에 따라 보양력의 효과가 강한가 보음력의 효과가 강한가를 판단할 수 있고, 개개인의 음양허실에 따라 맞추어 써야 할 것이다.

　대개의 경우 나이가 듦에 따라 비위기능도 같이 허약해지기 마련이므로 산약, 연자육, 백복령, 또는 인삼 같은 비위를 건강하게 하면서 기운을 돕는 약제를 가미하는 방제가 많다. 따라서 이들 약은 노인이나 오랫동안 병을 앓아 쇠약한 사람이 상복할 수 있는 약이며, 비위가 약한 사람은 보음약 중에서 비교적 소화가 용이한 약제에 소화를 도울 수 있는 약제 또는 방제, 이를테면 평위산류를 합하여 사용한다.

1) 자음약(滋陰藥)

① 육미지황원(六味地黃元)
숙지황(熟地黃) 320gm (16gm)
산약(山藥), 산수유(山茱萸) 각 160gm (8gm)
백복령(白茯笭), 목단피(牧丹皮), 택사(澤瀉) 각 120gm (6gm)

만드는 법 : 위의 약을 가루로 하여 꿀에 개어서 오동나무열매 크기로 환을 만들어 50알씩 공복에 복용한다. 20첩으로 나누어 탕약으로 복용하기도 한다.
* ( )안은 탕약으로 달일 시의 용량

주치증 : 중국 북송 때 소아과전문의원이었던 전을(錢乙)이 소년은 소

양체(少陽體)이므로 음허하기 쉽다고 하여 어린이의 대표적인 처방으로 입방하였으나, 현재는 대소를 가리지 않고 모든 음허한 증상을 치료한다. 예를 들면 어린이들이 품부허약(稟賦虛弱)으로 발육이 더디어서 걸음을 늦게 걷는다든가, 신문(대천문)이 불합(不合)하는 증상, 성장이 더디며, 소변을 지리는 유뇨증, 야뇨증, 시력감퇴, 청소년이 아직 양기가 미숙하였는데 음이 허약하여, 일찍 욕화가 동하여 수음(手淫)이 과다하거나 일찍 색을 밝혀서 자꾸 마르고, 기운이 없으며 수척해 지는 증상, 몽정(夢精), 성인들의 노권상(勞倦傷)으로 신기(腎氣)가 쇠약해져 정력이 감퇴되는 증상, 조루증, 유정, 소변빈삭증 등과 노인들의 허리, 무릎이 시고 결리는 증상, 머리가 어지럽고, 눈이 시리며, 귀에 소리가 들리고, 잘 안 들리는 증상과 손발에 열이 나고, 한번씩 조열(潮熱)이 뜨는 증상 등 일일이 그 증상을 열거하자면 한이 없다.

* 모든 보신(補腎)하는 약은 육미지황원을 기본으로 다른 약재를 가감하여 만들었다고 해도 과언이 아닐 정도의 명방이다.

② 좌귀음(左歸飮)

숙지황(熟地黃) 8 ~ 80gm

산약(山藥), 구기자(枸杞子) 각 8gm

백복령(白茯苓) 6gm

산수유(山茱萸) 4 ~ 8gm(신 것을 싫어하면 소량 사용)

자감초(炙甘草) 4gm

복용법 : 달여서 식사 전후 약 2시간에 먹는다.

주치증 : 신장에 저장되어 있는 진음(眞陰)이 부족할 때 사용하니 허리와 무릎이 시리고, 정(精)이 저절로 나오고, 밤에 땀이 나며, 입이

마르는 증상 등이다. 이것은 육미지황탕의 변방이로되 육미(六味)는
음허해서 화(火)가 위로 뜬 증상이 있을 때 사용하나, 본 방제는 목
단피와 택사를 없애서 화를 밑으로 빼주지 않는 대신 음을 보하는
작용을 강화하였다.

③ 팔선장수환(八仙長壽丸)
생지황(生地黃) 320gm
산약(山藥), 산수유(山茱萸) 각 160gm
백복신(白茯神), 목단피(牧丹皮), 택사(澤瀉) 각 120gm
오미자(五味子), 맥문동(麥門冬) 각 80gm

복용법 : 꿀에 오동열매 크기로 환을 만들어 50알씩 먹는다.

주치증 : 폐는 기를 주관하고, 신은 기의 근본이니, 폐와 신의 음기
가 손상되면 기가 충분히 들어오지 못하므로 호흡이 충분치 못하여
숨이 가쁘고 마른기침을 하며, 입이 마를 것이다. 육미(六味)에 폐의
음기를 보하는 오미자와 맥문동을 가하여 폐, 기관지가 약한 사람에
게 적당하다.

2) 보양약(補陽藥)

① 신기환(腎氣丸)
팔미지황환, 팔미원, 계부지황환 등의 이명(異名)으로 불리기도 한다.

육미지황원(六味地黃元)에 육계(肉桂), 포부자(炮附子) 각 40gm

만드는 법 : 가루를 내어 꿀에 오동나무열매 크기로 환을 만든다.

복용법 : 15알씩 하루에 2～3회 식후에 복용한다.
　　　　20첩으로 만들어 탕약으로 복용하여도 좋다.

주치증 : 신양(腎陽)인 명문화(命門火)가 부족하여 오는 양허(陽虛)증상
에 쓰인다. 신양(腎陽)이 부족하면 하초(下焦＝배꼽 이하)를 따뜻하게
온양(溫陽)하지 못하므로 허리, 무릎이 시리고, 차며, 또는 아프고, 방
광에서 기화(氣化)가 안 되어 소변이 시원치 못하거나, 자주 보고, 특
히 야간에 심해지며, 남자의 경우 조루증이나 양위(陽痿), 불임증상이,
여자는 냉대하나 불임증상이 나타나는 데 사용한다.

② 우귀음(右歸飲)
숙지황(熟地黃) 8～80gm
산약(山藥), 구기자(枸杞子), 두충(杜冲) 각 8gm
육계(肉桂), 포부자(炮附子), 자감초(炙甘草) 각 4～8gm

복용법 : 달여서 식사 전후 약 2시간에 복용한다.

주치증 : 신기환과 같다. 다만 신기환은 육미(六味)를 기본으로 하여
보하는 중에 사함(補中有瀉)이 있으나, 우귀음은 복령, 목단피, 택사와
같은 사(瀉)하는 약은 없이 오로지 보(補)함만 있으므로 양허(陽虛)증
상이 뚜렷해야만 사용할 수 있는 좀더 엄중한 병증의 구별이 필요하
다.

3) 보기혈약(補氣血藥)

① 십전대보탕

인삼(人蔘), 백출(白朮), 백복령(白茯苓), 자감초(炙甘草), 숙지황(熟地黃),
당귀(當歸), 천궁(川芎), 백작약(白芍藥), 황기(黃芪), 육계(肉桂) 각 4gm
생강(生薑) 3쪽
대조(大棗) 2개.

복용법 : 탕약으로 달여서 하루 3회 식후 1~2시간에 복용하거나, 가
루로 하여 하루 3회 4gm씩 복용한다.

주치증 : 기를 돕는 사군자탕(四君子湯 : 인삼, 백출, 백복령, 감초)과
혈을 돕는 팔물탕(八物湯 : 숙지황, 당귀, 천궁, 백작약)을 합치면, 기
혈을 같이 돕는 팔진탕(八珍湯)이고, 여기에 황기, 육계를 넣어 보기
(補氣)와 온양(溫陽)작용을 강화시켜, 기혈을 같이 도우므로 일체의 허
손(虛損)에 쓴다. 어깨가 좁고 혈이 부족한 여자에게는 팔진탕을, 어
깨가 넓고, 양기가 허한 남자에게는 십전대보탕을 기본처방으로 다용
하나 꼭 그러한 구분 없이 병후허약, 수술 후, 입안이 자꾸 터지고,
어지러울 때, 여자의 불임증, 산전, 산후, 또는 태중에, 하지무력, 좌
골신경통 등 각종 신경통 및 마비질환 등 쓰이지 않는 곳이 없다. 그
러나 병증에 따라 가감을 하여야 하며, 소화에는 문제가 있으므로 목
향, 진피 같은 순기제(順氣劑)를 가하거나(출전인 '태평혜민화제국방'
에는 황기, 육계 대신에 목향, 침향이 있었으나, 금원시기의 이동원
선생이 바꾸었다.) 다른 처방을 운용하고, 음허(陰虛)한 증상에 사용
하면 화기(火氣)가 상승하여 오히려 가슴이 답답한 번열증(煩熱症), 두
통, 어지러움이 생기고, 병이 오히려 악화할 수 있다. 사상의학에서는
위의 처방을 변형한 팔물군자탕과 십전대보탕을 소음인의 울광병(鬱

狂病 : 쉽게 말하면 땀이 안 나는 감기)과 양명병(陽明病)에 사용하였다.

② 귀비탕(歸脾湯)

당귀(當歸), 용안육(龍眼肉), 산조인 초한 것(酸棗仁 炒), 원지(遠志), 인삼(人蔘), 황기(黃芪), 백출(白朮), 백복신(白茯神) 각 4gm
목향(木香) 2gm
감초(甘草) 1.2gm
생강(生薑) 5쪽
대조(大棗) 2개

복용법 : 달여서 하루 3회, 식후 1∼2시간에 복용한다.

주치증 : 주로 과심상(過心傷)을 치료한다. 기혈을 도우면서 복신, 산조인, 용안육으로 심장을 편안히 하여 사려과도, 노력과다로 인하여 심장과 비장이 허약해져 혈(血)이 간장과 비장으로 들어가지 못하므로 오는 가슴이 뜀(怔忡), 건망증, 불면증, 각종 출혈증상, 빈혈 등에 쓴다. 주로 음혈(陰血)을 돕되 보기한 까닭은 기로 하여금 혈을 통제(氣能攝血)하도록 하기 위해서이다. 그러나 허화가 자꾸 뜨면 인삼을 사삼으로 바꾸고, 시호, 치자, 목단피를 넣어 청열을 겸하거나 온담탕(溫膽湯)류를 합하는 것이 일반적인 응용방법이다. 갱년기증상에 대표적인 처방이며, 경을 고르게 하는 조경제(調經劑)로서도 탁월하여 여자에게 많이 쓸 수 있는 처방이다.

③ 쌍화탕(雙和湯)

백작약(白芍藥) 10gm
숙지황(熟地黃), 황기(黃芪), 당귀(當歸), 천궁(川芎) 각 4gm

계피(桂皮), 감초(甘草) 각 3gm
생강(生薑) 3쪽
대조(大棗) 2개

복용법 : 달여서 하루 3회 식후 1~2시간에 복용한다.

주치증 : 사물탕과 황기건중탕(黃芪建中湯)을 합방하였는데, 백작약을 군약(君藥)으로 종근(宗筋)을 이완시키므로 내상중에 주로 방노상(房勞傷)을 치료한다. 황기건중탕은 소화기능이 순조롭지 않아 복직근이 구련되어 자주 배가 아프고, 밥맛이 없으며, 입안 건조하고, 자꾸 피로하며, 식은땀이 나오고, 사지가 권태(倦怠)롭고, 마르는 증상에 계피, 생강으로 비위를 따뜻하게 하고, 백작약으로 복중의 구급(拘急)을 완화한다. 여기에 황기로 기를 보하고, 사물탕으로 보혈함으로써 무기력하고, 식은땀이 나며, 병후허약, 피로 등 각종 허로증상에 쓸 수 있다.
민간에서 쌍화탕을 감기약으로 알고 있으나, 쉬지 못해서 잘 낫지 않는. 감기로 오랫동안 앓을 때 쌍화탕으로 기혈을 돕자는 것이며 반드시 패독산이나, 시호, 형개, 방풍, 백지 같은 풍한(風寒)을 치료하는 약제를 합방하여야 한다. 백작약은 간의 음분(陰分)을 도와 간의 강한(剛悍)함을 유화(柔和)시켜(유간(柔肝)이라 한다) 근육의 경직에 진통, 진경의 효과가 있다.(완급지통(緩急止痛)이라 한다.) 이러한 백작약을 군약(君藥)으로 삼아서 기혈이 허약하면서도 근육이 경직된 일체의 질환에 가감하여 쓸 수 있다. 남녀관계(犯房) 전후의 감기나 만성적인 몸살감기도 한 예이며, 만성적인 근육질환인 근막동통증후군(myofacial pain syndrome)이나 경추와 요추의 척추증, 슬관절염같은 질환에도 다용된다. 아래에 만성적인 요척추증으로 인한 허리 아래로 근육이 경축되고 뼈골이 아플 때(筋攣骨痛) 쓸 수 있는 쌍화탕가감방을 일례로 들어본다.

④ 가미쌍화탕(加味雙和湯)

백작약(白芍藥), 황기(黃芪) 각10～20gm(소화에 따라 황기는 올리고 내림)

당귀(當歸), 천궁(川芎), 숙지황(熟地黃), 원지(遠志), 구척(狗脊), 골쇄보(骨鎖補), 두충(杜冲), 파고지(破故紙), 익지인(益智仁), 소회향(小茴香), 위령선(威靈仙), 우슬(牛膝), 진교(秦艽), 독활(獨活), 방풍(防風) 각4gm

계피(桂皮), 감초(甘草) 각 3gm

오가피(五加皮), 모과(木瓜), 속단(續斷) 8～20gm

세신(細辛) 1～2gm

* 통증시 유향(乳香), 몰약(沒藥) 각 2～4gm, 현호색(玄胡索) 4gm
* 골증열(骨蒸熱 : 퇴행성염증반응으로 열감이 있을 때)에는 인동(忍冬) 또는 금은화(金銀花), 연교(連翹), 목단피(牧丹皮) 각 4gm
* 소화불량시 창출(蒼朮), 진피(陳皮), 산사(山査), 신곡(神曲), 맥아(麥芽), 사인(砂仁) 각 4gm을 증상에 따라 가한다.

* 위의 처방은 쌍화탕에 신허(腎虛)를 도울 수 있는 약제와 풍습(風濕)을 제하고, 담을 없애는 약제를 가미한 처방으로 한 가지 예를 든 것에 불과하다. 십전대보탕에서 변방할 때도 같은 원리로 하며, 담이 있으면 반하, 남성, 백개자를 가하고, 풍습이 있으면 강활, 독활, 방풍, 진교, 위령선, 해동피를 가하며, 열이 있으면 목단피, 지모, 황백, 황련을 가하고, 냉이 있으면 건강, 계피, 부자, 소회향을 가하며, 어혈에는 도인, 홍화, 소목, 오령지, 포황을, 기체에는 향부자, 진피, 청피, 대복피, 지실, 오약을 가하는 식으로 운용한다. 이렇게 해서 나온 풍습비통(風濕痺痛)의 치방은 대방풍탕(大防風湯), 독활기생탕(獨活寄生湯), 오비탕(五痺湯), 강활승습탕(羌活勝濕湯), 소풍활혈탕(疎風活血湯), 영선제통음(靈

仙除痛飮), 삼기음(三氣飮)을 들 수 있고, 각기 특장점이 있다.

* 신기를 도와 골다공증이나 퇴행성관절염, 갱년기장애, 성장장애 등뼈와 관련된 질환은 한방적으로 신기(腎氣)와 매우 밀접한 관련이 있다. 따라서 체질방을 쓰거나, 일반 변증방을 쓸 경우라도 체질약을 구분하여 쓰면 좋다.

이를테면 소음인은 비신(脾腎)의 양기를 도울 수 있는 건강, 계피, 계지, 두충, 파고지, 익지인, 소회향, 음양곽, 육종용, 자하거, 파극을 위주로 가하고, 소양인은 비신의 음기를 도울 수 있는 숙지황, 구기자, 복분자, 토사자, 차전자, 산수유, 우슬, 구척, 골쇄보, 구판, 별갑을 위주로 가하며, 태음인은 소장과 방광을 양기를 도와 간의 음기를 뚫고 위완(胃脘)에 접할 수 있게 하는 속단, 사상자, 여정자, 오미자, 천문동, 쇄양, 호도, 녹용, 녹각을, 태양인은 오가피, 모과을 위주로 가한다.

⑤ 녹용대보탕(鹿茸大補湯)

육종용(肉從蓉), 두충(杜沖) 각 4gm

백작약(白芍藥), 백출(白朮), 포부자(炮附子), 인삼(人蔘), 육계(肉桂), 반하(半夏), 석곡(石斛), 오미자(五味子) 각 2.8gm

녹용(鹿茸), 황기(黃芪), 당귀(當歸), 백복령(白茯苓), 숙지황(熟地黃) 각 2gm

감초(甘草) 1gm

복용법 : 달여서 복용한다.

주치증 : 일체의 허로로 인하여 기운이 없고 나른한 데 사용한다.

* 참고 : 십전대보탕의 변방이다. 기혈을 도울 뿐 아니라 오미자,

숙지황, 석곡으로 보음하고, 부자, 육종용, 두충으로 명문화(腎陽)을 도와 노인들이나 허로(虛勞)로 인하여 아랫도리(下焦)가 부실한 증상을 치료하는 데 적합하다.

⑥ 서여환(薯蕷丸)

서여(薯蕷＝산약(山藥)의 異名) 120gm

자감초(炙甘草) 80gm

당귀(當歸), 계지(桂枝), 신곡(神曲), 건지황(乾地黃),

대두황권(大豆黃卷) 각 40gm

인삼(人蔘), 아교(阿膠) 각 28gm

천궁(川芎), 백작약(白芍藥), 백출(白朮), 맥문동(麥門冬), 행인(杏仁),

방풍(防風) 각 24gm

시호(柴胡), 길경(桔梗), 백복령(白茯笭) 각 20gm

건강(乾薑) 12gm

백렴(白蘞) 8gm

대조(大棗) 32gm

만드는 법 : 위의 가루를 꿀에 개어 탄알 크기로 만들어 빈속에 따뜻한 물이나 술에 1개씩 씹어서 복용한다.

주치증 : 허로(虛勞), 또는 노쇠로 인하여 어지럽고, 식욕이 떨어지며, 몸이 마르고, 몸이 무거우며, 기운이 없고, 팔다리가 저리고 아픈 증상을 치료한다.

기혈을 돕고, 비위를 튼튼하게 하면서 풍증을 제거하는 약이다. 노인이 되어 기혈이 부족하고 순환이 안되면 손발이 저리고, 어지러우며, 기억력이 감퇴하고, 여기저기 저리고 쑤시기 마련이다. 뇌졸중 같은 중풍(中風)이 아니라 할지라도 한방에서는 기허해서 생기는 풍병(氣虛

生風)으로 보아 치료를 한다. 기혈음양을 도움과 동시에 바깥쪽의 풍을 제거하는(祛風達表)하는 계지, 시호, 방풍, 백렴, 형개, 소엽 등을 넣는데, 대표적인 처방으로 서여환(薯蕷丸)을 쓴다.

⑦ 음양쌍보탕 · 환(陰陽雙補湯 · 丸)
숙지황(熟地黃), 황기(黃芪), 당귀(當歸), 천궁(川芎), 백작약(白芍藥), 백출(白朮), 백복령(白茯苓), 산수유(山茱萸), 목단피(牧丹皮), 택사(澤瀉), 오미자(五味子), 구기자(枸杞子), 복분자(覆盆子), 토사자(兎絲子), 차전자(車前子), 연육(蓮肉), 두충(杜冲), 계피(桂皮), 인삼(人蔘), 감초(甘草) 황백(黃栢) 각 4gm

복용법 : 달여서 하루에 3회 식후에 복용한다. 환약은 꿀에 오동나무 열매 크기로 만들어서 하루에 3회 15알부터 시작하여 4일마다 5알씩 증량하여 나중에는 50알을 최종량으로 하여 복용한다.

주치증 : 배원식 선생의 애용방이다. 십전대보탕에 육미지황탕을 합하고 다시 신기(腎氣)를 돕는 대표적 약물인 오자(五子 : 다섯 가지 씨로 된 약재로써 오미자, 구기자, 복분자, 토사자, 차전자를 말함)를 가미한 처방이다. 따라서 기혈을 도우면서 신장의 음양기를 도움으로써 중장년기에 올 수 있는 각종 질환을 치료하려는 목적으로 성방하였으나 연령에 크게 구애하진 않는다. 대표적으로 오래된 천식에 패모를 가하여 사용하고, 각종 신장질환 예를 들어 네프로제증후군, 만성신우염, 만성신부전, 원인을 알 수 없는 단백뇨, 전립선비대증 등에 사용하였다.

* 원방에는 부자가 2~3gm을 가하는 데 열증상(陰虛火動症)이 있으면 그대로 쓰고, 수족냉증이 있으면 부자를 가한다.

* 소화장애가 있을 수 있으므로 소화불량자는 사인, 진피를 가하
는 것이 좋다.

4) 연년익수지고방(延年益壽之古方)

보음하는 약물인 지황(건지황, 숙지황), 맥문동, 천문동은
그 성품이 이체(膩滯)함으로 경락에 저체되어 잘 소화가
안되고, 오래 먹으면 옹저(癰疽)가 발생하며, 양기석(陽起
石) 같은 금석지제(金石之劑)와 육계, 부자는 양을 도우나
오래 먹으면 쌓여서 진음(眞陰)을 손상하는 폐단이 있다.

따라서 같은 보음, 보양하는 약이라 할지라도 장기복용
하기에 적합한 약이 있고, 단기간의 치료 목적에 적합한
약이 있다. 위에서 열거한 방제는 치료 목적에 적합한 방
제를 위주로 소개하였고, 이것을 기본으로 장기복용에 적
합한, 소위 노쇠를 지연시키고 수명을 연장하는 효능을 가
진 방제가 성방(成方)되었다.

따라서 아래에 소개하는 약들은 보양, 보음한다 하더라
도 극성이 미약하거나 서로 상쇄(相殺)가 되어 비교적 무
난한 약으로 구성되어 장기복용에 보다 용이한 방제이다.

또한 노인들의 기본생리는 선천의 본인 신장의 기능뿐
아니라 후천의 본인 비위기능의 저하로 기혈이 허약하고
소화가 안 되는 증상이 나타나기 쉽다는 것이다. 따라서
이들을 모두 고려하여 대체로 소화에도 무난하거나 건비
위하는 약제를 포함하여 이를 보완하고 있으며, 아울러 기

혈과 음양을 도와서 장기적으로 이러한 결함을 메우고자
하였다.

① 반룡환(斑龍丸)
녹각교(鹿角膠), 녹각상(鹿角霜), 토사자(兎絲子), 백자인(栢子仁), 숙지
황(熟地黃) 각300gm
백복령(白茯苓), 파고지(破故紙) 각150gm

만드는 법 : 이상을 분말하여 술로 쑤어 만든 풀에 개어 오동나무열
매 크기로 환을 만들던가, 녹각교를 좋은 술에 넣어 녹으면 거기에
다른 약물의 분말을 개어서 환을 만든다.

복용법 : 하루에 3회 50알씩 식후 2시간에 복용한다.

주치증 : 반룡은 십장생의 하나인 사슴이다. 원서(『의학정전』)에는
'노인이나 허약한 사람이 상복하면 장수한다'고 하였다. 백자인과 백
복령 같은 심장을 편안히 하는 약이 들어감으로써, 신경을 안정시키
는 작용을 겸유하였다. 녹각, 토사자, 파고지 같은 보양약이 있어 팔
미원보다는 약하지만 양허(陽虛)에 적합하다.

* 팔미원과 같은 독성약이 없으므로 엄격한 병증의 적용이 없이
  무난하게 쓸 수 있다. 그러나 음허 증에 쓰면 진음(眞陰)을 모산
  할 우려는 있다.

② 환소단(還少丹)

숙지황(熟地黃) 80gm

산약(山藥), 우슬(牛膝 술에 담근 것), 구기자(枸杞子) 각 60gm

산수유(山茱萸), 백복령(白茯苓), 두충(杜冲 薑汁炒去絲＝생강즙에 초해서 속에 있는 실을 없앤 것), 원지(遠志), 오미자(五味子), 저실자(楮實子), 소회향(小茴香), 파극(巴戟), 육종용(肉從蓉) 각 40gm

석창포(石菖蒲) 각 20gm

만드는 법 : 대추살을 발라서 꿀과 같이 위의 약분말을 반죽해서 오동나무열매 크기로 환을 만든다.

복용법 : 30알씩 하루에 3번 식후에 복용한다.

주치증 : 노인들이 음허(陰虛)로 인해 몸에 미열이 있고, 식은땀이 나며, 눈귀가 어둡고, 기력이 쇠약하고, 몸이 수척해지며, 비위기능이 약해져서 음식 맛을 모르는 증상에 사용한다.

③ 고진음자(固眞飮子)

숙지황(熟地黃) 6gm

산약(山藥), 인삼(人蔘), 당귀(當歸), 황기밀구(黃芪 蜜灸＝꿀을 묻혀 초함), 황백(黃栢) 각 4gm

진피(陳皮), 백복령(白茯苓) 각 3.2gm

두충(杜冲), 자감초(炙甘草) 각 2.8gm

백출(白朮), 택사(澤瀉), 산수유(山茱萸), 파고지(破故紙) 각 2gm

오미자(五味子) 10알

복용법 : 신(腎)에 저장된 음양의 기운이 모두 허약하고, 기혈이 부족하여 오는 조열과 손발의 뜨거움, 식은땀, 기침, 소변빈삭 또는 설사에 쓸 수 있다.

음양을 보하되 한열의 편벽함이 없고, 비위를 이롭게 하여 중년 이상의 사람은 누구나 상복하면 좋을 것이다.

④ 연령고본단(延齡固本丹)
토사자(兎絲子-酒製 : 술에 담가 찐 것), 육종용(肉從蓉) 각 160gm
천문동(天門冬), 맥문동(麥門冬), 생지황(生地黃), 숙지황(熟地黃), 산약(山藥), 우슬(牛膝-酒洗 : 술에 씻은 것), 두충(杜沖), 파극(巴戟), 구기자(枸杞子), 산수유(山茱萸), 오미자(五味子), 인삼(人蔘), 목향(木香), 백자인(栢子仁) 각 80gm
분분자(覆盆子), 지골피(地骨皮) 각 60gm
천초(川椒), 석창포(石菖蒲), 원지(遠志 - 감초물에 불려서 심지를 뺀 것), 택사(澤瀉) 각 40gm

복용법 : 위의 약을 분말로 하여 묽은 죽으로 오동나무열매 크기로 환을 지어 하루에 3회 공복에 50~80알씩 복용한다.

주치증 : 젊은 여자의 불임증에서 남자들의 유정, 유뇨, 조루증, 양위증에 이르기까지 하원(下元 : 하초의 단전)이 허약하여 오는 모든 증상을 치료한다.

원문에는 '모든 허약증상을 치료하니 중년에 발기가 안 되고, 50도 되지 않아 머리가 하얗게 된 사람이 이 약을 보름만 복용하면 양사가 가능하고, 1개월을 먹으면 얼굴이 동자 같으며, 십 리를 볼 수 있고, 3개월을 먹으면 백발이 검게 되고, 오랫동안 장복하면 신기(神氣)가 쇠하지 않고 신체가 경건(輕健)하게 된다'고 하였다.

⑤ 삼일신기환(三一腎氣丸)

숙지황(熟地黃), 생건지황(生乾地黃), 산약(山藥), 산수유(山茱萸) 각 160gm
목단피(牧丹皮), 백복령(白茯苓), 택사(澤瀉), 쇄양(鎖陽), 구판(龜板) 각 120gm
우슬(牛膝), 구기자(枸杞子), 인삼(人蔘), 맥문동(麥門冬), 천문동(天門冬) 각 80gm
지모(知母), 황백(黃栢), 오미자(五味子), 육계(肉桂) 각 40gm

복용법 : 위의 분말을 꿀에 오동나무열매 크기로 환을 지어 하루에 3회 공복에 50~80환을 복용한다.

주치증 : 비장과 심장, 신장을 다스리는 3가지 약물을 하나로 합하였다고 하여 삼일신기환이다. 음허로 하여 상화(相火)가 뜨는 증상, 즉 가슴이 답답하고, 번열이 있으며, 얼굴이 달아오르는 등의 증상을 백복령, 택사로 습을 거하고, 지모, 황백으로 열을 없애므로써 치료를 하니 음허증에 적합하다. 갱년기 이후 열이 달아오른다고 하는 사람이 골다공증이나 관절염 등을 예방, 치료하기 위해 장복할 수 있는 약이다.

⑥ 쌍보환(雙補丸)

숙지황(熟地黃), 토사자(兎絲子) 각 300gm

복용법 : 위의 약을 분말로 하여 술에 반죽해서 오동나무열매 크기로 환을 지어 하루에 3회 50~70환을 공복에 복용한다.

주치증 : 신장에 저장된 음양의 기운을 너무 조(燥)하거나 열하지 않게 도와주는 무난한 약이므로 중장년기에 상복할 수 있다. 소변에 쌀뜨물처럼 허옇게 나올 때 상복할 만하다(소위 단백뇨나 정액이 소변에 섞여 나올 때).

⑦ 청아환(靑蛾丸)

두충(杜沖), 파고지(破故紙) 각 160gm

호도(胡桃) 30개

만드는 법 : 생강 100gm을 즙을 내어 위의 약 분말과 반죽한 다음 꿀에 오동나무열매 크기로 환을 만든다.

복용법 : 50～100개씩 하루에 3회 빈속에 복용한다.

주치증 : 신허(腎虛)로 인한 요통증에 쓴다. 육미지황탕을 많이 합방 하여 쓴다. 신의 양기를 도우므로 소아의 성장장애, 청소년기의 관절 염, 골절, 중장년기의 양기 부족에 상용할 수 있는 처방이다.

* 위의 처방을 간편히 복용하려면 두충과 파고지를 같은 분량으로 분말하고, 호도를 절구에 넣어 으깨어 꿀과 같이 두충, 파고지 분말을 버무려서 어른숟갈로 하나씩 공복에 떠먹는 방법이 있 다. 이것이 비위에 거슬리고 번거로우면 환을 만드는 데 호도는 기름 때문에 만드는 데 곤란한 점이 있다. 따라서 포위환조에 설명한 방법으로 한다.
  즉 호도육 800gm, 두충, 파고지 각 400gm, 녹용 또는 녹각교 200gm, 사인 150gm을 분말로 하여 생강즙과 꿀에 같이 반죽하 여 중탕으로 약을 익힌 후 꺼내서 환을 만들어 복용한다. 중탕 이 번거로우면 바로 환으로 만든다.(포위환 참조)

⑧ 이정환(二精丸)

황정(黃精), 구기자(枸杞子) 같은 양

만드는 법 : 맑은 물에 황정과 구기자를 잘 씻어서 분말하여 꿀에 오동나무열매 크기로 환을 만든다.

복용법 : 하루에 3회 30~50알을 빈속에 복용한다.

주치증 : 신장의 음기를 보하는 작용이 있어서 노년기에 진음(眞陰)이 휴손해서 오는 어지러움, 이명증, 입이 마르고 가슴이 답답한 증상 등을 다스린다. 원문(『성제총록』)에는 '상복하면 기운을 돕고, 정기(精氣)를 보존하며, 단전을 튼튼히 하므로 얼굴이 맑아지고 오래 살며 늙지 않는다'고 하였다.

양생구(養生灸)

　양생구란 보건구(保健灸) 또는 강장구(强壯灸)라고도 하며, 병이 없는 평소에 일정한 부위를 지속적으로 뜸을 더 줌으로써 질병을 예방하고, 기력을 충실히 하며, 수명을 연장하는 효과가 있는 뜸법을 말한다. 예로부터 명의는 병이 생기기 전에 치료를 하는 것(未病之治法)을 으뜸으로 여겼으니 양생구법의 가치는 여기에 있다.

　『편작심서(扁鵲心書)』에 '사람이 40에 이르면 음기가 쇠하고, 기거(起居)에 힘이 없으며, 50에는 몸이 무겁고, 이목(耳目)이 총명치 못하며, 60에는 양기가 크게 쇠퇴하여, 밤일을 못하고, 눈, 코, 귀, 입, 대소변이 순조롭지 못하며, 상체는 실할지라도 아랫도리는 부실하고, 코눈물이 때없이 나온다.

　무릇 사람의 진원지기(眞原之氣)는 일신을 주재하는 것이니, 진원의 기운이 튼튼하면 사람도 튼튼하지만 진원의 기운이 허약하면 사람은 병이 들며, 진원의 기운이 빠져나

가면 사람은 죽게 되는 것이다. 명(命)을 보존하는 방법은
뜸을 뜨는 것이 제일이니라(年四十 陰氣衰而起居乏 五十體
重 耳目不聰明矣 六十陽大衰 陰萎 九竅不利 上實下虛 涕泣
皆出矣 夫人之眞原 乃一身之主宰 眞氣壯則人强 眞氣虛則人
病 眞氣脫則人死 保命之法 艾灸第一)'라고 하였다.

뜸은 뜨거운 불을 이용한 온열치료이므로 인체에 내장
된 면역기능을 활성화시키고, 혈관을 확장시켜 순환을 촉
진시키는 기능이 있다. 대개 나이가 여자는 49세, 남자는
64세에 신기가 쇠퇴하기 마련이므로, 이때 생길 수 있는
소변빈삭, 열기상충, 번열, 음위같은 증상이나 퇴행성관절
질환, 척추증, 골다공증, 갱년기질환 등을 예방하는 목적에
서 양생구를 하는 것이다.

뜸의 역사는 이미 2,000년이 넘는 것으로 알려져 있다.
한의학의 원전인 『황제내경』에 '오장이 차가우면 병이 만
연하니 마땅히 뜸으로 치료한다(素問.異法方宜始論 : 藏寒
生滿病 其治宜灸炳)', 또 '뜸을 뜨면 밥을 잘 먹고 살이 찐
다(靈樞.經脈 : 灸則强生肉)', '음양이 모두 허약하면 화치요
법이 마땅하다(靈樞.官能 : 陰陽皆虛 火自當之)'라고 한 사
실에서 알 수 있다.

양생구의 역사는 유구하다. 당나라 때의 손사막은 '몸
위에 항상 2~3군데의 뜸을 뜨면 풍토병이나 전염병, 온독
(瘴癧溫毒)에 감염되지 않는다'하였고, 왕도(王燾)는 '사람
이 30세 이상에 족삼리혈에 뜸을 뜨지 않으면 냉기가 눈
으로 상충한다'하였다. 조선시대에 서신을 전하는 전령은

족삼리혈에 항시 뜸을 떠서 다리의 힘을 키웠다는 이야기
가 전해오기도 한다.

그러면 뜸의 재료인 쑥의 한의학적 의미를 보자. 『본초
종신(本草從新)』에 '애엽(艾葉), 즉 쑥은 맛이 쓰고 매우며,
순양(純陽)의 성질을 가지고 있으므로 양기를 회복시키고
십이경맥을 통하게 하며, 뜸을 뜨면 모든 경락으로 삼투해
서 백병(百病)을 제거한다'하였다. 그러므로 명나라 때의
의학입문에서는 '허(虛)한 병에 뜸을 뜨면 화기로 하여금
원양을 돕게 하고, 실(實)한 병에 뜸을 뜨면 실한 사기가
화기를 따라 발산하도록 하며, 한(寒)한 병에 뜸을 뜨면 기
를 다시 따뜻하게 회복시키고, 열(熱)한 증상에 뜸을 뜨면
맺혀있던 열기를 끌어내어 바깥으로 빠져나가게 하는 효
과가 있다'고 하여 한열허실(寒熱虛實)의 모든 병을 치료할
수 있음을 역설하였다.

과학적으로 보면 뜸은 백혈구나 적혈구의 숫자가 불어
나는 효과가 있다고 하나, 아직까지는 사람이 잘 알 수 없
는 신비로운 효과를 가지고 있음은 틀림이 없는 것 같다.
내경에 침과 약, 뜸이 각각 쓰이는 바가 따로 있다고 하였
는데, 뜸은 약과 침이 미치지 못하는 곳을 침투해서 몸의
면역력을 북돋는 효과를 가지고 있다고 할 수 있겠다.

1. 뜸의 재료

뜸은 모두가 알고 있듯이 쑥으로 만든다. 그러나 아무 쑥이나 다 효과가 있는 것은 아니다. 음력 3～5월 사이의 신선한 쑥을 채취하여 햇볕에 말려 수 차례 체로 쳐서 줄기와 불순물을 제거하여 미세한 섬유질만 골라서 쓴다. 쑥은 불순물이 없고 오래 묵을수록 좋다. 좋은 품질일수록 잘 뭉쳐지고, 오래 타며, 뜸 후에 생기는 화상(灸瘡)이 덧나지 않고 잘 아문다. 해풍을 맞고 자란 강화도 싸주아리 쑥을 최고로 치는데, 시중에서 구하기는 어렵다. 양질의 쑥이라면 더욱 좋겠으나 일반적으로 화상을 내지 않고 하는 간접구법은 시중의 뜸쑥도 괜찮다.

2. 뜸의 종류

뜸법의 종류는 직접구와 간접구의 두 가지로 크게 나눈다.

직접구는 쑥뜸을 혈자리 위에 직접 올려놓고 뜨는 방법이다. 직접구는 다시 화농구와 비화농구로 나눈다. 화농구란 뜸이 살 위까지 다 타도록 내버려두는 것이며, 비화농구란 뜨거움을 느낄 정도가 되면 들어내어 농이 생기지 않도록 하는 방법이다. 간접구는 혈자리 위에 생강, 부자

(附子), 마늘, 소금, 밀랍 등을 올
려놓고, 그 위에 뜸을 뜨는 방법
으로서 올려놓는 재료의 성질을
같이 이용하여 온열효과를 극대화
시키고자 함이다. 주로 종양을 치
료하거나 회양고탈(回陽固脫 : 갑
자기 혼절한 사람을 회생시키는
방법)하기 위해 사용한다.

[그림 1] 간접구법

고전에 말하는 쑥뜸법은 직접구
중 화농구를 지칭하며, 후대에 내
려오며 간접구법(<그림 1>)이 출현하였다. 또한 간접구라
하더라도 최소한 수포가 생길 정도는 하여야 효과를 얻을
수 있다고 생각하였다. 『침구자생경』에서 '뜸을 떴는데 창
(瘡)이 생기지 않으면 가죽신의 바닥을 따뜻하게 해서 뜸
을 뜬 자리에 대면 발포(發泡)가 되고 농이 나오면 병이
낫는다'고 한 데서도 알 수 있다.

근래에는 간접구를 할 수 있도록 밑에 받침을 만든 여
러 가지 형태의 제품이 나와 있다(<사진 1> 참조). 직접
구 중의 비화농구와 같은 효과를 얻기 위해 밀가루와 콩

[사진 1] 간접구의 여러 가지 제품들

가루를 7 : 3 정도의 비율로 혼합해서 반죽하여 도너츠 모양으로 링을 만들어 혈자리 위에 올려놓고 그 위에 뜸쑥을 태우는 방법이 크게 고통스럽지 않고 장시간 뜸을 뜰 수 있다는 점에서 크게 인기를 얻은 경우도 있었다.

3. 뜸의 방법

최근의 추세를 반영해서 2가지 방법을 소개한다.

1) 화농구법

처음부터 큰 뜸을 감내할 수 있는 사람은 그리 많지 않다. 따라서 처음에는 쌀알 정도의 크기에서 시작한다. 살이 타 들어가면 그 열기 때문에 열상의 크기가 뜸의 크기보다 약간 커진다. 3~4일 뜨다보면 그 크기는 콩알만해지고 점차 더 커지면 대추 크기 만해진다. 대개 이 크기에서 멈춘다. 이 정도면 5분 정도에 다 탄다. 욕심을 더 내면 500원짜리 동전크기로 뜬다. 다 타는데 10~15정도 걸리는 크기이다. 요즈음에는 30분 이상 타는 것을 해야 좋다고 하는 사람도 있으나 자신의 체력을 고려하여야 하며, 무조건 크게 떠야 하는 것은 아니다. 직접구는 너무 고통스러워 난치병으로 죽기 살기로 하지 않으면 거의 불가능하다. 크게 오랫동안 뜨고 싶은데 직접구는 너무 고통스러우므로 나온 방법이 다음 방법이 있다.

2) 링을 이용한 간법구법

링받침대 만드는 방법 : 날콩가루와 밀가루를 7 : 3의 비율로 섞어 물을 조금씩 부어가며 걸죽하게 반죽을 한다. 반죽이 다 되면 바닥에 밀가루를 살짝 뿌리고 밀대로 1.5~2cm 정도로 민다. 이것을 안지름 2cm 바깥지름 3cm 되게 도너츠 모양으로 찍어낸다. 이것을 바람이 잘 통하는 그늘진 곳으로 가서 3~4일 정도 말리면 완성된다.(이상 심주섭식 링 만들기<그림 2>)

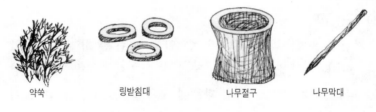

| 약쑥 | 링받침대 | 나무절구 | 나무막대 |

[그림 2] 심주석식 링 만들기 재료

방법 : 링의 크기에 맞추어 쑥봉을 만들고 아래쪽으로 화기와 연기가 내려가도록 이쑤시개로 구멍을 내준다. 크기는 30~40분 정도 탈만한 크기이다. 혈자리에 올려놓고 뜸을 뜨는데, 아래로 타 내려가 뜨거움을 못 참을 정도가 되면 아래에 링을 하나 더 받쳐 준다. 아래에 받치는 링은 3개 정도가 좋다.

* 심주섭식 링은 할아버지뜸으로 알려져 있으며, 시중에 기성제품

으로 나와 있다.

* 이 외에 간장독의 밑에 쌓여 돌처럼 굳어진 장석을 이용한 간접
  구법이 있고, 시중에 연기가 나지 않으면서 간접구의 효과를 얻
  을 수 있는 신기구라는 뜸기구도 있다. 어느 것이 더 효과적이
  라는 것은 검증되어 있지 않으며, 뜸의 효과는 어느 것이든 얻
  을 수 있다고 여겨진다.

4. 뜸의 수량

뜸을 뜰 때 연소시키는 피라미드형의 쑥덩이를 애주(艾
炷)라 하고, 하나의 애주가 다 타는 것을 1장(壯)이라 한다.
애주 하나에는 장정(壯丁) 한 사람의 힘이 들어있다고 해
서 장(壯)이라 한다.(着艾一炷 如人丁壯之力 故謂之壯)

뜸 치료는 애주의 크기와 장수에 의하여 자극량이 결정
된다. 장수(壯數)는 대개 3장부터 시작하여 3, 5, 7, 9장씩
홀수로 증가시킨다. 홀수는 양의 수이기 때문이다. 따라서
자신의 체력에 맞추어 크기와 장수를 결정하여야 한다.

일반적으로 급성병과 강건한 체질에는 뜸의 크기를 크
게 하고, 장수를 많이 하는 것이 좋고, 만성병과 허약한
체질에는 애주(艾炷)를 작게 한다. 두면부와 가슴은 뜸을
크게 하거나, 많이 뜨는 것은 좋지 않은데, 인체에서 양기
가 성한 곳이기 때문이다. 사지말단의 피부가 얇은 부위도
뜸의 크기가 작아야 한다. 허리나 배처럼 피부가 두껍고

지방층이 깊은 곳은 뜸의 크기가 크고, 장수도 많아야 할 것이다. 임신부의 하복부, 외감성발열질환, 관절이나 손바닥처럼 주름진 부위, 혈관부위, 신경이 피부 가까이 있는 곳, 함몰된 곳, 감각장애가 있는 경우에는 뜸뜨기를 피하여야 한다. 치료를 받는 사람이 수약하면 하루에 몇 차례에 나누어서 하거나 하루 걸러 떠도 무방하다. 옛 문헌에서 100장을 뜨라는 식의 문구가 자주 나오는데 하루에 다 뜨라는 말이 아니고, 누적해서 여러 날 뜨라는 뜻이니 새겨들어야 한다.

뜸을 뜰 때 무조건 크게 떠야 좋은 것으로 생각하는 사람이 있으나 그것은 아니다. 사람의 생김 생김이 모두 다르듯 사람의 신체조건이 서로 다르고, 뜸을 대하는 마음가짐이 또한 같을 수 없기 때문이다. 자신의 기호에 맞추어 가장 기분이 좋을 정도이어야 한다. 비유하자면 에베레스트산에 오를 때의 그 기나긴 고통은 산을 정복한 순간의 그 짧은 쾌감에 비하면 아무것도 아니라는 산사람이 있는가 하면, 무엇하러 목숨을 걸면서까지 그런 고통을 감내하는가 이해할 수 없다는 사람이 있는 것과 같다. 뜸을 뜨면서 느끼는 고통은 뜸을 뜬 후 느끼는 효과나 쾌감에 비하면 아무것도 아니라는 확고한 믿음이 있으면 뜸을 좀 크게 떠도 인내할 수 있는 정신력이 생긴다.

그러나 정신력만 가지고는 안 된다. 자신의 체력을 고려해야 함은 물론이다. 따라서 초보자의 경우엔 간접구부터 시작하고 직접구는 전문가의 조언을 따라야 할 것이다. 자신의 신체적 정신적 조건을 무시하고, 어떤 일정한 목표를 정해서 그것을 억지로 채우려는 것은 금물이다.

일부에서는 뜸삼매라고 하여 자기 정신이 아득할 정도가 되어 희열을 느낄 정도가 되어야 한다고 주장하기도 하나, 강인한 정신력을 필요로 하므로 자신의 기호에 맞추어 가장 기분 좋은 정도로 하는 것이 좋겠다. 이것은 의학적으로 일종의 혼절상태라 할 수 있고, 심하면 심장이 멈출 수 있기 때문이다.

5. 뜸뜨는 시기

뜸은 오전보다는 오후에 뜨는 것이 좋다. 잠자는 동안 인체 내부 깊숙이 잠복해 장기를 보호하고 있던 양기가 오후에는 밖으로 나와 쉽게 뜸의 온열에 응하기 때문이다. 음산한 날씨와 바람불고, 비가 내리는 날씨에는 뜸을 뜨지 말아야 한다.

구후조양법(灸後調養法)
① 뜸을 뜨기 전과 후에는 너무 배고프게 하거나 배부르게 하지 않아야 한다. 술과 차가운 음식도 피한다.
② 뜸을 뜬 후에는 돼지고기, 생선, 면 종류를 삼간다.
③ 뜸을 뜰 때에는 마음을 안정하여야 한다. 일체의 근심, 걱정이 없어야 하고, 성내거나 노기로 꾸짖는 일이 있어서는 안

된다.

④ 뜸자리는 항상 청결히 해서 해로운 균에 감염되는 것을 방
지하여야 한다.

6. 뜸을 뜨는 부위

『경험가결(經驗歌訣)』에는 '돌이 되면 머리의 신문부(顋
門部)에 있는 신회(顋會)혈을, 8세 이전에는 신주(身柱)혈을,
9~18세에는 풍문(風門)혈을, 19~30세까지는 삼음교(三陰
交)혈을, 31~60세까지는 족삼리(足三里)혈을, 60세 이후에
는 곡지(曲池)혈에 뜸을 뜨면, 안녕을 유지할 수 있다'고
하였다.

일반적으로 선천의 기, 즉 신기(腎氣), 원기(元氣, 原氣)와
관련이 있는, 소위 단전(丹田)이라 일컬어지는 기해(氣海),
관원(關元), 명문(命門), 신수(腎兪)와 후천지기인 비위(脾胃)
와 관련된 삼리(三里), 중완(中脘), 선후천의 기를 이어주는
신궐(神闕)을 주로 선용한다.

족삼리(足三里)는 육부(六府)의 합혈(合穴)에 속하며, 중완
(中脘)은 위(胃)의 모혈(募穴)로서 둘 다 위병(胃病)을 치료
하는 요혈이다. 비위(脾胃)는 한방에서 기혈을 생화하는 곳
(氣血生化之元)이요, 오장육부의 해(海)라고 칭하니, 인체가
비위의 소화작용을 통해서 에너지를 공급받는 때문이다.

단전(丹田)은 도교에서 사용하던 용어로서 인도의학을 받은 것으로 사려된다. 한방에서는 명문(命門)이라고 지칭하는데 명문은 인체에서 이름만 있고 실제로 존재하는 기관은 아니다.

인체에는 생명을 낳게 하고, 유지하는 원초적인 힘이 내재하여 있는데, 이것을 원양(元陽), 원음(原陰)의 기(氣)라고 하며, 명문(命門)에 저장되어 있다고 한다. 이 명문(命門)이 위치한 장소가 배꼽 아래 3촌에서 안으로 1촌 반 정도 들어간 계란 정도의 크기를 상정한다. 양쪽의 신장 사이에 있다고 하여 신간동기(腎間動氣)라고도 표현하는데, 여기에 해당하는 경혈이 몸의 정중선 앞쪽에 뒤쪽으로 열거해 보면 음교(陰交), 기해(氣海), 관원(關元), 석문(石門), 회음(會陰), 관원수(關元兪), 기해수(氣海兪), 신수(腎兪), 명문(命門) 등이다.

신궐(腎闕)은 배꼽이다. 태아 때 모체로부터 영양을 공급받던 곳으로 선후천의 기운을 연결시켜 주는 곳이라고 할 수 있으며, 복막이 없으므로 뜸을 떴을 때 열의 전도성이 가장 높은 곳이다. 따라서 주로 간접구로 많이 사용하는데 기절하였을 때 배꼽 위에 소금을 올려놓고 뜸을 떠서 회양(回陽)시키는 방법으로 가장 많이 사용한다.

신궐혈은 신장을 따뜻하게 하고, 비장을 튼튼하게 하므로(溫腎健脾) 설사, 복통, 탈항 등증에 사용한다. 이들 혈은 사람에 따라 위치를 가려서 선택하여야 하는데, 일반적으로 다용되는 혈은 신궐, 관원, 중완, 삼리혈이다. 소화장애

가 있는 사람은 중완(中脘), 삼리(三里)를, 정력감퇴나 비뇨
생식계통에 문제가 있는 사람은 관원(關元)을, 하체가 부실
하면서 소화도 문제가 있으면 삼리(三里)를, 아침새벽에 배
가 살살 아프면서 변을 보면 설사를 하면 신궐(神闕)에 뜸
을 뜨는 것이 좋다.

위치

- 족삼리(足三里) : 경골의 외연을 따라 아래로 내려가다 걸리는 부
  분. 슬개골 바로 아래 움푹 들어간 곳이 내외로 2개가 있는데,
  바깥쪽이 독비(犢鼻)혈이다. 그 아래 3촌부 위이다. 경골외상과
  와 비골소두에서 이등변삼각형을 그리는 위치이다.
- 중완(中脘) : 배꼽과 명치 사이의 한가운데 부위.
- 신궐(神闕) : 곧 배꼽이다.
- 음교(陰交) : 배꼽에서 치골결합까지의 거리를 5촌으로 보아 5등분
  한다. 배꼽 아래 1촌부위
- 기해(氣海) : 복부정중선에서 배꼽 아래 1.5촌부위
- 석문(石門) : 배꼽 아래 2촌부위
- 관원(關元) : 배꼽 아래 3촌부위
- 명문(命門) : 제2요추극돌기 아래
- 신수(腎兪) : 명문 양쪽으로 1.5촌부위로 척추 양쪽에 있는 부척주
  근에서 제일 튀어나온 근육의 능선상에 있다.

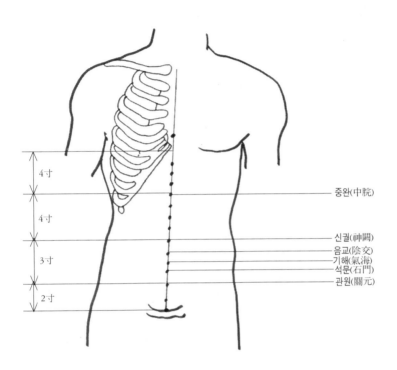

4寸

4寸 ——————— 중완(中脘)

3寸 ——————— 신궐(神闕)
——————— 음교(陰交)
——————— 기해(氣海)
——————— 석문(石門)
2寸 ——————— 관원(關元)

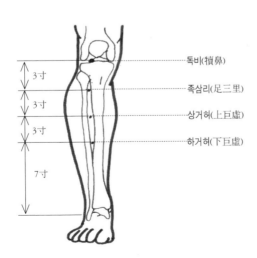

——————— 독비(犢鼻)

3寸

——————— 족삼리(足三里)

3寸

——————— 상거허(上巨虛)

3寸

——————— 하거허(下巨虛)

7寸

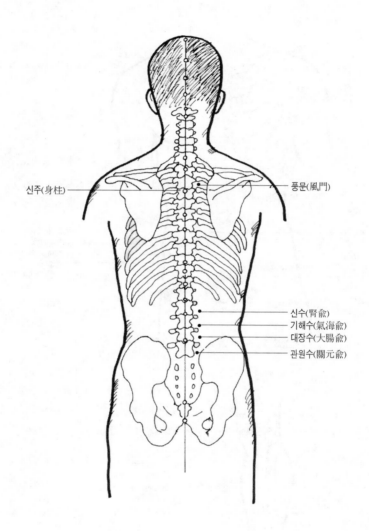

신주(身柱)

풍문(風門)

신수(腎兪)

기해수(氣海兪)

대장수(大腸兪)

관원수(關元兪)

※ 주요참고문헌 ※

1. 갱년기 치료의 실제, 갱년기의료학회, 고려의학, 1995
2. 골다공증의 오늘과 내일, 제2회골다공증심포지움, 박창일 외, 1995.11.26
3. 최신한방임상학, 배원식, 남산당
4. 정형외과학, 석세일, 최신의학사, 1985
5. 東醫壽世保元, 이제마, 행림서원, 1970
6. 태극권강좌, 이찬, 하남출판사, 1996
7. 무릎의 동통과 기능장애, 정진우(역), 대학서림, 1991
8. 경혈건강법, 채일번, 행림출판사, 1976
9. 침구학, 최용태 외, 집문당, 1988
10. 해리슨내과학, 해리슨내과편찬위원회, 정담
11. 동의정신의학, 황의완 외, 현대의학서적사, 1987
12. 東醫寶鑑, 허준, 남산당
13. 萬壽山書氣功圖譜, 羅洪先, 蘭州古舊書店, 1988
14. 備急千金要方, 遜思邈
15. 骨粗鬆症의 中醫學治療의 基礎研究와 臨床調査, 吳堅, 동양의학, 1999.9
16. 外臺秘要, 王燾
17. 鍼灸資生經, 王執中
18. 醫林改錯, 王淸任
19. 醫學入門, 李梴
20. 傳統老年醫學, 李聰甫 외, 一中社, 1988
21. 景岳全書, 張景岳
22. 百病辨證錄, 陳士澤
23. 扁鵲心書

334

24. 黃帝內經素問靈樞

25. LOW BACK PAIN, BERNARD E. FINNESON, J. B. LIPPINCOTT
    COMPANY, 1980

26. MYOFASCIAL PAIN AND DYSFUNCTION, JANET G. TRAVELL,
    WILLIAMS & WILKINS, 1992

27. SOFT TISSUE PAIN AND DISABILITY, RENE CAILLIET, F. A.
    DAVIS COMPANY, 1977

28. KNEE PAIN AND DISABILITY, RENE CAILLIET, F. A. DAVIS
    COMPANY, 1977

100세를 즐기는 장수 건강법

지은이 ｜ 김양식
펴낸이 ｜ 배기순
펴낸곳 ｜ 하남출판사

초판1쇄발행 ｜ 2003년 9월 15일

등록번호 ｜ 제10-221호

서울시 종로구 관훈동 198-16 남도BD 302호
전화 (02)720~3211(代)/팩스(02)720~0312
홈페이지 http://www.hnp.co.kr
e-mail : hanam@hnp.co.kr

김양식, 2003

ISBN 89-7534-173-9